DODIER

Jérôme K. Jérôme Bloche

L'INTÉGRALE 3

D.2007/0089/195
ISBN 978-2-8001-3997-5

Imprimé en Italie par Lego.

LE PACTE

TOUT A COMMENCÉ AVEC LE CANARI DE MADAME DUBOIS ...
BLOCHE DÉTECTIVE
"BLOCHE DÉTECTIVE." C'EST ICI.
ATTENTION, MA P'TITE DAME !
OH, PARDON !
DOUCEMENT.
OUI ? VOUS CHERCHEZ QUELQUE CHOSE ?
L'ÉTAGE DE MONSIEUR BLOCHE, LE DÉTECTIVE.
ATTENTION
BALAM BOUM BAM
?
!
POUVEZ PAS FAIRE ATTENTION, NON !? ON N'A PAS IDÉE DE COURIR COMME ÇA DANS LES ESCALIERS !
MES AFFICHES !
AH ! LE VOILÀ QUI ARRIVE JUSTEMENT.
M. BLOCHE. PUIS-JE VOUS PARLER UN INSTANT ?
JE M'APPELLE MADAME DUBOIS. C'EST AU SUJET DE MON CANARI.
1

DIFFICILE DE CROIRE QUE CE CANARI AVAIT ÉTÉ JAUNE.
ET VOUS ME DITES QUE VOUS N'AVEZ TOUCHÉ À RIEN ?
JE PENSE QU'IL S'AGIT D'UNE BALLE PERDUE... OU PLUTÔT D'UN PLOMB. IL A DÛ RICOCHER SUR LA VITRE POUR TERMINER SA COURSE DANS LE CORPS DE...
BOUHOUHOU !! MON PETIT TRÉSOR !
DÉSOLÉ !
LE COUP A ÉTÉ TIRÉ DE L'UNE DE CES FENÊTRES...
MAIS LAQUELLE ?

J'AI INTERROGÉ LA PLUPART DES LOCATAIRES DE CES IMMEUBLES, SANS RÉSULTAT.
J'AI MÊME ENQUÊTÉ AUPRÈS DES ARMURIERS DU QUARTIER.
FAUT PAS UN PORT D'ARME POUR ACHETER UNE CARABINE À PLOMB TOUT DE MÊME! QU'EST-CE QUE TU COLLES SUR MA PORTE, LÀ, MON AMI ?
UNE AFFICHE. JE VAIS EN COUVRIR LES MURS DE L'ARRONDISSEMENT. J'AI DÉCIDÉ DE PASSER À LA VITESSE SUPÉRIEURE EN FAISANT DE LA PUBLICITÉ.
Agence Bloche
détective privé
enquêtes - filatures
recherches des personnes disparues
ALORS, COMME ÇA, TU VEUX DEVENIR UN VRAI DÉTECTIVE, COMME AU CINÉMA, AVEC LES PIEDS POSÉS SUR UN BUREAU COUVERT DE TÉLÉPHONES ET DE BOUTEILLES DE WHISKY ?
PLUS BESOIN DE BUREAU, BURHAN. AVEC CECI, JE VAIS ÊTRE JOIGNABLE EN TOUT LIEU ET À TOUTE HEURE DU JOUR ET DE LA NUIT
QU'EST-CE QUE C'EST ?
TU VOIS BIEN. UN TÉLÉPHONE PORTABLE.
MISTER BURHAN !
HELLO, MISTER JOHN !
MISS MARÉCHAL COMMANDE AUPRÈS DE VOUS CETTE NOURRITURE. ELLE A BESOIN ÇA SAMEDI SOIR.
TOUT ÇA POUR SAMEDI!?
EUH... IT'S O.K, MISTER JOHN ! O.K. FOR SATURDAY.
IT WILL BE READY MISTER JOHN. ET MES HOMMAGES À MISS MARÉCHAL.
TU PARLES AMÉRICAIN MAINTENANT, BURHAN ?
MOI AUSSI J'AI DÉCIDÉ DE PASSER À LA VITESSE SUPÉRIEURE.

FRUITS LEGUMES
ALIMENTATION Cie SUPER MARKET
VINS FINS
LA-HAUT, JE VAIS AJOUTER : "BURHAN, L'ÉPICIER DES STARS, FOURNISSEUR OFFICIEL DE LA REINE DE LAS VEGAS."
QUI ÇA ?
COMMENT ! TU NE CONNAIS PAS MIMI MARÉCHAL, LA REINE DU MUSIC-HALL ?
JAMAIS ENTENDU PARLER !
(VOYONS ! VINGT BOUTEILLES DE CHAMPAGNE 'VEUVE CLOUET'. HMM, DES CONNAISSEURS)
(FOIE GRAS : DEUX PAINS DE 500 GR) C'EST POURTANT UNE CÉLÉBRITÉ AUX STATES.
AUX QUOI ?
JÉRÔME K. JÉRÔME, MON AMI, IL FAUDRAIT PENSER À SORTIR UN PEU DE TON TROU. ENFIN, QUOI ! LE MONDE NE SE LIMITE PAS AU XVIIIe ARRONDISSEMENT.
(ALORS... DIX BOÎTES DE CAVIAR)
DU CAVIAR !! ELLE ACHÈTE DU CAVIAR DANS UNE PETITE ÉPICERIE DE QUARTIER ?
DIS DONC, JÉRÔME K. JÉRÔME, MON CAVIAR VAUT BIEN CELUI DES GRANDES SURFACES
OUI, OUI ! CE QUE JE VOULAIS DIRE, C'EST QUE ... QU'ELLE DOIT ÊTRE RICHE.
RICHE ! SI ELLE EST RICHE ! CE N'EST PAS POUR RIEN QU'ON L'APPELLE LA REINE DE LAS VEGAS. C'EST BIEN SIMPLE, LA MOITIÉ DE LA VILLE LUI APPARTIENT.
LA MOITIÉ, TU ES SÛR ?
UNE BONNE PARTIE EN TOUT CAS. ELLE EST PROPRIÉTAIRE DE MUSIC-HALLS, DE BOÎTES DE NUIT, TOUT ÇA. ELLE A MÊME UN CASINO, TU SAIS, AVEC TOUTES LES MACHINES À SOUS ALIGNÉES !
C'EST D'AILLEURS CURIEUX. ON SE DEMANDE CE QU'UNE FEMME DE CETTE CLASSE EST VENUE FAIRE DANS LE QUARTIER.
POURQUOI ? ELLE HABITE OÙ ?
MAIS EN FACE DE CHEZ TOI ! NE ME DIS PAS QUE TU N'AS RIEN REMARQUÉ ! ÇA NE PASSE PAS INAPERÇU, QUELQU'UN QUI EMMÉNAGE TOUT DE MÊME !
AH, C'EST ELLE ? JE N'AVAIS PAS FAIT LE RAPPROCHEMENT. SUR SA BOÎTE AUX LETTRES, C'EST PAS CE NOM-LÀ.
NORMAL ! MIMI MARÉCHAL, ÇA DOIT ÊTRE SON NOM D'ARTISTE.
4

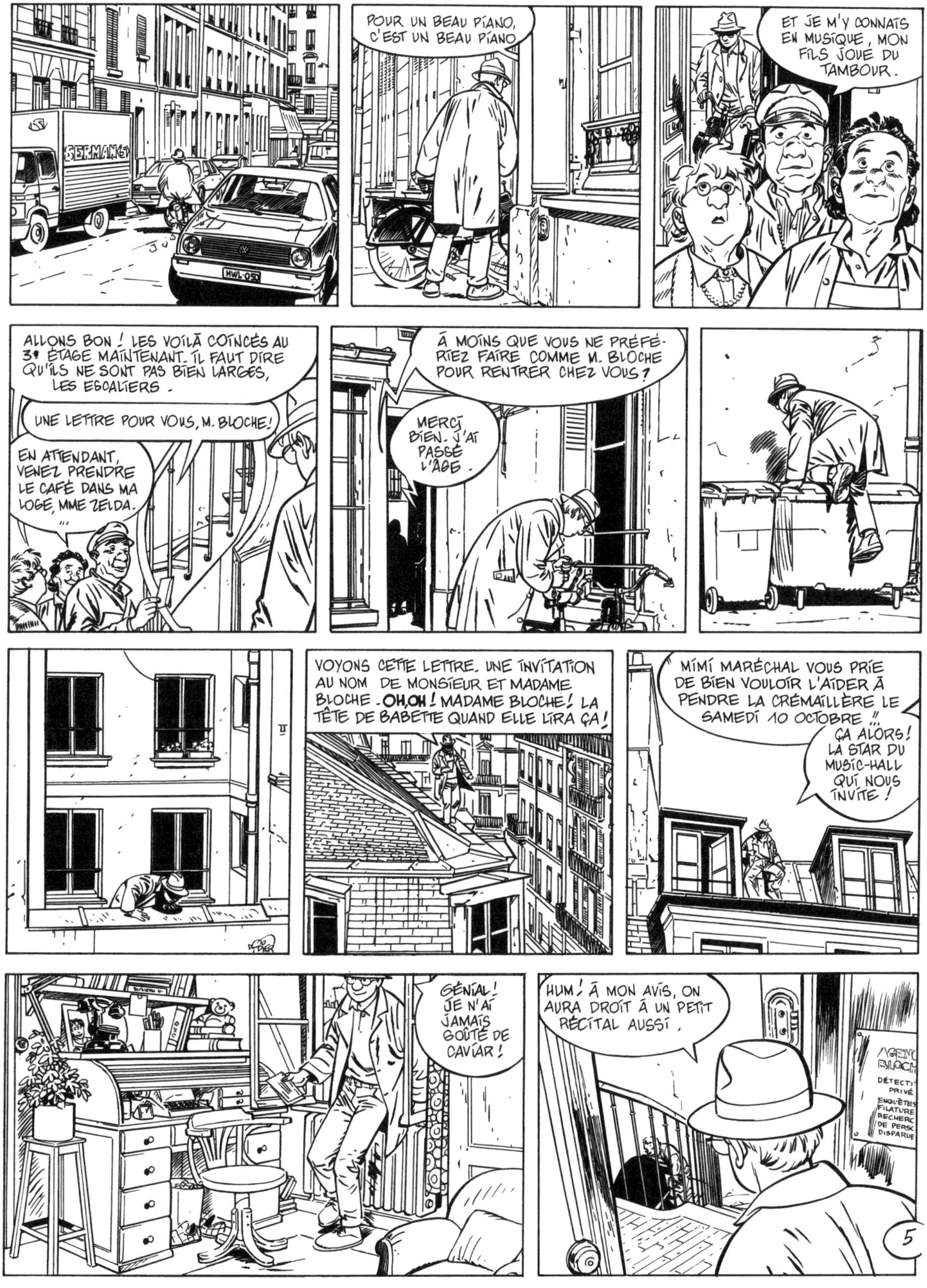
POUR UN BEAU PIANO, C'EST UN BEAU PIANO
ET JE M'Y CONNAIS EN MUSIQUE, MON FILS JOUE DU TAMBOUR.
ALLONS BON ! LES VOILÀ COINCÉS AU 3e ÉTAGE MAINTENANT. IL FAUT DIRE QU'ILS NE SONT PAS BIEN LARGES, LES ESCALIERS.
UNE LETTRE POUR VOUS, M. BLOCHE !
EN ATTENDANT, VENEZ PRENDRE LE CAFÉ DANS MA LOGE, MME ZELDA.
...
À MOINS QUE VOUS NE PRÉFÉRIEZ FAIRE COMME M. BLOCHE POUR RENTRER CHEZ VOUS ?
MERCI BIEN. J'AI PASSÉ L'ÂGE.
VOYONS CETTE LETTRE. UNE INVITATION AU NOM DE MONSIEUR ET MADAME BLOCHE. OH, OH ! MADAME BLOCHE ! LA TÊTE DE BABETTE QUAND ELLE LIRA ÇA !
MIMI MARÉCHAL VOUS PRIE DE BIEN VOULOIR L'AIDER À PENDRE LA CRÉMAILLÈRE LE SAMEDI 10 OCTOBRE !!
ÇA ALORS ! LA STAR DU MUSIC-HALL QUI NOUS INVITE !
GÉNIAL ! JE N'AI JAMAIS GOÛTÉ DE CAVIAR !
HUM ! À MON AVIS, ON AURA DROIT À UN PETIT RÉCITAL AUSSI.
5

LE SAMEDI SUIVANT...
BONSOIR ! SI VOUS VOULEZ ME SUIVRE, PLEASE !
CHERS VOISINS ! COMME C'EST GENTIL À VOUS D'ÊTRE VENUS.
J'AI TELLEMENT BESOIN DE ME FAIRE DE NOUVEAUX AMIS. JE NE CONNAIS PRATIQUEMENT PLUS PERSONNE DANS CETTE VILLE.
VOUS ÊTES FRANÇAISE ?
ABSOLUMENT ! J'AI VÉCU TOUTE MA JEUNESSE À PARIS AVANT DE FAIRE CARRIÈRE AUX ÉTATS-UNIS. POUR MOI, C'EST COMME UN RETOUR AUX SOURCES.
MAIS JE VAIS VOUS DEMANDER DE M'EXCUSER. LES OBLIGATIONS DE MA CHARGE D'HÔTESSE. JE VOUS LAISSE AVEC LE BUFFET.
CES PETITS MACHINS NOIRS, C'EST BIEN DU CAVIAR ? JE PEUX ?
BIEN SÛR, MONSIEUR.
ALORS, JÉRÔME K. JÉRÔME MON AMI, COMMENT TU TROUVES ?
MMH... SALÉ ! MAIS C'EST BON.
ET LE CHAMPAGNE ? TU AS GOÛTÉ AU CHAMPAGNE ? C'EST PAS DU MOUSSEUX DE FÊTE FORAINE ÇA, HEIN !?
BURHAN, TU EMBÊTES TOUT LE MONDE AVEC TA FIERTÉ D'ÉPICIER. À T'ENTENDRE, ON CROIRAIT BIEN QUE C'EST TOI QUI LES FABRIQUES, CES PRODUITS !
MAIS PUPUCE...
6

BONSOIR, BABETTE.
BONSOIR, MME ZELDA. OH ! MME ROSE ! COMME VOUS VOILÀ ÉLÉGANTE ! CETTE ROBE VOUS VA À RAVIR.
MLLE BABETTE, VOUS ME FAITES ROUGIR.
ALORS, MON AMI, OÙ EN EST CETTE HISTOIRE DE CANARI ?
NULLE PART. L'ENQUÊTE PIÉTINE.
AINSI, VOUS ÊTES "PRIVATE INVESTIGATOR" M. BLOCHE ? COMME CE DOIT ÊTRE PASSIONNANT.
EUH, ÇA DÉPEND DES JOURS.
JOHN ÉTAIT "PRIVÉ" LUI AUSSI AVANT QUE MON MARI NE LE PRENNE À SON SERVICE.
IL N'EST PAS LÀ CE SOIR ? JE VEUX DIRE... VOTRE MARI ?
PAUVRE CHOU ! NON ! IL EST RESTÉ À LAS VEGAS POUR S'OCCUPER DE MES AFFAIRES.
MIMI, AU PIANO !
MIMI, UNE CHANSON !
MIREILLE, UNE CHANSON !
JE CROIS QU'ON VOUS APPELLE.
L'ARTISTE NE CONNAÎT PAS LE REPOS. VOUS PERMETTEZ ?
MIMI AU PIANO
TU NE PEUX PAS TE DÉFILER, MIMI. NOUS SAVONS QUE LE PIANO A ÉTÉ ACCORDÉ.
MA VOIX EN AURAIT BIEN BESOIN AUSSI.
AH, AH
EV'RY HONEY BEE FILLS WITH JEALOUSY WHEN THEY SEE YOU OUT WITH ME...
I DON'T BLAME THEM GOODNESS KNOWS HONEY SUCKLE ROSE
7

ET HOP, LE CAVALIER !
ÉCHEC !
À TOI DE JOUER.
SCRUNCH !
J'ESQUIVE.
ET RE-HOP ! À LA TOUR D'Y PASSER !
TU DEVIENS REDOUTABLE À CE JEU.
NORMAL. J'AI FAIM.
SCRUNCH
LA PROCHAINE FOIS, TU NE PRENDRAIS PAS LES NOIRS ? LE CHOCOLAT BLANC, ÇA FINIT PAR ÊTRE ÉCOEURANT.
DRR DRR
AGENCE BLOCHE ! ENQUÊTES, FILATURES, RECHERCHE DES PERSONNES DISPARUES.
J'ÉCOUTE.
HABITER PARIS
JE VOIS UN GARÇON DE MA FENÊTRE, IL A UNE SERINGUE À LA MAIN. IL... ON NE PEUT PAS LE LAISSER FAIRE ÇA !
?
CALMEZ-VOUS, MADAME ! QUI EST CE GARÇON ? OÙ EST-IL ?
C'EST CELUI QUE VOUS RECHERCHEZ. CELUI QUI TIRE À LA CARABINE SUR LES PIGEONS. IL PROFITE DE L'ABSENCE DE SA MÈRE...
ET VOUS, QUI ÊTES-VOUS ?
PEU IMPORTE ! JE VOUS EN PRIE, IL FAUT INTERVENIR. ALLEZ LUI PARLER !
IL S'APPELLE JEAN-FRANÇOIS DUBREUIL. IL HABITE 18 BIS, RUE MARCADET, 6e ÉTAGE
-CLIC.
!
TUT TUT TUT TUT
8

QU'EST-CE QUI SE PASSE ?
UN REBONDISSEMENT DANS L'AFFAIRE DU CANARI DE MME DUBOIS.
JE TE LAISSE LA MOITIÉ DE L'ÉCHIQUIER ?
NON, NON ! JE N'AI PLUS FAIM. TU PEUX TOUT MANGER.
BON ! COMMENÇONS PAR VÉRIFIER L'INFORMATION.
J'ESPÈRE QUE MME DUBOIS EST CHEZ ELLE.
DRING DRING
AH ! M. BLOCHE. VOUS AVEZ DU NOUVEAU ?
PEUT-ÊTRE, MME DUBOIS. VOUS PERMETTEZ ?
JE VOIS QUE VOUS AVEZ UN AUTRE PENSIONNAIRE.
OH, OUI ! PAUVRE PETIT TRÉSOR ! JE N'OSE MÊME PLUS OUVRIR LA FENÊTRE.
TCHI TCHI
VIENS, MON POUSSIN. MAMAN VA TE METTRE À L'ABRI.
ALORS ! LA RUE MARCADET, ÇA DEVRAIT ÊTRE PAR LÀ ...
9

ÇA Y EST !
JE LE TIENS !
AU REVOIR, MME DUBOIS !
CE N'EST PAS VOUS QUI M'AVEZ TÉLÉPHONÉ IL Y A UN QUART D'HEURE, PAR HASARD ?
MOI ? AH, NON ! JE N'AI PAS LE TÉLÉPHONE.
18 BIS C'EST ICI
ALORS... DERNIER ÉTAGE.
DING DONG
10

DRING
DRING
OUI ? VOUS DÉSIREZ ?
BONJOUR, MADAME. EUH... JÉRÔME K. JÉRÔME BLOCHE, DÉTECTIVE PRIVÉ. JE VOUDRAIS AVOIR UNE CONVERSATION AVEC LE GARÇON QUI HABITE CET APPARTEMENT.
C'EST MON FILS. QU'EST-CE QUE VOUS LUI VOULEZ ?
VOILÀ. JE MÈNE UNE ENQUÊTE POUR LE COMPTE D'UNE VIEILLE DAME DONT LE CANARI A ÉTÉ TUÉ D'UN PLOMB DE CARABINE.
LA BELLE AFFAIRE ! ET EN QUOI CELA NOUS CONCERNE-T-IL ?
EH BIEN, J'AI TOUT LIEU DE CROIRE QUE LE COUP A ÉTÉ TIRÉ D'UNE DE VOS FENÊTRES.
VOUS DIVAGUEZ, MONSIEUR ! IL N'Y A PAS D'ARMES DANS CETTE MAISON.
MAINTENANT, JE VOUS PRIERAI DE NE PLUS NOUS IMPORTUNER.
MADAME ! MA CLIENTE VIENT DE S'ACHETER UN NOUVEAU CANARI ET J'AIMERAIS LUI ÉVITER UN NOUVEAU CHAGRIN...
ADIEU, MONSIEUR !
VLAN
11

OH ! ET PUIS ZUT AVEC CETTE HISTOIRE DE CANARI ! J'AI DÉJÀ SUFFISAMMENT À FAIRE AVEC LA VEUVE ET L'ORPHELIN.
JEAN-FRANÇOIS !
TU N'AS PAS ENTENDU LA SONNETTE ? TU DORMAIS ?
QU'EST-CE QUE TU FAIS ENCORE EN PYJAMA, ALORS ?
NON ! NON ! JE TRAVAILLE, M'MAN. J'AI DES MATHS POUR DEMAIN.
J'ESPÈRE QUE CE N'EST PAS POUR AVOIR LE LOISIR DE TE PRÉLASSER AU LIT QUE TU AS DÉCIDÉ DE NE PLUS M'ACCOMPAGNER LE DIMANCHE À LA MESSE.
JE VAIS AÉRER. ON ÉTOUFFE ICI. TU AS PENSÉ À FAIRE TA PIQÛRE ?
OUI, M'MAN !
!
QU'EST-CE QUE C'EST QUE ÇA ?!
12

LE LENDEMAIN
COMBIEN POUR LE TAS DE CLÉS, MADAME ?
50 ! LE LOT !
JE PRENDS.
ALORS, TU AS TROUVÉ QUELQUE CHOSE ?
DES CLÉS.
ALORS UNE SEMAINE C'EST UNE PAIRE DE VIEILLES JUMELLES, UNE AUTRE DES MENOTTES TOUTES ROUILLÉES ! TU N'AS PAS PEUR D'ABÎMER TES POCHES AVEC CET ATTIRAIL ?
DR.. DR...
DRR...
EH ! QUE VEUX-TU ? ÇA FAIT PARTIE DE LA PANOPLIE DU DÉTECTIVE PRIVÉ.
AGENCE BLOCHE J'ÉCOUTE !
IL N'A PAS DORMI CHEZ LUI CETTE NUIT ...
PARDON ?
JEAN-FRANÇOIS, LE GARÇON À LA CARABINE. IL N'EST PAS RENTRÉ DE LA NUIT. SA MÈRE EST HORRIBLEMENT INQUIÈTE.
IL A DÛ AVOIR UNE DISPUTE AVEC ELLE APRÈS VOTRE PASSAGE.
LA POLICE A ÉTÉ PRÉVENUE ?
J'IMAGINE. MAIS QUE PEUT-ELLE FAIRE ? DES FUGUES, IL Y EN A TELLEMENT. NON ! CE QU'IL FAUDRAIT, C'EST QUELQU'UN QUI S'OCCUPE DE CETTE AFFAIRE À PLEIN TEMPS. UN PROFESSIONNEL. VOUS, PAR EXEMPLE !
EH BIEN ! QUE SA MÈRE FASSE APPEL À MOI.
MOI ! MOI, JE FAIS APPEL À VOUS !
13

JE VOUS ENGAGE POUR RETROUVER CE GARÇON. UNE ENVELOPPE VOUS ATTEND DANS VOTRE BOÎTE AUX LETTRES.
C'EST UN PREMIER VERSEMENT, POUR VOS FRAIS.
CLIC !
MAIS QUI ÊTES-VOUS À LA FIN !!
ATTENTION OÙ VOUS METTEZ LES PIEDS, MES AMIS. C'EST PLEIN DE CROTTES DE CHIEN PARTOUT.
SALES BÊTES ! C'EST AUX MAÎTRES QU'IL FAUDRAIT APPRENDRE LES BONNES MANIÈRES.
BONJOUR, MME ZELDA !
VA BIEN FAIRE TES BESOINS DANS LE CANIVEAU, KIKI. IL NE FAUT PAS SALIR LE TROTTOIR.
EUH... JE NE DISAIS PAS ÇA POUR VOUS, MME ZELDA, ÉVIDEMMENT !
EH BEN !
ÇA COMMENCE À RAPPORTER, LE MÉTIER DE DÉTECTIVE !
C'EST QUE TU FINIRAIS PAR DEVENIR UN BEAU PARTI, JÉRÔME, POUR UNE JEUNE ET JOLIE CÉLIBATAIRE.
MME ROSE ! VOUS N'AVEZ VU PERSONNE GLISSER UNE ENVELOPPE DANS MA BOÎTE CE MATIN ?
NON ! DES MAUVAISES NOUVELLES ?
JE NE SAIS PAS ENCORE.
14

DRING DRING
JEAN-FRANÇOIS ?!
EUH... NON. JÉRÔME K. JÉRÔME BLOCHE... LE DÉTECTIVE PRIVÉ. JE SUIS PASSÉ HIER...
VLAN
ET ALLEZ !
JE SUIS VENU VOUS AIDER, MME DUBREUIL.
JE PEUX RETROUVER VOTRE FILS, MAIS POUR CELA J'AURAIS BESOIN DE QUELQUES RENSEIGNEMENTS, L'ÉTABLISSEMENT QU'IL FRÉQUENTE, QUELS SONT SES LOISIRS, SES AMIS...
POURQUOI FERIEZ-VOUS ÇA ?
PARCE QUE C'EST MON MÉTIER ET... PARCE QU'ON M'A PAYÉ POUR ÇA.
QUI ?
JE... JE L'IGNORE.
15

EH ! VISEZ UN PEU LE GARS AU COIN DE LA RUE, LÀ-BAS ! IL ARRÊTE PAS DE REGARDER DANS NOTRE DIRECTION.
OUAÂ ! LE LOOK DE L'INDIVIDU ! VOUS CROYEZ QU'IL A QUELQUE CHOSE SOUS SON IMPER ?
GAFFE, LES FILLES ! IL VIENT PAR ICI !
BONJOUR ! JÉRÔME K. JÉRÔME BLOCHE, DÉTECTIVE PRIVÉ. EST-CE QUE JE POURRAIS VOUS PARLER UN INSTANT, MADEMOISELLE ?... EUH... EN PARTICULIER.
J'AI TROUVÉ CETTE PHOTO DANS LA CHAMBRE DE JEAN-FRANÇOIS. ELLE ÉTAIT COLLÉE SOUS UN TIROIR DE SON BUREAU, À L'ABRI DE LA CURIOSITÉ DE SA MÈRE.
C'EST BIEN DE VOUS QU'IL S'AGIT ?
IL LUI EST ARRIVÉ QUELQUE CHOSE ?
EUH... VOUS NE CONNAISSEZ PAS UN ENDROIT OÙ ON POURRAIT SE METTRE À L'ABRI ?
C'EST LE DRAGON QUI VOUS ENVOIE ?
VOUS PARLEZ DE SA MÈRE ? VOUS LA CONNAISSEZ ?
VOUS RIGOLEZ ? IL NE FALLAIT SURTOUT PAS QU'ELLE SACHE QUE SON PETIT GARÇON CHÉRI SORTAIT AVEC UNE FILLE.
QUELLE HORREUR !
VOUS L'AVEZ REVU DEPUIS QUE... ?
QUE JE L'AI LARGUÉ IL Y A QUINZE JOURS. NON ! MAIS MES PARENTS, OUI. IL EST PASSÉ HIER APRÈS-MIDI.
HIER !? VERS QUELLE HEURE ? QU'EST-CE QU'IL A DIT ?
16

RIEN ! IL VOULAIT ME VOIR. C'ÉTAIT EN DÉBUT D'APRÈS-MIDI. QUAND IL A APPRIS QUE J'ÉTAIS SORTIE AVEC DES COPAINS, IL EST REPARTI.
ILS N'ONT RIEN TROUVÉ DE BIZARRE DANS SON COMPORTEMENT, SA TENUE ?
RIEN DE PARTICULIER. POURQUOI ?
IL EST PARTI COMME ÇA, SUR UN COUP DE TÊTE, EN PYJAMA ET SANS UN SOU. IL N'A PAS PU ALLER BIEN LOIN.
POURVU QU'IL NE FASSE PAS DE BÊTISES. C'EST UN GARÇON TELLEMENT SÉRIEUX, TELLEMENT EXCESSIF. ÇA NE FAISAIT PAS HUIT JOURS QU'ON FLIRTAIT GENTIMENT QU'IL ÉCHAFAUDAIT DÉJÀ DES PROJETS D'AVENIR. ÇA M'A FAIT PEUR.
VOUS N'AVEZ VRAIMENT AUCUNE IDÉE D'UN ENDROIT OÙ IL AURAIT PU PASSER LA NUIT, QUELQU'UN DONT IL VOUS AURAIT PARLÉ QUAND VOUS ÉTIEZ ENSEMBLE ? UN PARENT. SON PÈRE, PAR EXEMPLE ! IL NE VOUS A JAMAIS PARLÉ DE SON PÈRE ?
JAMAIS ! C'EST MÊME À SE DEMANDER S'IL EN A UN. EN TOUT CAS, IL NE L'A PAS CONNU.
HUM ! TOUT ÇA NE M'AVANCE PAS BEAUCOUP; OR IL FAUT QUE JE LE RETROUVE LE PLUS VITE POSSIBLE. C'EST UNE QUESTION DE VIE OU DE MORT.
GARÇON !
FAUT PAS FAIRE DANS LA PARANO NON PLUS. IL FINIRA BIEN PAR RENTRER CHEZ MAMAN.
COMMENT ! IL NE VOUS A PAS DIT ?
DIT QUOI ?
IL EST DIABÉTIQUE. SON ÉTAT NÉCESSITE QU'IL FASSE DEUX PIQÛRES D'INSULINE PAR JOUR, MATIN ET SOIR, SANS QUOI C'EST LE COMA ... ET LA MORT !
VOUS DÉCONNEZ ?
REGARDEZ ! SA MÈRE M'A DONNÉ CETTE SERINGUE POUR QU'IL SE FASSE RAPIDEMENT SA PIQÛRE POUR LE CAS OÙ JE LE RETROUVERAIS EN MAUVAIS ÉTAT.
LA CAVE ! VOUS AVEZ ESSAYÉ LA CAVE ?
17

IL M'Y A EMMENÉE UNE FOIS. ELLE EST AMÉNAGÉE COMME UN REFUGE. TOUT CE QUE SA MÈRE LUI INTERDIT DE BOIRE, DE MANGER ET MÊME DE LIRE, IL L'ENTASSE LÀ. IL EST SÛR QU'ELLE NE VIENDRA JAMAIS LE DÉRANGER. ELLE A BIEN TROP PEUR DES ARAIGNÉES ET DES RATS.
ALORS... LE COULOIR DE GAUCHE, LA PORTE DU FOND ...
ÇA DOIT ÊTRE CELLE-CI.
JEAN-FRANÇOIS ! TU ES LÀ ?
JEAN... !
HO, PETIT ! ÇA VA ? ÇA VA PETIT ?
ALLONS ! RÉPONDS ! DIS QUELQUE CHOSE ! TU PEUX MARCHER ?
MMH... QUI... ÊTES... VOUS ?
BON ! SI JE NE VEUX PAS DEVOIR LE PORTER SUR MON DOS, IL NE ME RESTE QU'UNE CHOSE À FAIRE...
18

ÇA VA ALLER ?
ÇA VA. ÇA VA.
TA MÈRE EST FOLLE D'INQUIÉTUDE.
MA MÈRE EST TOUJOURS FOLLE D'INQUIÉTUDE. ELLE A PEUR POUR MA SANTÉ. ELLE A PEUR POUR MON AVENIR, PEUR QUE JE ME TUE EN SCOOTER, PEUR DE TOUT !
C'EST PARCE QU'ELLE T'AIME.
TU PARLES !
ELLE EST PEUT-ÊTRE MALADROITE, MAIS ELLE T'AIME, C'EST SÛR.
CE QUI EST SÛR, C'EST QU'ELLE VA M'ARRACHER LES YEUX.
DRING
ÇA M'ÉTONNERAIT.
JEAN-FRANÇOIS !
MON PETIT ! MON TOUT PETIT !
MON DIEU, QUE JE SUIS CONTENTE.
BON ! EH BIEN, JE VOUS LAISSE.
19

AGENCE BLOCHE
DRR DRR
OUI ?
FÉLICITATIONS ! VOUS AVEZ FAIT DU BON TRAVAIL.
OÙ ÉTAIT-IL ? C'ÉTAIT QUOI, CETTE SERINGUE ?
DÉSOLÉ ! JE NE FAIS MES RAPPORTS D'ENQUÊTE QU'EN PRÉSENCE DU CLIENT. JAMAIS PAR TÉLÉPHONE !
ET TOC !
CLIC
DRR DRR
OUI ?
SI JE PASSE VOUS VOIR, VOUS ME FEREZ UN COMPTE-RENDU DÉTAILLÉ ?
BIEN ENTENDU !
C'EST BON ! J'ARRIVE.
CLIC !
!
20

DRING DRING
M. BLOCHE ?
LUI-MÊME !
J'AI TROUVÉ VOTRE NUMÉRO DE TÉLÉPHONE DANS L'ANNUAIRE. JE N'AI PAS EU LE TEMPS DE VOUS REMERCIER TOUT À L'HEURE...
JE SUIS CONTENT QUE CETTE HISTOIRE SE TERMINE BIEN. COMMENT VA-T-IL ?
IL DORT. J'AI APPELÉ LE MÉDECIN, PAR PRÉCAUTION..
ON FRAPPE À LA PORTE. VOUS M'EXCUSEZ UN INSTANT ?
TOC TOC
BONSOIR, M. BLOCHE !
LE RESTE DE LA SOMME, COMME PROMIS AU TÉLÉPHONE.
VOUS !
MOI !
VOUS VOUS DEMANDEZ SANS DOUTE POURQUOI JE M'INTÉRESSE TANT À CE GARÇON ?!..
EH BIEN, C'EST SIMPLE ! PARCE QUE C'EST MON FILS !
21
VOTRE FILS ?! JEAN-FRANÇOIS, VOTRE FILS ?!

MAIS ALORS, SI VOUS ÊTES SA MÈRE, QUI ...?MER!! LE TÉLÉPHONE!
EXCUSEZ-MOI! JE VOUS AVAIS OUBLIÉE. COMMENT ?! VOUS AVEZ TOUT ENTENDU! VOUS VOULEZ PARLER À LA PERSONNE QUI EST AVEC MOI! EUH... BIEN! JE VOUS LA PASSE.
QUI EST-CE?
LA MÈRE DU GARÇON! ENFIN! MME DUBREUIL.
!
ALLÔ, MARIE-THÉRÈSE?!...
?
OUI! JE SUIS À PARIS DEPUIS DEUX MOIS ENVIRON... NON! NON! PAS POUR LONGTEMPS... OUI! JE SAIS, JE N'AURAIS PAS DÛ. JE SUIS VOISINE AVEC LE DÉTECTIVE ET C'EST PAR HASARD QUE ...
NON! NON! CE N'ÉTAIT PAS MON INTENTION. JE VOULAIS JUSTE... NON! JE N'AI PAS OUBLIÉ NOTRE PACTE ...JE... PROMIS! JE N'ESSAIERAI PAS DE LE RENCONTRER, NI MÊME DE...
ELLE A RACCROCHÉ.
VOUS... EUH... VOUS VOULEZ BOIRE QUELQUE CHOSE ?
TOUT ÇA C'EST DE VOTRE FAUTE! VOUS SAVIEZ QUE MA SOEUR ÉTAIT À L'AUTRE BOUT DU FIL. VOUS M'AVEZ PIÉGÉE.
QUOI! VOTRE SOEUR!! MAIS PAS DU TOUT!
JE VOUS ASSURE QUE JE NE L'AI PAS FAIT EXPRÈS POUR LE TÉLÉPHONE. COMMENT J'AURAIS PU DEVINER CE QUI ALLAIT SE PASSER ?
VLAN
JE SUIS DÉSOLÉ!
22

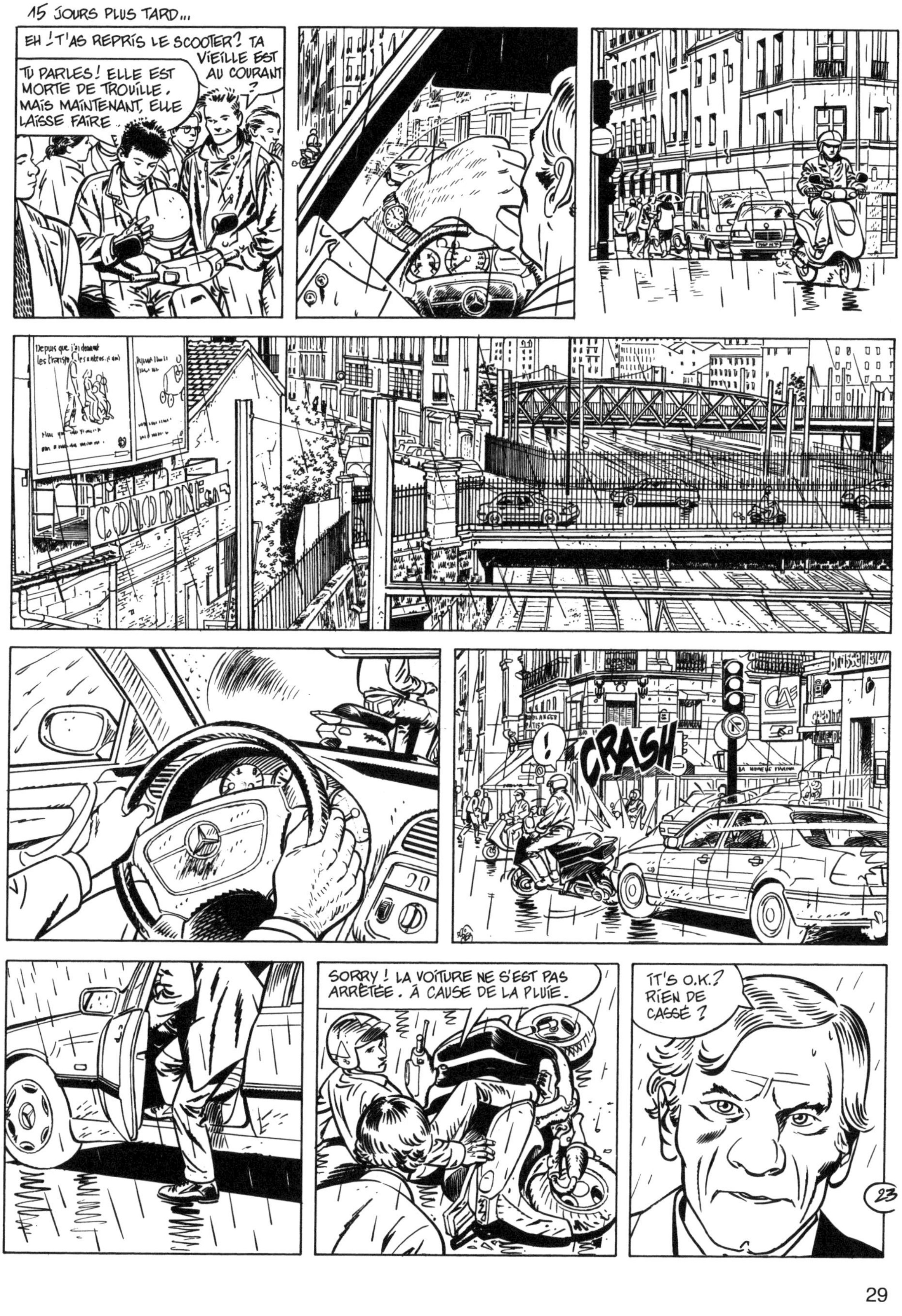
15 JOURS PLUS TARD...
EH ! T'AS REPRIS LE SCOOTER ? TA VIEILLE EST AU COURANT ?
TU PARLES ! ELLE EST MORTE DE TROUILLE. MAIS MAINTENANT, ELLE LAISSE FAIRE
!
CRASH
SORRY ! LA VOITURE NE S'EST PAS ARRÊTÉE. À CAUSE DE LA PLUIE.
IT'S O.K. ? RIEN DE CASSÉ ?
23

M. BLOCHE ! TOC TOC TOC
!
J'AI BESOIN DE VOTRE AIDE. MARIE-THÉRÈSE EST CHEZ MOI. ELLE EST COMME FOLLE !
C'EST JEAN-FRANÇOIS ! IL N'EST PAS RENTRÉ DU LYCÉE.
JEAN-FRANÇOIS, RÉPONDS-MOI !
OÙ EST-IL ? OÙ EST MON FILS ? JE SUIS SÛRE QU'IL EST ICI !
JEAN-FRANÇOIS !
JEAN-FRANÇOIS !
24

QU'EST-CE QUE C'EST QUE ÇA ?
MAIS !
JE COMPRENDS TOUT !
C'EST DU PROPRE D'ESPIONNER LES GENS COMME ÇA !
CALMEZ-VOUS, MADAME !
QU'ON ME RENDE MON GARÇON !
MAIS IL N'EST PAS ICI !
TOUT ÇA C'EST DE TA FAUTE ! DEPUIS QUE TU ES REVENUE, PLUS RIEN NE VA COMME AVANT !
S'IL VOUS PLAÎT !
JE SUIS SÛRE QUE CE N'EST PAS UNE FUGUE CETTE FOIS-CI. TU AS ENLEVÉ MON FILS,
MON FILS !
TU ES FOLLE ! POURQUOI AURAIS-JE FAIT ÇA ?
PARCE QUE TU ES JALOUSE ! PARCE QUE MALGRÉ TA GLOIRE ET TES DOLLARS, TU N'AS PAS RÉUSSI À DONNER UN SENS À TA VIE. TU AS RATÉ TA VIE, ET MAINTENANT TU ES VENUE DÉMOLIR LA NÔTRE !
TU... TU N'AS PAS LE DROIT DE DIRE ÇA...
PAS LE DROIT !
25

EUH ... SI J'AI BIEN COMPRIS, MIMI ... ENFIN, MME MARÉCHAL EST VOTRE SOEUR, ET JEAN-FRANÇOIS EST SON ...
JEAN-FRANÇOIS EST MON FILS. C'EST MOI QUI L'AI ÉLEVÉ.
MIREILLE N'A FAIT QUE LE METTRE AU MONDE, MAIS OFFICIELLEMENT, C'EST MOI SA MÈRE.
COMMENT C'EST POSSIBLE, ÇA ?
ELLE NE VOULAIT PAS DE CET ENFANT. LE PÈRE VENAIT DE LA QUITTER ET CE FARDEAU ALLAIT NUIRE À SA CHÈRE CARRIÈRE. ALORS JE LUI AI PROPOSÉ DE M'OCCUPER DU PETIT ET DE DEVENIR SA MÈRE.
ON A ÉCHANGÉ NOS PRÉNOMS. POUR LE MÉDECIN QUI LA SUIVAIT, ELLE ÉTAIT MARIE-THÉRÈSE, ET MOI MIREILLE. VOILÀ ! ON A PROCÉDÉ DE LA MÊME MANIÈRE POUR L'ÉTAT CIVIL.
PRENDRE SOIN D'UN BÉBÉ NE ME POSAIT PAS DE PROBLÈME. À LA MORT DE NOS PARENTS, C'EST MOI QUI M'ÉTAIS OCCUPÉE DE MIREILLE.
UN CAS TROUBLANT D'IMMACULÉE CONCEPTION, NON ? MA SOEUR EST UNE VRAIE SAINTE. D'AILLEURS, JE PROPOSE QU'ON L'APPELLE DÉSORMAIS SAINTE MARIE-THÉRÈSE. UNE VIE AUSSI EXEMPLAIRE MÉRITE BIEN LA CANONISATION, NON ?
MAIS DIS-MOI, "SAINTE MARIE-THÉRÈSE", EST-CE QUE TU AS PARLÉ À NOTRE AMI DÉTECTIVE DU PACTE QUE TU M'AS OBLIGÉE À PASSER AVEC TOI ?
TU ES IVRE !
CAR ÉVIDEMMENT, SI MARIE-THÉRÈSE ACCEPTAIT DANS SON INFINIE GÉNÉROSITÉ DE SACRIFIER SA VERTUEUSE RÉPUTATION D'HONNÊTE FEMME, IL Y AVAIT UN PRIX À PAYER.
CE PRIX ÉTAIT QUE JE DISPARAISSE À JAMAIS DE LA VIE DE L'ENFANT ! BALAYÉE, MIREILLE ! VOLATILISÉE ! NI MÈRE, NI TANTE. PLUS RIEN !
26

DIS-MOI ! QU'AS-TU FAIT DE TOUTES CES PHOTOS OÙ J'APPARAISSAIS ? TU LES AS BRÛLÉES ?
SAIT-IL SEULEMENT QUE TU AS UNE SOEUR ?
DE QUOI TE PLAINS-TU ? TU L'AS EUE, TA CARRIÈRE, NON ? DEPUIS 17 ANS QUE TU ES AUX ÉTATS-UNIS À FAIRE LA STAR, COMBIEN DE FOIS AS-TU EU UNE PENSÉE, SEULEMENT UNE PENSÉE, POUR CET ENFANT ? COMBIEN ?
UN PROBLÈME, MIREILLE ?
AH ! TE VOILÀ, TOI ! ON PEUT SAVOIR OÙ TU ÉTAIS PASSÉ ?
UN PETIT CONTRE-TEMPS AVEC LA VOITURE. RIEN DE GRAVE !
C'EST ÇA QUI T'EMPÊCHE DE RÉPONDRE AU TÉLÉPHONE ? ALLEZ ! FICHE-MOI TOUT LE MONDE À LA PORTE ! J'AI BESOIN D'ÊTRE SEULE POUR BOIRE.
VENEZ, MADAME ! JE VOUS RACCOMPAGNE.
27

LE LENDEMAIN MATIN ...

À GAUCHE, AU PROCHAIN CARREFOUR !
DRR... DRR...
EXCUSEZ-MOI ! C'EST MON PORTABLE.
DRR... DRR...
AH ! TIENS ? NON !
C'EST LE MIEN. PERMETTEZ ?
DRR DRR
CLIC
HI, BOSS ! NO, I CAN'T TALK RIGHT NOW. I'M NOT ALONE. I CALL YOU BACK LATER.
UN APPEL DE MON PATRON, LE MARI DE MIREILLE. IL TÉLÉPHONE POUR PRENDRE DE SES NOUVELLES.
À PROPOS DE MIREILLE, LE TIROIR DE SA TABLE DE CHEVET DÉBORDE DE MÉDICAMENTS. J'AI LU LES NOTICES. ÇA A L'AIR SÉRIEUX COMME MALADIE.
VOUS ÊTES DU GENRE EUH...
FOUINEUR ?
FOUINEUR ! PRECISELY ! JE CROYAIS QUE VOTRE JOB, C'ÉTAIT RETROUVER LE GARÇON !
JUSTEMENT, IL NE FAUT RIEN NÉGLIGER, ET CE GENRE DE DÉTAIL PEUT AIDER À COMPRENDRE CERTAINES CHOSES.
PAR EXEMPLE ?
PAR EXEMPLE, CETTE ENVIE SOUDAINE DE RENOUER AVEC LE PASSÉ, ÇA PEUT S'EXPLIQUER CHEZ UNE PERSONNE QUI SE SAIT TRÈS MALADE. MAIS DITES-MOI, JOHN, VOUS ÊTES DÉJÀ ALLÉ AU LYCÉE DU GARÇON ?
NON, POURQUOI ?
TAXI
PARCE QUE JE N'AI MÊME PAS EU À VOUS INDIQUER LE RESTE DE L'ITINÉRAIRE. C'EST LÀ, EN FACE. NOUS SOMMES ARRIVÉS.
!
29

LE SOIR...
OUI. JE SUIS RETOURNÉ INTERROGER SON EX-PETITE AMIE, MAIS ELLE NE M'A RIEN APPRIS DE PLUS. BREF, C'EST L'IMPASSE. ET TOI, COMMENT ÇA S'EST PASSÉ ?
ON EST REPARTIS DE GUADELOUPE AVEC CINQ HEURES DE RETARD, À CAUSE D'UN PROBLÈME TECHNIQUE. IL NE FAUDRA PAS ME BERCER CE SOIR. JE SUIS MORTE.
WÂÂÂH
AH OUI ! LE DÉCALAGE HORAIRE. EH BIEN... BONNE NUIT. OUI ! MOI AUSSI ! À DEMAIN, BABETTE.
HÔTESSE DE L'AIR, MOI JE NE POURRAIS PAS. ÇA DOIT ÊTRE USANT, TOUS CES VOYAGES !
DRÏÏNNG
!
ALLÔ, OUI ! C'EST VOUS, MME DUBREUIL ?
ON A RETROUVÉ LE SCOOTER DE MON FILS DEVANT UN CAFÉ. C'EST LE PATRON DE CE CAFÉ QUI VIENT DE ME PRÉVENIR. IL A PENSÉ À REGARDER LA PLAQUE D'IDENTITÉ.
VOUS AVEZ L'ADRESSE ?... NON, NON ! J'IRAI PLUS VITE TOUT SEUL. VOUS, RESTEZ PRÈS DU TÉLÉPHONE ! JE VOUS TIENS AU COURANT.
HABITER
Plein d'idées pour ma n
TEUH TEUH TEUH
30

JE SUIS CONTENT QUE VOUS VENIEZ M'EN DÉBARRASSER. C'EST QUE JE N'AI PAS PU FINIR DE METTRE MA TERRASSE, MOI, AVEC CET ENGIN DANS LE PASSAGE.
VOUS POURRIEZ ME DONNER DES DÉTAILS SUR L'ACCIDENT?
JULIEN! VIENS VOIR PAR ICI! MONSIEUR VOUDRAIT SAVOIR COMMENT ÇA S'EST PASSÉ, HIER, AVEC LE SCOOTER.
BAH! UN ACCROCHAGE BANAL. LA CHAUSSÉE ÉTAIT GLISSANTE. LA MERCEDES EST PARTIE EN AQUAPLANAGE ET BOUM! IL DEVAIT ÊTRE 17H15 À PEU PRÈS.
QUAND J'AI VU QUE LE GAMIN SE RELEVAIT SANS BOBO, J'AI CONTINUÉ MON SERVICE, ET PUIS VOILÀ.
VOUS VOUS SOUVENEZ DE LA COULEUR DE LA VOITURE?
LA COULEUR ET LE RESTE. MERCEDES C 280 BLANCHE, JANTES ALLIAGE. MOTEUR 6 CYLINDRES EN V. 145 CHEVAUX A 5800 TOURS, ET PAS TROP GOURMANDE AVEC ÇA. UNE NOISETTE ET UN PANACHÉ BIEN BLANC!
C'EST PARTI!
EH BEN! VOUS AVEZ LE SENS DE L'OBSERVATION, VOUS!
BAH! DISONS QUE J'AIME LES VOITURES. ET MON PANACHÉ, PATRON?!
IL ARRIVE!
EH! VOUS N'EMPORTEZ PAS LE SCOOTER?
DÉSOLÉ, MAIS IL NE FAUT PAS LE BOUGER DE LÀ. LA POLICE VA EN AVOIR BESOIN COMME PIÈCE À CONVICTION.
LA POLICE? POUR UN ACCROCHAGE!?
NON! POUR UN ENLÈVEMENT!!

ÉVIDEMMENT, CE N'EST PEUT-ÊTRE QU'UNE COÏNCIDENCE. DES MERCEDES BLANCHES AU PARE-CHOCS ENDOMMAGÉ, IL DOIT Y EN AVOIR DES DIZAINES À PARIS. ALORS... QUARANTE-DEUX !
MAIS COMME DE TOUTE FAÇON, JE N'AI QUE CETTE PISTE-LÀ...
POLICE
8578 AX 75
ET PUIS, SI ÇA NE MARCHE PAS, IL SERA TOUJOURS TEMPS DE PRÉVENIR LA POLICE.
IL Y EN AURA BIEN UNE DE BONNE DANS LE LOT.
QUARANTE-TROIS !
C'ÉTAIT LA QUARANTE-TROISIÈME.
CLAC
ENCORE HEUREUX QUE JOHN AIT OPTÉ POUR L'ANTI-DÉMARRAGE CODÉ. AVEC UNE ALARME, ÇA AURAIT ÉTÉ AUTREMENT PLUS DÉLICAT.
TI TI TI TI TI TI TI TI
ALLÔ ! BABETTE ?

MMH...
... QUE JE FASSE QUOI ?...
... TU RESTES AU TÉLÉPHONE. TU NE COUPES LA COMMUNICATION À AUCUN PRIX ! TU ATTENDS QUE J'ARRIVE. TU AS BIEN COMPRIS ?
JE SERAI CHEZ TOI D'ICI DIX MINUTES, UN QUART D'HEURE.
VLAM
VLAM
UN PETIT TOUR DE LA CLÉ NUMÉRO 43... ET HOP !
CLAC
ET MAINTENANT, À NOUS DEUX, MISTER JOHN !
DRIING
33

DRIING DRIIING
AH ! C'EST VOUS !
VOUS DORMIEZ ?
IL EST TARD.
J'AI DU NOUVEAU.
SORRY ! MAIS MIREILLE N'EST PAS EN ÉTAT DE VOUS VOIR.
PAS EN ÉTAT ?
ELLE A ... UN PEU BU CE SOIR.
AH ! ET ÇA LUI ARRIVE SOUVENT ?
ELLE S'ÉTAIT GUÉRIE DE CETTE SALE HABITUDE. MAIS AVEC TOUS CES ÉVÉNEMENTS
INUTILE DE LA RÉVEILLER DANS CE CAS. C'EST VOUS QUE J'ÉTAIS VENU VOIR. ON A RETROUVÉ LE SCOOTER DU GARÇON
AH ?
IL EST RESTÉ TOUTE LA NUIT DEVANT UN BISTROT, RUE CAULAINCOURT. C'EST SUR LE CHEMIN DU LYCÉE.
LA ROUE ARRIÈRE EST ENDOMMAGÉE. UNE VOITURE L'A PERCUTÉE. UNE MERCÉDES BLANCHE, D'APRÈS UN TÉMOIN.
OÙ ÉTIEZ-VOUS HIER SOIR ENTRE 17 ET 18 HEURES ?
INUTILE DE JOUER LE PLUS FIN, JE PENSE. JE RECONNAIS. C'EST MOI. J'AI PERCUTÉ L'ARRIÈRE DU SCOOTER HIER.
C'EST CURIEUX COMME COÏNCIDENCE QUE VOUS VOUS SOYEZ TROUVÉ LÀ À L'HEURE OÙ IL SORTAIT DU LYCÉE.
CE N'EST PAS UNE COÏNCIDENCE. **JE LE SUIVAIS.**
!
OUI ! JE LE SUIVAIS. MIREILLE VOULAIT TOUT SAVOIR SUR LE GARÇON. SES OCCUPATIONS, SES FRÉQUENTATIONS.
LE REGARDER VIVRE, QUOI ! UN PEU COMME CE QU'ELLE FAIT À TRAVERS SA LONGUE-VUE.
RIGHT ! IL AVAIT PLU TOUTE LA JOURNÉE. LA ROUTE ÉTAIT GLISSANTE. QUAND IL A FREINÉ AU FEU ORANGE, J'AI ÉTÉ SURPRIS.
D'ACCORD ! ÇA, CE SONT LES CIRCONSTANCES DE L'ACCROCHAGE. MOI, CE QUI M'INTÉRESSE, C'EST APRÈS !
34

APRÈS ?
OUI ! APRÈS ! QU'EST DEVENU LE GARÇON ? IL A ABANDONNÉ LE SCOOTER ET IL EST PARTI À PIED ? IL A PRIS LE MÉTRO ?...
JE L'AI RAMENÉ.
AH ! VOUS L'AVEZ RAMENÉ ! QUELLE HEURE ÉTAIT-IL ?
JE NE SAIS PAS ! PEUT-ÊTRE 18 HEURES !
ET QU'AVEZ-VOUS FAIT JUSQU'À 20 HEURES 30, HEURE À LAQUELLE VOUS ÊTES RENTRÉ ?
EH BIEN JE...
ET EN DÉCOUVRANT ICI SA MÈRE FOLLE D'ANGOISSE, IL NE VOUS EST PAS VENU À L'ESPRIT DE LUI DIRE QUE VOUS VENIEZ DE DÉPOSER SON GARÇON !...
JE NE VOULAIS PAS AGGRAVER SA COLÈRE. COMPRENEZ ? J'ÉTAIS PERSUADÉ QU'ELLE ALLAIT LE RETROUVER CHEZ ELLE EN RENTRANT.
SOIT ! MAIS CE MATIN, QUAND VOUS AVEZ APPRIS QU'IL N'ÉTAIT PAS RENTRÉ DE LA NUIT, POURQUOI NE PAS M'AVOIR PARLÉ ?
JE N'AI PAS OSÉ.
PAS OSÉ !
LA VIE D'UN GARÇON DIABÉTIQUE EST EN JEU ET VOUS N'AVEZ PAS OSÉ !!
VOTRE RÔLE DANS CETTE HISTOIRE N'EST PAS CLAIR...
PAS CLAIR DU TOUT !
OÙ ALLEZ-VOUS ?
PRÉVENIR LA POLICE !
QU'EST-CE QUE C'EST QUE CES CRIS, JOHN ?
CE N'EST RIEN, MIREILLE. RETOURNEZ VOUS COUCHER !
35

VITE ! CHEZ BABETTE !
POURVU QUE ÇA DONNE QUELQUE CHOSE
ZUT ! C'EST LAQUELLE DÉJÀ !?
?
ZZZ RRR ZZZ RRR
C'ÉTAIT LA N° 2 !
ZZZ RRRR ZZZ
RR ZZZ RR
RR ZZZ

REUH
REUH
REUH
VROUM
VROO
OUF !
BABETTE !
BABETTE ! RÉVEILLE-TOI !
BABETTE ! JE NE COMPRENDS PAS L'AMÉRICAIN. J'AI BESOIN DE TOI.
ZZZRR
MA PETITE BABETTE, JE T'EN PRIE.
BIZ
!
MMH !...
CHUT !
TI-TI-TI TI
HI BOSS ! JOHN !
I'VE GOT A SMALL PROBLEM, BOSS !... YES ! WITH THE DETECTIVE ... NO ! HE DOESN'T KNOW ANYTHING BUT HE SUSPECTS ME. HE'S ALREADY GONE TO THE POLICE.
37

IL DIT QU'IL A UN PROBLÈME ... À CAUSE DE TOI. TU SOUPÇONNES QUELQUE CHOSE ET TU ES ALLÉ PRÉVENIR LA POLICE. IL PENSE QU'IL EST PRÉFÉRABLE DE S'OCCUPER DU GOSSE TOUT DE SUITE AVANT D'ÊTRE SURVEILLÉ DE TROP PRÈS ...
I FOUND THE RIGHT SPOT ...
IL A TROUVÉ L'ENDROIT IDÉAL. UN VIEIL IMMEUBLE EN CONSTRUCTION DU CÔTÉ DU MÉTRO GUY MÔQUET. C'EST LÀ QU'IL AVAIT L'INTENTION DE DÉPOSER ... EUH ... SON CADAVRE. L'ENDROIT EST DÉSERT ET LES OUVRIERS NE REPRENDRONT LE TRAVAIL QUE LUNDI.
IL A COUPÉ LA COMMUNICATION !
UN VIEIL IMMEUBLE DU CÔTÉ DE GUY MÔQUET, ÇA DOIT POUVOIR SE TROUVER, BON SANG !
PLAN DE PARIS
IL S'EST ARRÊTÉ ! IL VIENT DE CLAQUER SA PORTIÈRE.
JE N'AI PAS EU LE TEMPS DE VIDER LA MALLE ARRIÈRE ...
MMMH ...
ALORS TU SERAS GENTIL DE NE PAS VOMIR SUR LES BANQUETTES !
38

TOUT ÇA À CAUSE DE CE FOUTU SCOOTER QUI NE RENTRAIT PAS DANS LE COFFRE.
IL EST REVENU. IL PARLE À QUELQU'UN, EN FRANÇAIS.
HEIN ?! DONNE !
ÇA VA DERRIÈRE ? PAS TROP INCONFORTABLE ?
JE SUIS DÉSOLÉ DE CE QUE TU SUBIS, GARÇON ! SINCERELY. SI ÇA NE TENAIT QU'À MOI, JE TE TIRE UNE BALLE DANS LA TÊTE ET PUIS C'EST FINI. MAIS VOILÀ ! IL FAUT QUE TA MORT, ÇA PARAISSE ÊTRE UN ACCIDENT. UNE QUESTION D'HÉRITAGE, YOU SEE ?
TOUT ÇA, C'EST LA FAUTE À MIREILLE. VOILÀ QUE DU JOUR AU LENDEMAIN, ELLE SE DÉCOUVRE LA FIBRE MATERNELLE. (C'EST CORRECT, FIBRE MATERNELLE ?) BREF ! ELLE SE RAPPELLE QU'ELLE A UN FILS, LÀ-BAS EN FRANCE. METS-TOI À LA PLACE DE MON PATRON ! IL N'A PAS ENVIE DE VOIR LA FORTUNE DE SA FEMME LUI PASSER SOUS LE NEZ. C'EST HUMAIN, NON ?
C'EST POURQUOI TU DOIS MOURIR. UNE MORT DE DIABÉTIQUE EN MANQUE D'INSULINE.
ON ARRIVE. C'EST L'IMMEUBLE QU'IL Y A LÀ-BAS, DE L'AUTRE CÔTÉ DU SQUARE.
BABETTE, TU RESTES À L'ÉCOUTE ! JE TE SIGNALE MA POSITION DÈS QUE JE TROUVE CET IMMEUBLE.
C'EST ICI !
IL DOIT S'AGIR DU SQUARE CARPEAUX.
PET PET PET
39

SORRY, MY BOY ! C'EST LA FIN DU VOYAGE
UNE FLÈCHE DE GRUE. POURVU QUE CE SOIT ÇA !
GAGNÉ ! LA VOITURE DE JOHN !
HÔTEL
BABETTE? TU M'ENTENDS ?
ALLÔ, BABETTE ? J'AI TROUVÉ L'IMMEUBLE. OUI ! RUE CARPEAUX. JOHN DOIT ÊTRE À L'INTÉRIEUR AVEC LE GARÇON. PRÉVIENS LA POLICE ! ET... ET APPELLE LE SAMU ! BON ! J'Y VAIS.
40

ÉVIDEMMENT, CE N'EST PAS LE RITZ ICI !
MAIS DANS TON ÉTAT, CE N'EST PAS QUELQUES COURANTS D'AIR QUI VONT T'INCOMMODER.
LUNDI, LES OUVRIERS DÉCOUVRIRONT TON CADAVRE ET ON PENSERA QUE C'EST UNE FUGUE QUI A TOURNÉ TRAGIQUEMENT.
DRR... DRR...
!
DRR... DRR...
BLONK
TIENS ! TIENS ! LE PETIT DÉTECTIVE !
BONGELONG
DRR... DRR...
CETTE FOIS-CI, C'EST LE VÔTRE QUI SONNE !
TCHAC
41

DRR... DRR...
ALLÔ!
AH! C'EST VOUS MME DUBREUIL. COMMENT ? ÇA FAIT UNE HEURE QUE VOUS ESSAYEZ DE ME JOINDRE ! ÇA SONNAIT TOUJOURS OCCUPÉ !
COMMENT ? SI J'AI DU NOUVEAU ? AH, ÇA OUI ! POUR DU NOUVEAU, J'AI DU NOUVEAU.
VOTRE FILS ? OUI, OUI ! JE L'AI RETROUVÉ. TOUT VA BIEN. JE... JE... COMMENT ?.. ESSOUFFLÉ ?.. C'EST PARCE QUE JE MONTE DES ESCALIERS. NE... NE VOUS INQUIÉTEZ PAS. JE VOUS RAPPELLE DANS UN INSTANT.
N'Y COMPTE PAS TROP, OLD BOY !
42

VOUS FERIEZ MIEUX DE FILER, JOHN. LA POLICE VA ARRIVER D'UN INSTANT À L'AUTRE.
VOUS AVEZ TORT JOHN. C'EST TRÈS GLISSANT ICI. MOI, JE SUIS UN VRAI CHAT, MAIS VOUS, VOUS RISQUEZ LA CHUTE.
JOHN ! ARRÊTEZ PENDANT QU'IL EN EST TEMPS. N'AGGRAVEZ PAS VOTRE CAS.
N'APPROCHEZ PAS ! JE VOUS PRÉVIENS, JE... J'AI UNE ARME DANS MA POCHE.
EH BIEN ! QU'EST-CE QUE TU ATTENDS POUR LA SORTIR ?
O.K. ! ON NE JOUE PLUS !
43

OUPS!
HAN!
COMBIEN DE TES PHALANGES JE DOIS COUPER AVANT QUE TU LÂCHES PRISE ?...
!
?
JÉRÔME!
YAH!
WHAT'S ?
OUF!
44

JÉRÔME !
TOUT VA BIEN, BABETTE ! OCCUPE-TOI DU GARÇON !
HELP !
À L'AIDE ! JE VAIS LÂCHER.
TENEZ BON ! LA POLICE VA ARRIVER.
VOUS RIGOLEZ ? JE NE TIENDRAI JAMAIS JUSQUE-LÀ.
OUI, MAIS SI JE VOUS TENDS LA MAIN, JE RISQUE DE BASCULER MOI AUSSI.
COMBIEN PESEZ-VOUS ?
92... EUH... 80 KILOS !
HUM ! DE TOUTE FAÇON, JE N'AI AUCUNE CONFIANCE EN VOUS. MAIS JE CROIS QUE J'AI UNE AUTRE IDÉE.
CLIC CLAC
?
EH ! QU'EST-CE QUE VOUS FAITES ?
HEY ! VOUS N'ALLEZ PAS ME LAISSER COMME ÇA !?
VOUS NE RISQUEZ PLUS RIEN. LA CHAÎNE EST SOLIDE.
MONSIEUR BLOCHE !
SAMU
HELP !
45
LE CHEF DEMANDE LA CLÉ DES MENOTTES, POUR DÉLIVRER LE GARS LÀ-HAUT.
AH OUI, LA CLÉ.
TENEZ ! JE VOUS LAISSE CHERCHER. JE NE ME RAPPELLE JAMAIS LAQUELLE C'EST !
!

QUELQUES JOURS PLUS TARD...
OUI OUI ! IL EST TOUJOURS À L'HÔPITAL MAIS IL VA BEAUCOUP MIEUX. IL NE DEVRAIT PLUS TARDER À SORTIR. ET TOI, BABETTE, TU RENTRES QUAND ?
CE SOIR ! HOLÀ ! IL FAUT QUE J'AILLE FAIRE QUELQUES COURSES CHEZ BURHAN.
CEPENDANT...
COMMENT TE SENS-TU AUJOURD'HUI, MON GRAND ?
MIEUX, M'MAN !
JE... J'AI BEAUCOUP DE CHOSES À TE DIRE, MAIS AVANT, IL Y A QUELQU'UN QUE JE VOUDRAIS TE PRÉSENTER.
ENTRE, MIREILLE, JE T'EN PRIE !
BONJOUR, JEAN-FRANÇOIS.
ET LE MARI DE MIREILLE ?
LE F.B.I. L'A ARRÊTÉ CHEZ LUI À LAS VEGAS. JOHN SERA SANS DOUTE RENVOYÉ LÀ-BAS POUR Y ÊTRE JUGÉ EN MÊME TEMPS.
DRR!!! DRR!!!
ALLÔ ! AH, BONJOUR, MME DUBOIS. COMMENT ? QUE JE RETROUVE VOTRE CANARI ? VOUS AVEZ LAISSÉ LA PORTE DE LA CAGE OUVERTE ET IL S'EST ENVOLÉ !?
VOUS VOUDRIEZ QUE JE VOUS LE RETROUVE. PAS DE PROBLÈME, MME DUBOIS. C'EST COMME SI C'ÉTAIT FAIT, MME DUBOIS.
?
CLIC
BURHAN ! TU NE VOIS PAS OÙ JE POURRAIS ACHETER UN CANARI DANS LE QUARTIER ?
FIN

UN FAUVE EN CAGE

LE DIMANCHE SOIR, QUAND TOUS LES MAGASINS SONT FERMÉS...
TEUF TEUF TEUF TEUF
... ET QU'ON S'APERÇOIT AVEC HORREUR QU'ON N'A PLUS DE LAIT POUR SON PETIT DÉJEUNER DU LENDEMAIN...
TEUF TEUF
... UNE SEULE ADRESSE...
AUTO ECOLE
... L'ÉPICERIE DE BURHAN.
BRM BRM
UNE BIEN BELLE MOTO QUE VOUS AVEZ LÀ.
?
BRM BRM BRM
ÇA DOIT AVOIR DES ACCÉLÉRATIONS FOUDROYANTES, UN ENGIN PAREIL. C'EST QUOI COMME MARQUE ?
DÉGAGE BOUFFON ! J'AI PAS LE TEMPS DE TAPER UNE DISCUTE !
HUM ! VOILÀ CE QUI S'APPELLE SE FAIRE RENVOYER DANS SES VINGT-DEUX MÈTRES.
DILING
1

JÉRÔME K. JÉRÔME !
?
TOI, LE MONGOL, RESTE PAS DANS LE PASSAGE !
?
JE CROYAIS QUE TU DEVAIS GARDER LA PORTE !
MAIS QU'EST-CE TU FOUS, BORDEL ?! ON N'A PAS TOUTE LA NUIT !
ÇA Y EST ! J'AI FINI ...
LE TEMPS DE LUI TAXER SON SAC, À LA MEUF !
NON !
OH ! TU VAS PAS NOUS PIQUER UNE CRISE POUR UN SAC À MAIN, NON !?
LÂCHE ÇA, J'TE DIS !
CHTAC
!
CLACK
!
CANAILLE !
!

CRAC
TOI, TU NE BOUGES PAS !
CHTOK
PUTAIN ! J'VAIS LUI EXPLOSER SA TÊTE, MOI, AU HÉROS !
CLIC CLAC
ELLE EST MORTE !
QUOI !?
CETTE FEMME EST MORTE !

TIRONS-NOUS !
ET MERDE !
GROUILLE !
VROUM
DÉMARRE !
VRM VRM VRM
VROOOOOOOOOOOOO
SALES PETITS VOYOUS !
BANDITS !
ILS M'ONT FAIT PEUR, CES MISÉRABLES !
MAIS, BURHAN ! CETTE JEUNE FEMME N'EST PAS MORTE !
EH ! JÉRÔME MON AMI ! IL FALLAIT BIEN QUE JE FASSE DIVERSION ...
CE GREDIN ALLAIT TE TIRER DESSUS !
J'APPELLE LA POLICE.
APPELLE AUSSI UNE AMBULANCE ! IL FAUT L'EMMENER À L'HÔPITAL.
A DOMICILE
SUPER MARKET
FRUITS LEGUMES
ALIMENTATION Gle
SUPER MARKET
VINS FINS
4

ELLE A REPRIS CONNAISSANCE. LE PROBLÈME, C'EST QU'ELLE NE SE SOUVIENT DE RIEN. ELLE NE SAIT MÊME PLUS COMMENT ELLE S'APPELLE. D'APRÈS L'INTERNE, ÇA PEUT ARRIVER APRÈS UN VIOLENT CHOC SUR LE CRÂNE. AMNÉSIE PSYCHO-QUELQUE CHOSE QU'ILS APPELLENT ÇA. LÀ, ON EST EN TRAIN DE LUI FAIRE DES RADIOS.
STATIONNEMEN INTERDIT ZONE HELICOPTER
SINON, MOI ÇA VA ! ON M'A FAIT QUELQUES POINTS DE SUTURE. ET AVEC LA POLICE, COMMENT ÇA S'EST PASSÉ ?... OUI ! JE ME DOUTE. DIS, BURHAN ! TU AS PENSÉ À RENTRER MON SOLEX ?... AH, BIEN ! JE VIENDRAI LE RÉCUPÉRER DEMAIN.
AH ! VOUS ÊTES REVENUE DE LA SALLE DE RADIO. COMMENT ALLEZ-VOUS ?
MONSIEUR, VOUS POUVEZ VENIR UN INSTANT ?
LES RADIOS SONT BONNES. AUCUNE LÉSION VISIBLE. MON DIAGNOSTIC SE CONFIRME. IL DEVRAIT S'AGIR D'UN SIMPLE TRAUMATISME.
ET LA MÉMOIRE ?
ELLE PEUT LUI REVENIR D'UN MOMENT À L'AUTRE. L'ENNUI, C'EST QUE ÇA PEUT METTRE AUSSI PLUSIEURS JOURS. IMPOSSIBLE DE SAVOIR À L'AVANCE. C'EST POURQUOI J'AIMERAIS LA GARDER EN OBSERVATION... POUR CETTE NUIT TOUT AU MOINS.
TIENS ! OÙ EST-ELLE PASSÉE ?
ELLE EST SANS DOUTE PARTIE AUX TOILETTES.
JE VAIS VOIR.
MADEMOISELLE, VOUS ÊTES LÀ ?
VOUS N'AURIEZ PAS VU UNE JEUNE FEMME BLONDE, PLUTÔT JOLIE, VÊTUE D'UN MANTEAU CLAIR ?
SI ! ELLE SE DIRIGEAIT VERS LA SORTIE.
5

MADEMOISELLE !
OÙ ALLEZ-VOUS COMME ÇA ?
JE RENTRE CHEZ MOI.
BRAVO ! LA MÉMOIRE VOUS EST REVENUE.
JE VOUS ACCOMPAGNE.
ET OÙ JE LES DÉPOSE, CES MESSIEURS DAMES ?
CHEZ... CHEZ MOI.
MOI JE VEUX BIEN, MA P'TITE DAME, MAIS IL FAUDRAIT M'EN DIRE UN PEU PLUS.
HEU...
ALLONS CHEZ MOI ! 35 BIS, RUE FRANCOEUR, DANS LE XVIII e.
ÇA, C'EST UNE ADRESSE.
CE N'EST PAS TRÈS GRAND CHEZ MOI MAIS ON S'ARRANGERA. JE DORMIRAI DANS LE FAUTEUIL.
QUEL CON !

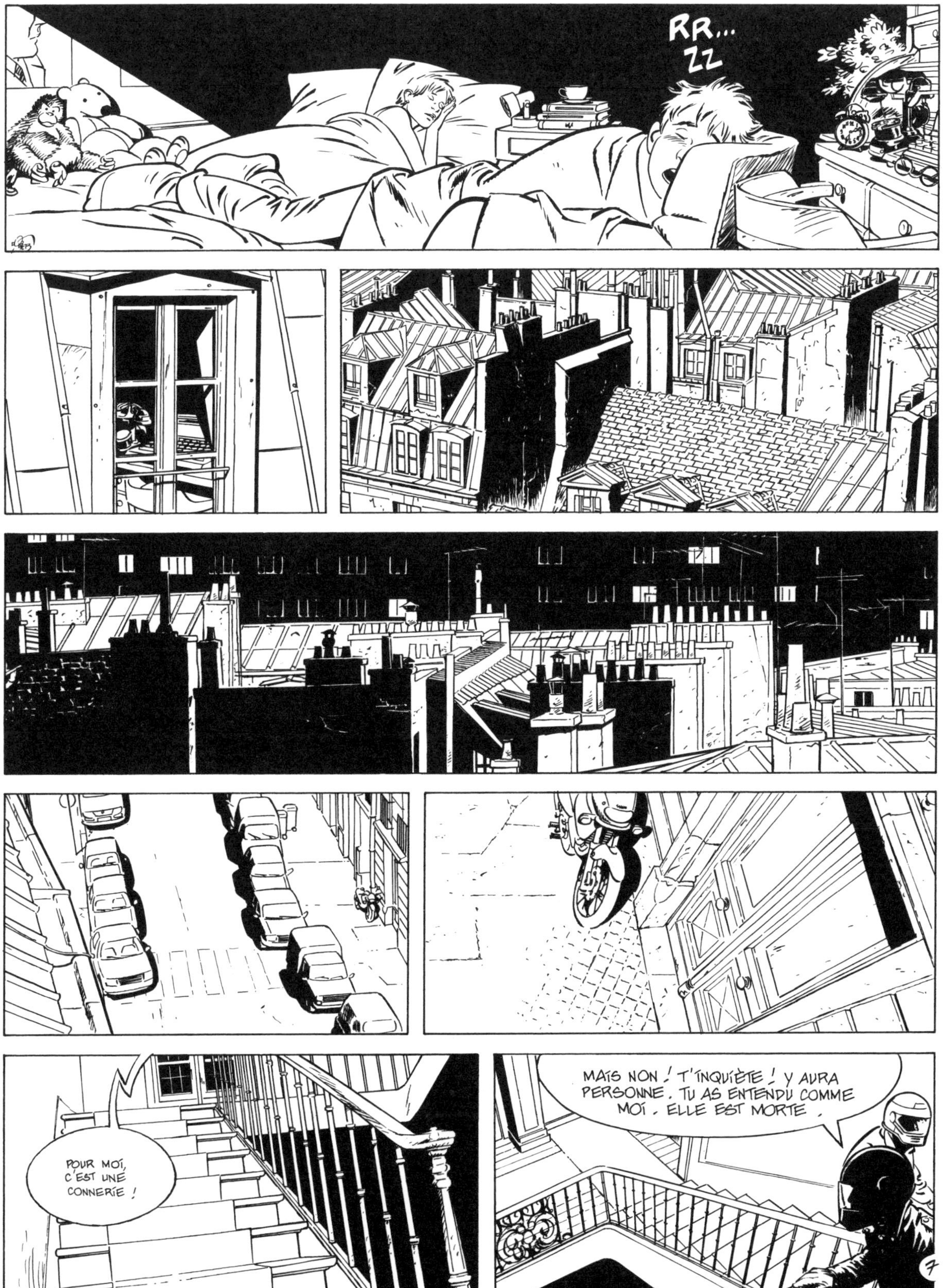
RR... ZZ
POUR MOI, C'EST UNE CONNERIE !
MAIS NON ! T'INQUIÈTE ! Y AURA PERSONNE. TU AS ENTENDU COMME MOI. ELLE EST MORTE.

C'EST ICI. PASSE-MOI LES CLÉS !
SÛR QU'ON FAIT UNE CONNERIE. ON VA TOMBER SUR LE PETIT AMI, LES PARENTS OU JE SAIS PAS, MOI.
DRIIN DRIIN
T'ES OUF !! POURQUOI TU FAIS ÇA ? TU VEUX RÉVEILLER TOUT L'IMMEUBLE OU QUOI ?!!
TU VOIS BIEN QU'IL N'Y A PERSONNE. TU ES RASSURÉ MAINTENANT?
DRIIN
CLIC CLAC
CLIC CLAC
8

POURQUOI T'ALLUMES PAS CARRÉMENT SI T'ES SI SÛR QU'IL Y A PERSONNE ?
?
CHUT !
SURVEILLE L'ENTRÉE PENDANT QUE JE FOUILLE L'APPARTEMENT !
QUOI !? QU'EST-CE QUI SE PASSE ?
FAIS CE QUE JE TE DIS ET ARRÊTE DE DISCUTER POUR UNE FOIS.
PLIC PLIC
9

!
KRRR
!
10

AAAH!
?
TONIO!
TONIO!
MERDE! TONIO!
11

AAAH!
HEIN? QUOI? QU'EST-CE QUI SE PASSE?
HÉ! OÙ ALLEZ-VOUS COMME ÇA?
JE DOIS RENTRER. IL EST EN DANGER.
IL? QUI ÇA, IL? QUI EST EN DANGER? VOUS VOUS SOUVENEZ DE QUELQUE CHOSE?
QUELQU'UN VOUS ATTEND CHEZ VOUS? UN MARI, UN FIANCÉ, UN ENFANT?...
JE... JE NE SAIS PAS.
J'AI PEUR!
C'EST NORMAL. VOUS VENEZ DE FAIRE UN CAUCHEMAR. RECOUCHEZ-VOUS. DEMAIN, JE ME METS AU TRAVAIL. JE LA RETROUVERAI, MOI, VOTRE IDENTITÉ, N'AYEZ CRAINTE!
12

JE LUI AI POURTANT BIEN DIT QUE C'ÉTAIT FINI ENTRE NOUS. MAIS NON ! IL CONTINUE DE VENIR TAMBOURINER À MA PORTE À N'IMPORTE QUELLE HEURE. SI CE N'EST PAS DE LA PERSÉCUTION, ÇA !
QUOI !? QUOI !? MOI, JE TAMBOURINE À TA PORTE !?
POLICE
PARFAITEMENT ! ET PAS PLUS TARD QUE CETTE NUIT ! ET ÇA, ÇA S'APPELLE DU TAPAGE NOCTURNE, N'EST-CE PAS, MONSIEUR LE COMMISSAIRE ?!
C'EST UN MENSONGE, M. LE COMMISSAIRE. CE N'EST PAS MOI QUI AI TAMBOURINÉ À SA PORTE CETTE NUIT.
ALLONS M. SÉNÉCHAL, INUTILE DE NIER ! DES VOISINS VOUS ONT VU.
ET TOC !
MAIS JE VOUS ASSURE QUE JE N'AI PAS TAMBOURINÉ À SA PORTE CETTE NUIT ! LA PREUVE, C'EST QUE CETTE VIEILLE PESTE N'EST PAS VENUE M'OUVRIR !
LE FICHIER DES DISPARITIONS NE MENTIONNE AUCUNE FEMME CORRESPONDANT AU SIGNALEMENT QUE VOUS M'AVEZ FOURNI. DÉSOLÉ !
TANT PIS ! MERCI !
ET TANT QU'ON Y EST, M. LE COMMISSAIRE, DITES À CET INDIVIDU D'ARRÊTER DE M'ENVOYER DES FLEURS.
QUOI ! QUOI ! VOILÀ QUE MADAME N'AIME PLUS LES FLEURS À PRÉSENT !
SI ! MAIS PAS LES CHRYSANTHÈMES !
POLICE
POLICE
13

CROUI CROUI
CROUI CROUI
AH! ÇA, JÉRÔME, MON AMI! TU ES TOMBÉ DE TON LIT ?
NE M'EN PARLE PAS! ELLE EST VENUE DORMIR CHEZ MOI ET ELLE N'A PAS ARRÊTÉ DE GÉMIR TOUTE LA NUIT. JE N'AI POUR AINSI DIRE PAS FERMÉ L'OEIL.
WAAH!
DE GÉMIR! QUE ME RACONTES-TU LÀ, MON AMI ?
BEN OUI! COMME QUELQU'UN QUI FAIT DES CAUCHEMARS.
AVEC TOUT ÇA, JE N'AI PAS EU LE TEMPS DE FAIRE MES COURSES, HIER. JE TE PRENDS UN LITRE DE LAIT. IL ME FAUDRAIT UN PAQUET DE CÉRÉALES AUSSI.
ET BABETTE ?
QUOI, BABETTE ?
ELLE EST AU COURANT POUR TA MÉSAVENTURE DE CETTE NUIT ?
BEN NON! ELLE FAIT LA LIAISON PARIS-MONTRÉAL EN CE MOMENT. ELLE NE RENTRE QUE DEMAIN.
BON! J'Y VAIS! TU METS ÇA SUR MA NOTE!
14

TIENS ! QUI VOILÀ ?!
MAIS C'EST MADEMOISELLE BABETTE. DÉJÀ DE RETOUR ?
LE VOL A ÉTÉ ANNULÉ AU DERNIER MOMENT. LES PISTES SONT COMPLÈTEMENT GELÉES LÀ-BAS.
AH ÇA, LE CANADA EN CETTE SAISON ! ON PEUT DIRE CE QU'ON VEUT, MAIS ICI, ON N'A PAS À SE PLAINDRE.
JÉRÔME EST LÀ MADAME ROSE ?
AH NON ! IL EST SORTI. OH ! ÇA DOIT FAIRE PAS LOIN D'UNE HEURE DÉJÀ !
UNE HEURE ! IL EST TOMBÉ DE SON LIT OU QUOI !? ET IL N'A PAS DIT OÙ IL ALLAIT ?
CHEZ BURHAN. IL DEVAIT RÉCUPÉRER SON SOLEX, JE CROIS. IL A PARLÉ DE CROISSANTS AUSSI. IL N'AVAIT PAS L'AIR BIEN RÉVEILLÉ.
DES CROISSANTS ! CE N'EST PAS DANS SES HABITUDES, ÇA.
LUI, CE SERAIT PLUTÔT LE GENRE FLOCONS D'AVOINE OU TARTINES DÉGOULINANTES DE CHOCOLAT.
!!!
15

TRANSPORT MOBILIER
BABETTE ! QU'EST-CE QUE TU FAIS LÀ ? TU ES DÉJÀ RENTRÉE ?!
ESPÈCE ... ESPÈCE DE ...
SALAUD
AH ! J'OUBLIAIS ...
BON APPÉTIT !
BABETTE ! MES POINTS DE SUTURE, M... !
16

AÏE
GNNN ! LA VACHE ! ÇA PIQUE !
N'Y TOUCHEZ PAS ! JE VAIS VOUS METTRE UN SPARADRAP.
LAISSEZ ! JE VAIS M'EN OCCUPER MOI-MÊME.
BON ! EH BIEN, JE VAIS PRÉPARER LE PETIT-DÉJEUNER.
DOMINIQUE ? CLAIRE ? CLARISSE ? ASSOMPTION ? EUH... NON ! PARDON ! HÉLÈNE ? NATACHA ? MONIQUE ?...
NATACHA !
NATACHA ! VOUS ÊTES SÛRE ?
SÛRE, NON ! DISONS QUE CE PRÉNOM M'EST FAMILIER.
ALORS, VA POUR NATACHA !
1999
POUR LE NOM, EN REVANCHE, S'IL FAUT ÉNUMÉRER TOUT LE BOTTIN, ON N'EST PAS SORTIS DE L'AUBERGE.
HÉ ! OÙ ALLEZ-VOUS ?
JE VOUS AI DÉJÀ CAUSÉ ASSEZ DE SOUCIS COMME ÇA. JE M'EN VAIS !
C'EST BON ! EXCUSEZ-MOI D'AVOIR ÉTÉ UN PEU BRUSQUE. ÉCOUTEZ ! VOILÀ CE QUE NOUS ALLONS FAIRE.
17

PHOTOS
ÇA DEVRAIT ALLER
ET MAINTENANT, QUELLE EST LA SUITE DU PROGRAMME ?
FAIRE DES PHOTOCOPIES.
LA POSTE
J'ai perdu la mémoire. Pouvez-vous m'aider à retrouver mon identité ? Si vous me reconnaissez téléphonez au : 01 42 59 25
ÇA IRA !
JE POURRAIS AVOIR DE LA MONNAIE SUR UN BILLET DE CENT FRANCS, S'IL VOUS PLAÎT? EUH... EN PIÈCES D'UN FRANC. C'EST POUR LA PHOTOCOPIEUSE !
QU'EST-CE QUE VOUS ALLEZ FAIRE DE TOUT ÇA ?
LES AFFICHER SUR TOUTES LES VITRINES DU QUARTIER, À COMMENCER PAR CELLE DE BURHAN.
COMMENT POUVEZ-VOUS ÊTRE SI SÛR QUE J'HABITE LE QUARTIER ?
QUAND ON FRÉQUENTE UNE ÉPICERIE DE QUARTIER, C'EST QU'ON HABITE LE QUARTIER. TENEZ ! PRENEZ MES CLÉS ET RESTEZ PRÈS DU TÉLÉPHONE !
13

ALORS COMME ÇA, TU COMPTES POSER TES AFFICHETTES CHEZ TOUS LES COMMERÇANTS DU QUARTIER ? POURQUOI N'ATTENDS-TU PAS TRANQUILLEMENT QUE LA MÉMOIRE LUI REVIENNE, À TA PETITE PROTÉGÉE ?
C'EST QUE ÇA PEUT PRENDRE PLUSIEURS JOURS ! ET VA SAVOIR SI, PENDANT CE TEMPS, IL N'Y A PAS UN ENFANT QUI ATTEND LE RETOUR DE SA MAMAN !
TU CROIS QU'ELLE AURAIT PU LAISSER SON GOSSE TOUT SEUL, LE TEMPS DE VENIR FAIRE UNE COURSE ICI ?
JE N'EN SAIS RIEN. J'IMAGINE LE PIRE. EST-CE QUE JE PEUX UTILISER TON TÉLÉPHONE ?
TU N'AS PLUS TON PORTABLE ?
SI ! MAIS J'AI OUBLIÉ DE RECHARGER LES PILES.
VOUS ÊTES BIEN AU 01 48
JE SUIS ABSENTE POUR
SI VOUS VOULEZ ME LA
PARLEZ APRÈS LE BIP
ELLE N'EST PAS CHEZ ELLE !
BABETTE ! C'EST JÉRÔME. SI TU ES LÀ, DÉCROCHE, JE T'EN PRIE !... ÉCOUTE ! JE CROIS QU'IL Y A EU UN LÉGER MALENTENDU, TOUT À L'HEURE. IL FAUT QU'ON PARLE. RAPPELLE-MOI ! EUH, NON ! C'EST MOI QUI TE RAPPELLE !
QU'EST-CE QUI SE PASSE ? ELLE EST RENTRÉE PLUS TÔT QUE PRÉVU ?!
C'EST QUOI, CES SOUS-ENTENDUS ?! EST-CE DE MA FAUTE SI CETTE FILLE NE PÈSE PAS CENT KILOS ET QU'ELLE NE PORTE PAS DE MOUSTACHES !?
EN TOUT CAS, UNE CHOSE EST SURE, JÉRÔME, MON AMI, C'EST QUE TU N'AS PAS ASSEZ DORMI.
19

BOUCHERIE
HOTEL EDEN
EDEN-HOTEL
DRIIING
NATACHA ?! OUI ! C'EST MOI, JÉRÔME. JE VOULAIS SAVOIR UNE CHOSE. EST-CE QUE VOUS FUMEZ ?
PARDON ?!
JE VOUS TÉLÉPHONE DU 'CALICE'. C'EST UN BAR-TABAC, RUE CLIGNANCOURT. LE PATRON VOUS A RECONNUE D'APRÈS L'AFFICHETTE. VOUS ÊTES CLIENTE CHEZ LUI.
Tac O Tac TV rendez-vous sur TF1
20

UNE FOIS PAR SEMAINE, VOUS LUI ACHETEZ UNE CARTOUCHE DE GITANES FILTRE. ÇA VOUS ÉVOQUE QUELQUE CHOSE ?
BAR RESTAURANT LE CALICE
CAFE TABAC
BAR BRASSERIE TABAC LOTO
LE CALICE
BRASSERIE
CAFE TABAC
PAPETERIE
LA MENUIS
... ÉVOQUE QUELQUE CHOSE ?
TU FUMES TROP.
NE T'INQUIÈTE PAS, VA ! CE N'EST PAS DE ÇA QUE JE VAIS MOURIR.
NATACHA ?! VOUS ÊTES TOUJOURS LÀ ?
OUI ! JE... JE VOIS BIEN DÉFILER QUELQUES IMAGES, MAIS C'EST ENCORE TROP VAGUE.
TANT PIS ! BON ! JE VAIS CONTINUER À POSER MES AFFICHES. NE M'ATTENDEZ PAS POUR DÉJEUNER. SI VOUS AVEZ FAIM, IL Y A DES OEUFS DANS LE FRIGO.
EST-CE QUE JE POURRAIS AVOIR UN JAMBON-BEURRE, S'IL VOUS PLAÎT ! À EMPORTER.
RICARD
21

PSHHH
NICOLAS !
MON DIEU ! NICOLAS !
FRRR
22

01... 01...
01... 48...
48...
01
48...
99 !
01, 48, 99...
33, 33 !
DRR... DRR...
DRR...
BONJOUR ! VOUS ÊTES BIEN AU 01 48 99 33 33. JE SUIS ABSENTE POUR LE MOMENT...
...SI VOUS ME LAISSEZ UN MESSAGE, JE VOUS RAPPELLE DÈS MON RETOUR.
NICOLAS ! C'EST MOI, NATACHA. DÉCROCHE, S'IL TE PLAÎT.
NICOLAS ! JE SAIS QUE TU M'ENTENDS. DÉCROCHE !
OÙ ES-TU ? POURQUOI TU N'ES PAS RENTRÉE HIER SOIR ?
23

TA PETITE NATACHA A EU UN ACCIDENT HIER SOIR. JE SUIS TOMBÉE SUR LA TÊTE ET ON A DÛ M'EMMENER À L'HÔPITAL. MAIS NE T'INQUIÈTE PAS. JE VAIS BEAUCOUP MIEUX À PRÉSENT.
TU ES À L'HÔPITAL ?
NON ! LÀ, JE SUIS CHEZ UN MONSIEUR. UN MONSIEUR TRÈS GENTIL.
TU... TU ES CHEZ UN HOMME ?
IL M'A HÉBERGÉE, J'AVAIS PERDU LA MÉMOIRE. JE NE ME SOUVENAIS MÊME PLUS DE MON NOM. SINON, TU PENSES BIEN QUE JE N'AURAIS PAS LAISSÉ MON NICOLAS SEUL, COMME ÇA, TOUTE UNE NUIT. TU N'AS PAS EU TROP PEUR ?
TU SAIS, ILS SONT VENUS ME CHERCHER.
EN PLEINE NUIT, ILS SONT VENUS POUR M'EMMENER. MAIS JE NE ME SUIS PAS LAISSÉ FAIRE.
TU AS PENSÉ À PRENDRE TON MÉDICAMENT HIER SOIR ?
CE N'ÉTAIT PAS UN CAUCHEMAR !
NON ! PAS UN CAUCHEMAR !

OUF ! EH BIEN, VOILÀ UNE BONNE CHOSE DE FAITE !
SNIF ! SNIF ! ÇA SENT LE BRÛLÉ !
MAIS !? ÇA VIENT DE CHEZ MOI !
NATACHA ! NATACHA ! OUVREZ !
BOUM BOUM
QU'EST-CE QU'ELLE FABRIQUE, BON SANG !?
ET EN PLUS, VOILÀ QU'IL PLEUT !
C'EST UNE VRAIE CALAMITÉ, CETTE FILLE !
C'EST DÉCIDÉ ! DÈS CE SOIR, JE DÉPOSE UN DOUBLE DES CLÉS CHEZ LA CONCIERGE.
25

FERMÉE, ÉVIDEMMENT !
MON VITRIER EST RICHE.
KLAÏNG
TEUH
TEUH
OUAÏE
BONG
TEUH
TEUH
PSCHHH
DRIIN
DRIIN
NICOLAS ! OUVRE ! C'EST MOI. J'AI PERDU MES CLÉS.
NATACHA !
LÀ, LÀ, MON GRAND. C'EST FINI. C'EST FINI.
?

OUF ! ÇA SOULAGE !
FALLAIT-IL QU'ELLE SOIT PRESSÉE POUR PARTIR COMME ÇA, SANS UN MOT, SANS UN REMERCIEMENT !
SANS MÊME ÉTEINDRE LE GAZ.
...
ET AVEC MA CLÉ !
ELLE EST PARTIE EN EMPORTANT MA CLÉ.
ENFIN ! L'ESSENTIEL EST QU'ELLE AIT RETROUVÉ LA MÉMOIRE.
BON DÉBARRAS !
27

REMONTE TA MANCHE, MON GRAND. JE VAIS TE FAIRE UNE PETITE PIQÛRE, TU SAIS, COMME LES NUITS OÙ TU FAIS BEAUCOUP DE CAUCHEMARS.
TU VERRAS ÇA TE FERA DU BIEN.
NON!
?
TU ES D'ACCORD AVEC EUX, HEIN ?! TU ES D'ACCORD AVEC EUX POUR M'EMMENER.
J'AI TROUVÉ ÇA DANS UNE DE LEURS POCHES. CE SONT BIEN TES CLÉS ?
28

RING DRIING...
HEIN ?
ALLONS BON ! IL FAIT DÉJÀ NUIT !
DRIING DRIING
AGENCE BLOCHE, J'ÉCOUTE !
BONJOUR ! JE M'APPELLE CAROLINE. LA DAME QU'IL Y A SUR LA PHOTO, C'EST MADEMOISELLE MERCIER, C'EST MA MAÎTRESSE. ELLE ÉTAIT PAS À L'ÉCOLE AUJOURD'HUI.
AH ? EH BIEN, MERCI, CAROLINE ! ET, EUH... TU NE CONNAÎTRAIS PAS SON ADRESSE, PAR HASARD ?
ELLE S'APPELLE MADEMOISELLE MERCIER. C'EST MA MAÎTRESSE À L'ÉCOLE DU SACRÉ-COEUR. JE SUIS PREMIÈRE DE MA CLASSE. ELLE EST GENTILLE, MADEMOISELLE MERCIER. JE VOUS PASSE MA MAMAN.
OUI ! ICI LA MAMAN DE CAROLINE. C'EST EN REVENANT DE L'ÉCOLE QUE NOUS AVONS REMARQUÉ VOTRE AFFICHETTE À LA VITRINE D'UNE BOULANGERIE. PAUVRE MLLE MERCIER ! QUE LUI EST-IL ARRIVÉ ?
OH ! UN CHOC SUR LA TÊTE. MAIS LÀ, ÇA VA MIEUX, JE CROIS. AU REVOIR, MADAME.
WWOUA AAAAH
ELLE S'APPELLE NATACHA MERCIER, ELLE EST MAÎTRESSE D'ÉCOLE ET JE N'AIME PAS SA FAÇON DE FAIRE LA CUISINE.
DRIING DRII
AGENCE BLOCHE, J'ÉCOUTE. ALLÔ !
TU ES SEUL ?
29

BABETTE ! C'EST TOI, BABETTE ? MAIS ENFIN, OÙ ÉTAIS-TU PASSÉE ? ÇA FAIT PLUSIEURS FOIS QUE J'ESSAIE DE TE JOINDRE. QU'EST-CE QUI T'A PRIS CE MATIN DE RÉAGIR COMME ÇA ?
COMMENT ! DE RÉAGIR COMME ÇA ! JE TROUVE UNE BLONDASSE DANS TON LIT ET TU VOUDRAIS QUE JE RÉAGISSE COMMENT ?
LA BLONDASSE, COMME TU DIS, AVAIT PERDU LA MÉMOIRE.
AH BON ! ET C'EST SANS DOUTE POUR L'AIDER À LA RETROUVER QUE TU L'AS FAIT ENTRER DANS TON LIT !
MAIS IL FALLAIT BIEN QU'ELLE DORME QUELQUE PART ! JE NE POUVAIS PAS LA RAMENER CHEZ ELLE, ELLE N'AVAIT PLUS SES PAPIERS.
AH ! PARCE QU'ELLE A PERDU SES PAPIERS AUSSI ! DÉCIDÉMENT, ELLE N'A PAS DE CHANCE, CETTE PAUVRE FILLE.
ENFIN ! LES HOMMES AIMENT ÇA, LE GENRE NUNUCHE. IL PARAIT QUE ÇA FLATTE LEUR INSTINCT DE MÂLE PROTECTEUR.
BABETTE ! LÀ, TU VAS TROP LOIN. TU ... TU ...
OH ! ET PUIS ZUT ! TU M'EXASPÈRES.
ET TOC !
NON MAIS !
CLIC !
?!
ÇA ALORS !
ELLE A RACCROCHÉ !
30

ELLE A RACCROCHÉ AVANT MOI !
QUEL CULOT !
CLAC
IL FAUT QUE J'AILLE BOIRE QUELQUE CHOSE...
...QUELQUE CHOSE DE FORT !
VLAM
AH, ÇA ! SI ELLE S'IMAGINE QUE JE VAIS ALLER TAMBOURINER À SA PORTE !
LE REFUGE
GARÇON ! LA MÊME CHOSE, S'IL VOUS PLAÎT !
ÇA FAIT LE TROISIÈME. SI VOUS VOULEZ MON AVIS, VOUS DEVRIEZ L'ALLONGER D'EAU.
DÉSOLÉ ! C'EST COMME ÇA QUE JE L'AIME.
ET HOP ! CUL SEC !
WAAAH! IL A RAISON. LE CITRON PRESSÉ, CE N'EST PEUT-ÊTRE PAS TRÈS MALIN DE LE BOIRE PUR, SURTOUT L'ESTOMAC VIDE.
BOUM
GARÇON ! UN AUTRE, S'IL VOUS PLAÎT !
ET UN JAMBON-BEURRE !
AVEC TOUT ÇA, SOUS LE COUP DE LA COLÈRE, J'AI CLAQUÉ LA PORTE EN OUBLIANT QUE JE N'AVAIS PLUS LES CLÉS.
AH ! ET IL ME FAUDRAIT UN ANNUAIRE AUSSI.
EN BAS ! PRÈS DU TÉLÉPHONE !
COMMENT M'A-T-ON DIT QU'ELLE S'APPELAIT DÉJÀ, L'AUTRE BLONDASSE ?
François est un con
31

LA RUE MYRHA, ÇA DOIT ÊTRE LA PROCHAINE À GAUCHE.
PET PET PET PET
QUINCAILLERIE
BRICOLAGE
12 ! C'EST ICI.
?...
LA MOTO ROUGE ! QU'EST-CE QU'ELLE FAIT LÀ ?
ÉVIDEMMENT, CE POURRAIT N'ÊTRE QU'UNE COÏNCIDENCE... VOYONS ! NATACHA MERCIER, 3e ÉTAGE GAUCHE.
MAIS JE ME MÉFIE DES COÏNCIDENCES.
DRING DRING
NATACHA ! MLLE MERCIER ! VOUS ÊTES LÀ ?
32
BOUM BOUM

C'EST PAS BIENTÔT FINI, CE VACARME, OUI !? VOUS VOULEZ QUE J'APPELLE LA POLICE ?
QU'EST-CE QUE C'EST, MON CHÉRI ?
UN INDIVIDU BIZARRE QUI TAMBOURINE À LA PORTE DE LA VOISINE.
BON SANG !
LA JEUNE FEMME QUI HABITE CET APPARTEMENT, C'EST BIEN UNE BLONDE AUX CHEVEUX COURTS ? VOUS NE SAVEZ PAS SI ELLE EST CHEZ ELLE ?
MAIS QU'EST-CE QUE C'EST QUE TOUTES CES QUESTIONS ? ET PUIS D'ABORD, QUI ÊTES-VOUS ?
EH ! OÙ ALLEZ-VOUS COMME ÇA ?
SORTEZ OU J'APPELLE LA POLICE !
QUI EST CE JEUNE HOMME ?
UN FOU ! J'APPELLE LA POLICE.
BONNE IDÉE ! ET QU'ELLE FASSE VITE. IL Y A UNE GRANDE TACHE DE SANG SOUS LA PORTE DE VOTRE VOISINE.
DU SANG ! MON DIEU !
ET C'EST REPARTI POUR LES ACROBATIES !

HOP!
OUPS!
ET TOUT ÇA AVEC DES CRAMPES D'ESTOMAC. LA PROCHAINE FOIS, JE METTRAI DE L'EAU DANS MON JUS DE CITRON.
MON DEUXIÈME CARREAU DE LA JOURNÉE. LA ROUTINE, QUOI !
KLAING
ET CROTTE! J'AI FAIT UN ACCROC À LA MANCHE DE MON IMPER.
UN IMPER PRESQUE N...

C'EST BIEN LE GARS À LA MOTO ROUGE. IL EST MORT.
BON SANG ! QU'EST-CE QUI S'EST PASSÉ ICI ?
MADEMOISELLE MERCIER ! VOUS ÊTES LÀ ?
NATACHA ?
CLIC

NAAAA
CRAC
CROU!
BOUM
BOUM
BAM
36

PFF !
?
CRII
RAH
GNNN
HAN
?
PSCHHHHHHH
!
PSCHHH
PSCHHH

ÇA VA ! ELLE N'EST QU'ENDORMIE. NATACHA ! NATACHA !
C'EST VOUS !... ME SUIS TRAÎNÉE JUSQU'ICI ... EAU FROIDE ... ME RÉVEILLER ...
ELLE EST COMPLÈTEMENT DANS LE POTAGE. NATACHA RÉVEILLEZ-VOUS !
PIQÛRE ... CALMANT ...
CLAP CLAP
PAW
?
PAW
!
PAW PAW
PAW PAW
MON FRÈRE ... DEVENU FOU ...
JE ME DISAIS AUSSI.
38

FLOC
FLOC
SNIF
SNIF
DRING
DRING
VOUS ENTENDEZ ? ON SONNE À LA PORTE.
POLICE ! OUVREZ !
LA POLICE ! NATACHA, NOUS SOMMES SAUVÉS !
BOUM
BOUM
POLICE ! OUVREZ !
BOUM
BOUM
39

WOUF
TU NE SENS RIEN ?
SI ! LA FUMÉE !
J'APPELLE LES POMPIERS !
SNIF SNIF
LE FEU !
VOTRE DINGUE DE FRÈRE A MIS LE FEU À L'APPARTEMENT !
PSCH
RÉVEILLEZ-VOUS !
40

TEUH TEUH
PSCHH
TEUH TEUH
LA LUCARNE ! UNE BALLE A DÛ LA BRISER. ÇA FAIT UN APPEL D'AIR.
RÉVEILLEZ-VOUS, BON SANG ! SI ON RESTE ICI, ON VA PÉRIR ASPHYXIÉS !
GARDEZ CETTE SERVIETTE MOUILLÉE SUR LE VISAGE !
TEUH TEUH
41

MMH...
QU'EST-CE QUE ...?
CHUT ! GARDEZ VOTRE SOUFFLE !
TEUH TEUH
PFFF !
!
42

MON PETIT JÉRÔME, TU AS COMMIS UNE GRAVE ERREUR EN LAISSANT TRAINER LE NOM DE CETTE BLONDASSE PRÈS DE TON TÉLÉPHONE. QUAND JE PENSE QUE J'ÉTAIS PASSÉE POUR FAIRE LA PAIX.
1234 AB 75
?
QU'EST-CE QUI SE PASSE ?
UN INCENDIE AU Nº 12. CE N'EST PAS LÀ QUE VOUS HABITEZ, J'ESPÈRE.
NON ! MAIS C'EST LÀ QU'HABITE NATACHA MERCIER, JE CROIS.
C'EST MA VOISINE. C'EST JUSTEMENT CHEZ ELLE QUE ÇA BRÛLE.
PRÊT ?
PRÊT !
CRAC
FRRR
JE N'Y RETOURNERAI PAS ! VOUS M'ENTENDEZ ! JE N'Y RETOURNERAI PAS !
43

FRSCHHH
CHTONK
JE N'Y RETOURNERAI PAS.
PAN
KLAING
JÉRÔME !
44

JÉRÔME ! TU N'AS RIEN ?
BABETTE !
MON JÉRÔME ! DANS QUELLE GALÈRE ES-TU ENCORE ALLÉ TE FOURRER ?
AÏE !
MA BOSSE !
UNE SEMAINE PLUS TARD...
TU SAIS, CE POMPIER M'A SAUVÉ LA VIE. SANS SON INTERVENTION, JE SUBISSAIS LE MÊME SORT QUE LES DEUX MOTARDS.
LES PAUVRES ! ILS ONT PAYÉ CHER CETTE IDÉE D'ALLER CAMBRIOLER L'APPARTEMENT DE LEUR VICTIME JUSTE APRÈS LE VOL DE SON SAC À MAIN. FAUT DIRE ...
CHUT !
HUM !
FAUT DIRE QUE, DANS LE SAC, IL Y AVAIT LES CLÉS ET DES PAPIERS D'IDENTITÉ AVEC L'ADRESSE. POUR CES PETITS VOYOUS, C'ÉTAIT TENTANT. ILS NE POUVAIENT PAS DEVINER QU'ILS ALLAIENT TOMBER SUR QUELQU'UN QUI VENAIT DE SORTIR DE L'ASILE PSYCHIATRIQUE.
45

IL Y AVAIT PASSÉ LA MAJEURE PARTIE DE SA VIE, À CAUSE D'UN GROS PÉPIN SURVENU DANS SA PLUS TENDRE ENFANCE, UN TRUC GRAVE : SON PÈRE, ALCOOLIQUE...
CHUT !
SON PÈRE, UN JOUR DE CRISE, A FRAPPÉ SA FEMME DE PLUSIEURS COUPS DE COUTEAU. ELLE EST MORTE SOUS LES YEUX DE SON FILS. IL VENAIT D'AVOIR 4 ANS. T'IMAGINES LE TRAUMATISME.
IL Y A QUELQUES MOIS, NATACHA S'EST VUE AUTORISÉE À PRENDRE SON FRÈRE CHEZ ELLE, SOUS RÉSERVE QU'IL SUIVE SCRUPULEUSEMENT SON TRAITEMENT, UN COCKTAIL DE NEUROLEPTIQUES ET D'ANXIOLYTIQUES. DES DOSES DE CHEVAL QUI LE MAINTENAIENT TRANQUILLE.
ET VOILÀ QUE CETTE NUIT-LÀ, ELLE NE RENTRE PAS ! LIVRÉ À LUI-MÊME, IL NOIE SON ANGOISSE DANS LE WHISKY, NÉGLIGE SES MÉDICAMENTS...
CHUUT !
L'INTRUSION DES DEUX MOTARDS, QUE, DANS SON DÉLIRE, IL PREND POUR DES INFIRMIERS VENUS LE CHERCHER, LUI FAIT PÉTER LES PLOMBS.
S'IL VOUS PLAÎT !
QUOI, CHUT ! QUOI, CHUT ! VOUS VOYEZ BIEN QU'ILS PARLENT PAS, LÀ !
SNIF ! SNIF !
OUI ! JE SAIS. C'EST UNE HISTOIRE BIEN TRISTE.
BOU HOU HOU ! PAUVRE LEONARDO !OOOO
LEONARDO ?! MAIS IL NE S'APPELAIT PAS LEONARDO. IL S'APPELAIT NICOLAS.
LEONARDO DI CAPRIO
KATE WINSLET
BABETTE ! EST-CE QUE TU M'AS BIEN ÉCOUTÉ ?
BY JAMES CAMERON
TITANIC
ENCORE PLUS TARD...
MAÎTRESSE !
MAÎTRESSE !
TU ES REVENUE, MAÎTRESSE. ALORS, TU N'AS PLUS PERDU LA MÉMOIRE ?
FIN

LA COMTESSE

DRIN
DRiiiN
DRiiiiN
DRiiiN
DRii
C'EST PAS UNE HEURE POUR SONNER CHEZ LES GENS.
QU'EST-CE QUE VOUS LUI VOULEZ, À MA VOISINE ?
POLICE ! ON NOUS A SIGNALÉ DES BRUITS SUSPECTS PROVENANT DE L'APPARTEMENT DE MME DE SÉGUR.
L'APPEL ANONYME PARLAIT DE CRIS ET MÊME D'UN COUP DE FEU. VOUS N'AVEZ RIEN ENTENDU DE VOTRE CÔTÉ ?
DRiiiN
DRii

UN COUP DE FEU ! MON DIEU ! TU AS ENTENDU QUELQUE CHOSE, CHATON ?
NON !
ET VOUS N'AVEZ RIEN REMARQUÉ DE PARTICULIER ? UN VISITEUR ?...
SI ! UN JEUNE HOMME EST VENU HIER. D'AILLEURS, C'EST SON SOLEX QUI EST LÀ. IL L'AVAIT MONTÉ DE PEUR DE SE LE FAIRE VOLER.
LIEUTENANT, ALLEZ CHERCHER LE CONCIERGE. QU'IL VIENNE AVEC SON PASSE. QUANT À VOUS, MADAME, RENTREZ CHEZ VOUS.
MADAME DE SÉGUR ! VOUS ÊTES LÀ ?! COMTESSE ! RÉPONDEZ !
BOM BOM
RRR ZZZ
POLICE ! OUVREZ !
?
AAH !
2

MON DIEU !
POLICE ! OUVREZ, M. BLOCHE ! NOUS SAVONS QUE VOUS ÊTES LÀ.
MAIS QU'EST-CE QUI M'ARRIVE ?
QU'EST-CE QUE C'EST QUE CETTE HISTOIRE ?
AH ! VOUS VOILÀ ! DÉPÊCHONS ! DÉPÊCHONS !
CLIC CLIC
ÉCARTEZ-VOUS DÈS QUE LA PORTE SERA OUVERTE.
CLIC CLAC

KR KR KR
COMTESSE !
IL A SAUTÉ PAR LA FENÊTRE. LA PELOUSE AURA AMORTI SA CHUTE.
LE COEUR BAT FAIBLEMENT.
LIEUTENANT, APPELEZ LES POMPIERS !

VOUS AVEZ VU, MME ZELDA ? M. BLOCHE A REFAIT TOUTE SA DÉCORATION.
AH ! VOUS NE SAVIEZ PAS, MME ROSE ?
IL A PEUT-ÊTRE TROUVÉ REFUGE CHEZ SA PETITE AMIE.
ELLE HABITE LOIN D'ICI ?
UN PEU PLUS HAUT DANS LE QUARTIER, PAS LOIN DU SQUARE.
MOI, JE NE PEUX PAS CROIRE QUE JÉRÔME AIT PU FAIRE ÇA !
ET POURTANT ! PLUSIEURS TÉMOINS L'ONT VU ENTRER CHEZ LA VICTIME, ET LE SIGNALEMENT CORRESPOND BIEN À LA PHOTO.
ÇA NE PROUVE RIEN. IL PEUT S'AGIR D'UNE RESSEMBLANCE.
SON SOLEX ÉTAIT SUR LE PALIER DE LA VICTIME.
DES TAS DE GENS ROULENT EN SOLEX. IL PARAIT MÊME QUE C'EST REVENU À LA MODE.
LA PLAQUE D'IDENTITÉ, MADAME. COMMENT CROYEZ-VOUS QU'ON AIT TROUVÉ SON ADRESSE ?
ALORS C'EST QU'ON LUI A VOLÉ.
5

JE VOUS ENVOIE LE SOUS-MARIN, LIEUTENANT. EN ATTENDANT, ÉVITEZ DE VOUS FAIRE REPÉRER.
ENTENDU, MONSIEUR LE COMMISSAIRE.
POLICE
CLIC
MONSIEUR BLOCHE !
QU'AVEZ-VOUS FAIT ?
MMH !

COMMENT AVEZ-VOUS PU FAIRE ÇA ?!
NE CRIEZ PAS, MME ROSE !
QU'EST-CE QUI VOUS A PRIS DE VOUS SAUVER COMME ÇA, AU LIEU DE VOUS RENDRE ET DE VOUS EXPLIQUER AVEC LA POLICE ?
LA POLICE ? EXPLIQUER QUOI ?! JE NE ME SOUVIENS DE RIEN. OH ! MA TÊTE ! VOUS N'AURIEZ PAS UN PEU D'ASPIRINE ?
TOC TOC
!
CHUT ! PLUS UN BRUIT !
TOC TOC
C'EST LE FACTEUR.
EUH... BONJOUR, FACTEUR, VOUS... VOUS ÊTES BIEN MATINAL, AUJOURD'HUI.
QU'EST-CE QUI T'ARRIVE, MA PETITE FLEUR ADORÉE ? TU NE ME LAISSES PAS ENTRER ? TE VOILÀ DEVENUE BIEN DISTANTE TOUT À COUP.
LES RIDEAUX SONT TIRÉS. ALORS, POURQUOI JOUER LES ÉTRANGERS ? ON EST ENTRE NOUS, LÀ, MAIS !
7

LE TABLEAU ! QU'EST-IL ARRIVÉ AU TABLEAU ?
NE ME DIS PAS QUE...
SI ! JE L'AI RENDU À M. BLOCHE.
QUOI !?
TU L'AS RENDU ?! MAIS IL Y EN AVAIT POUR UNE PETITE FORTUNE, LÀ ! LE DIRECTEUR DE LA GALERIE ÉTAIT MÊME PRÊT À LE METTRE EN VENTE.
JE NE ME SUIS PAS SENTI LE COEUR DE FAIRE ÇA À M. BLOCHE. ET PUIS... UN CADEAU, ÇA NE SE REVEND PAS.
REMARQUE, DANS UN CERTAIN SENS, JE REGRETTE DE LUI AVOIR OUVERT LES YEUX AU SUJET DE CE TABLEAU.
AH ! TU VOIS BIEN.
NON ! CE QUE JE VEUX DIRE, C'EST QUE JE ME SENS UN PEU RESPONSABLE DE CE QUI LUI ARRIVE.
POURQUOI ? IL A DES ENNUIS ?
PIRE QUE ÇA !
COMMENT ÇA ?
LA POLICE LE RECHERCHE.
LE TABLEAU !...
LA POLICE !?
LE TABLEAU, ÇA ME DIT QUELQUE CHOSE...
ÇA Y EST ! ÇA ME REVIENT ! TOUT A COMMENCÉ AU MARCHÉ AUX PUCES.
8

TOUT À FAIT CE QU'IL ME FAUT.
COMBIEN POUR LE TABLEAU ?
450.
AH ! QUAND MÊME ! ET SI JE NE VOUS PRENDS QUE LE CADRE, SANS LA TOILE ? EN FAIT, SEUL LE CADRE M'INTÉRESSE.
DÉSOLÉ ! LA MAISON NE VEND PAS CES ARTICLES SÉPARÉMENT.
OUI ! BON ! C'EST UNE PETITE TOILE ASSEZ QUELCONQUE. ALLEZ ! DISONS 300 ET J'EMPORTE LE TOUT.
450.
350.
450.
400.
450.
449
D'ACCORD POUR 449.

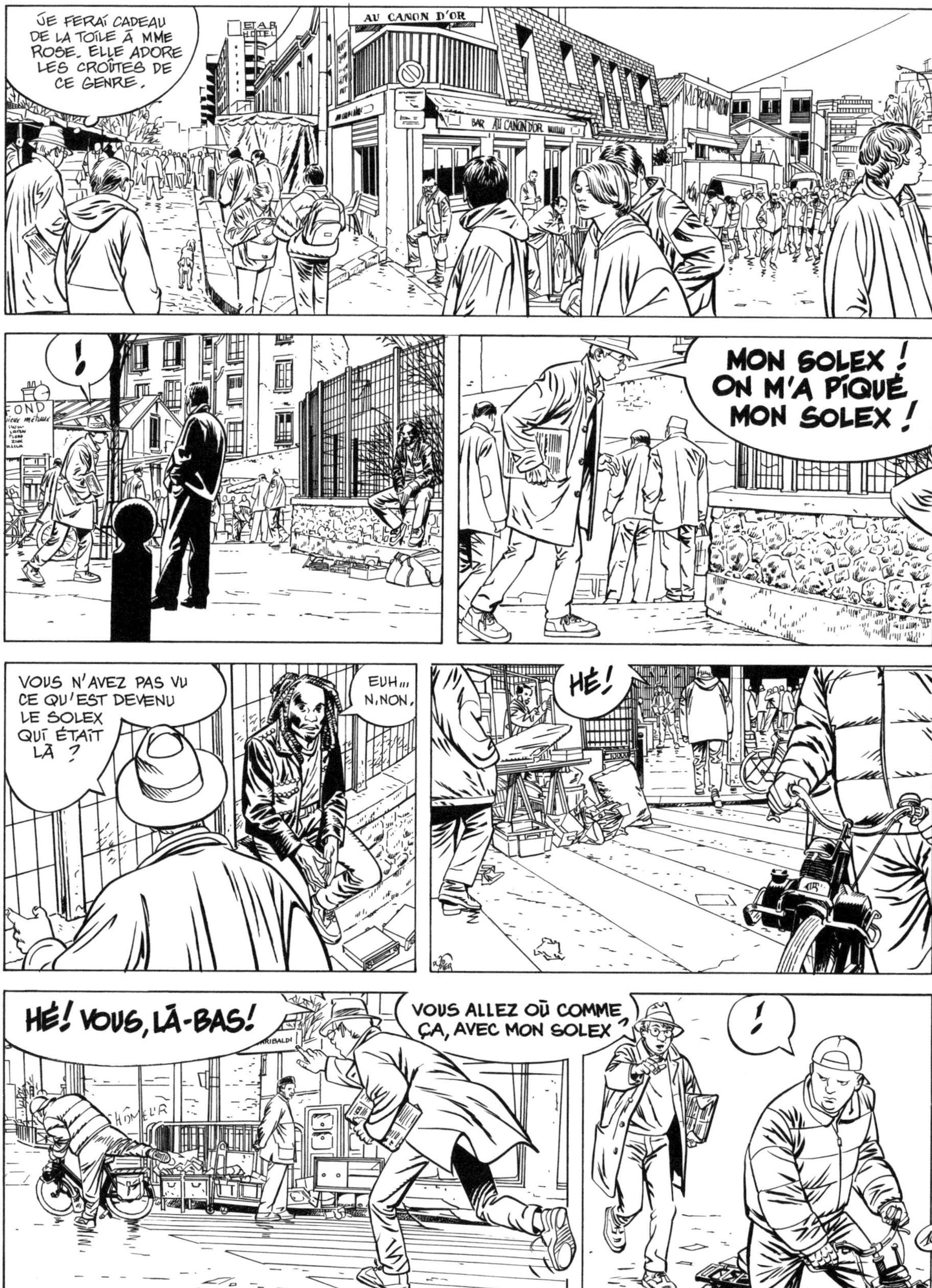
AU CANON D'OR
JE FERAI CADEAU DE LA TOILE À MME ROSE. ELLE ADORE LES CROÛTES DE CE GENRE.
BAR AU CANON D'OR
!
MON SOLEX ! ON M'A PIQUÉ MON SOLEX !
VOUS N'AVEZ PAS VU CE QU'EST DEVENU LE SOLEX QUI ÉTAIT LÀ ?
EUH... N.NON.
HÉ!
HÉ! VOUS, LÀ-BAS!
VOUS ALLEZ OÙ COMME ÇA, AVEC MON SOLEX ?
!

VOTRE SOLEX ?!
OUI ! MON SOLEX. "JÉRÔME K. JÉRÔME BLOCHE, 35 RUE FRANCOEUR 75.018 PARIS." C'EST ÉCRIT SUR LA PLAQUE D'IDENTITÉ. VOUS POUVEZ VÉRIFIER.
MOI, TOUT CE QUE JE SAIS, C'EST QUE JE L'AI ACHETÉ AU GARS, LÀ-BAS.
QUEL GARS ?
MESU
CELUI QUI EST COIFFÉ À LA RASTA. IL EST ASSIS SUR LE PETIT MURET... TIENS ! IL EST PARTI.
ANTIQUAIRE
ACHAT au COMPTANT
DEBARRAS
QUEL CULOT ! IL VOUS A VENDU UN SOLEX QUI NE LUI APPARTENAIT PAS.
OUI, BEN MOI, TOUT CE QUE JE SAIS, C'EST QUE JE L'AI PAYÉ.
ÉCOUTEZ ! JE SUIS DÉSOLÉ POUR VOUS, MAIS...
EH !
QU'EST-CE QUE VOUS FAITES ?!
JE RENTRE CHEZ MOI. POURQUOI ?
MAIS C'EST FOU, ÇA ! VOUS N'ALLEZ QUAND MÊME PAS PARTIR AVEC MON SOLEX !
JE L'AI PAYÉ, JE LE GARDE.
BON ! J'AI COMPRIS.
OBLIGÉ DE RACHETER MON PROPRE SOLEX ! ON CROIT RÊVER.
ON PEUT DIRE QU'IL ME SERA REVENU CHER, CE TABLEAU !
11

TU VERRAS, BABETTE, J'AI FAIT QUELQUES AMÉNAGEMENTS ICI. ÇA DEVRAIT TE PLAIRE. OUI! À TOUT À L'HEURE!
DRIIN DRIIN
!
COUCOU, JÉRÔME!
QUOI! DÉJÀ? MAIS JE VIENS À PEINE DE RACCROCHER!
JE TE SIGNALE QUE TU AS COMPOSÉ LE NUMÉRO DE MON PORTABLE. QUAND TU M'AS APPELÉE, J'ÉTAIS DÉJÀ AU BAS DE L'ESCALIER.
JE NE M'Y FERAI JAMAIS.
OH!
MAIS IL Y A EU PLEIN DE TRANSFORMATIONS ICI!
12

QU'EST-CE QUE TU EN PENSES ? ÇA CHANGE, NON ?
MAIS JE VOUS EN PRIE, CHÈRE MADAME, PRENEZ PLACE !
FRANCHEMENT, UN BUREAU COMME ÇA, ÇA N'INSPIRE PAS CONFIANCE AU CLIENT ?
TU REMARQUERAS QUE CHAQUE DÉTAIL A ÉTÉ ÉTUDIÉ. SUR LE MUR, ENTOURANT MON DIPLÔME DE DÉTECTIVE, DES COUPURES DE PRESSE SOULIGNENT LA RECONNAISSANCE MÉDIATIQUE.
DIPLÔME
d'agent privé de Recherche
BLOCHE
par l'école supérieure
Surveillance
prof. Maison
DANS LES CLASSEURS, LES DOSSIERS DES CLIENTS SONT RANGÉS PAR ORDRE ALPHABÉTIQUE. LEUR NOMBRE SUGGÈRE UNE GRANDE EXPÉRIENCE PROFESSIONNELLE.
SUR LE BUREAU, LES TÉLÉPHONES SONT LÀ POUR FAIRE DÉBORDÉ. LE MINITEL ET L'ORDINATEUR SONT LÀ POUR FAIRE MODERNE, ET LA BOUTEILLE DE WHISKY... EH BIEN, C'EST POUR FAIRE COMME DANS LES FILMS !
TU SAIS TE SERVIR D'UN ORDINATEUR, TOI ?!!
EUH... NON ! MAIS ÇA N'A PAS D'IMPORTANCE, IL EST EN PANNE. COMME LES TÉLÉPHONES D'AILLEURS. C'EST MME ZELDA QUI M'A DONNÉ TOUT ÇA.
OH ! MAIS JE VOIS QUE JE TRÔNE EN BONNE PLACE SUR LE BUREAU DU GRAND DÉTECTIVE.
IMPORTANT, ÇA ! INDUIRE DANS L'ESPRIT DU CLIENT QUE LE DÉTECTIVE PRIVÉ EST UN HOMME COMME LES AUTRES, AVEC SA VIE DE FAMILLE, SES SOUCIS...
13

L'IDÉAL SERAIT ÉVIDEMMENT LA VRAIE PHOTO DE FAMILLE, AVEC LES ENFANTS, LE CHIEN...
DES ENFANTS ? JÉRÔME, SERAIT-CE UNE DEMANDE À PEINE DÉGUISÉE ?
EUH... C'ÉTAIT FAÇON DE PARLER.
À PROPOS, QU'EST-CE QUE TU AS FAIT DE TON LIT ?
AH ! AH ! C'EST ÇA L'ASTUCE.
QUI DEVINERAIT QUE, DERRIÈRE LES PORTES DE CETTE ARMOIRE, BANALE D'APPARENCE...
... SE DISSIMULE UN CONFORTABLE LIT À DEUX PLACES ?
JE VOIS. ÇA SERT DE DÉBARRAS, AUSSI.
BEN... D'HABITUDE, TOUT ÇA NE SE VOYAIT PAS. JE LE RANGEAIS SOUS LE LIT.
UN LIT À DEUX PLACES, DIS-TU ? VOILÀ QUI DEMANDE À ÊTRE VÉRIFIÉ...
14

LE LENDEMAIN...

C'EST AU SUJET DU TABLEAU QUE VOUS M'AVEZ OFFERT...
TENEZ ! JE VOUS LE RENDS !
?
IL NE VOUS PLAÎT PAS ?
OH, SI, M. BLOCHE ! AU CONTRAIRE !
MAIS CE TABLEAU VAUT UNE FORTUNE. JE NE PEUX ACCEPTER UN TEL CADEAU.
UNE FORTUNE ? Mme ROSE, COMME VOUS Y ALLEZ ! C'EST VRAI QUE LE VENDEUR EN DEMANDAIT UN BON PRIX, MAIS J'AI MARCHANDÉ.
NON, NON ! VOUS NE M'AVEZ PAS BIEN COMPRISE. CE TABLEAU VAUT VRAIMENT UNE FORTUNE.
MAIS, COMMENT LE SAVEZ-VOUS ?
C'EST RENÉ... JE VEUX DIRE LE FACTEUR QUI ME L'A DIT.
LE FACTEUR ?
OUI ! IL A FAIT SA PETITE ENQUÊTE. FAUT DIRE QU'IL Y A PLEIN DE GALERIES DE PEINTURE ET D'ARTISTES DANS SA TOURNÉE. ILS LUI ONT DIT COMME ÇA QU'UNE HUILE SUR TOILE D'ORCA, SURTOUT DE CETTE PÉRIODE-LÀ, VALAIT UNE PETITE FORTUNE.
ORQUI ?
ORCA. C'EST LE NOM DU PEINTRE. REGARDEZ LA SIGNATURE.
ET IL EST CONNU COMME PEINTRE ?
TRÈS ! SURTOUT DANS LE MILIEU DES COLLECTIONNEURS. MOINS DU GRAND PUBLIC. ENFIN ! MOI, CE QUE J'EN DIS, C'EST TOUJOURS D'APRÈS R... LE FACTEUR.
ATTENDEZ ! IL Y A UNE CHOSE QUE JE NE COMPRENDS PAS. QU'EST-CE QUI LUI A DONNÉ L'IDÉE, AU FACTEUR, D'ENTREPRENDRE TOUTES CES DÉMARCHES ?
C'EST QUAND IL EST VENU DÉPOSER LE COURRIER DANS MA LOGE, L'AUTRE MATIN, ET QU'IL A VU LE TABLEAU SUR LE MUR... ÇA LUI A FAIT TILT.
LE SUJET, LA COMPOSITION, LES COULEURS, TOUT ÇA ! IL S'EST DIT QU'IL CONNAISSAIT.
ÇA LUI A FAIT TILT !
16

IL S'Y CONNAÎT DONC EN PEINTURE, LE FACTEUR ?
PENSEZ-VOUS !
NON ! LUI, SA SPÉCIALITÉ, CE SONT LES CALENDRIERS DES POSTES. IL LES COLLECTIONNE DEPUIS QU'IL EST TOUT GOSSE. ALORS, PENSEZ ! C'EST D'AILLEURS POUR ÇA QU'IL A CHOISI LE MÉTIER DE FACTEUR. TENEZ ! REGARDEZ !
ELLES ONT UN PETIT AIR DE FAMILLE, NON ? AH ! C'EST QU'IL A L'OEIL, MON... LE FACTEUR.
1963
1963
QUAND IL A VU ÇA, IL S'EST DIT COMME ÇA : SI UN TABLEAU A LES HONNEURS DU CALENDRIER DES POSTES, ALORS, PAS DE DOUTE, C'EST QU'IL S'AGIT D'UN GRAND PEINTRE.
VOUS ME CONNAISSEZ, M. BLOCHE. JE SUIS UNE HONNÊTE FEMME. AUSSI, JE PRÉFÈRE VOUS RENDRE VOTRE CADEAU, SANS COMPTER QUE...
D'APRÈS RENÉ, UN TABLEAU COMME ÇA, AUX PUCES, C'EST PAS NORMAL. IL Y A TOUTES LES CHANCES POUR QUE CE SOIT UN TABLEAU VOLÉ. PERMETTEZ QUE JE RÉCUPÈRE LE CALENDRIER. RENÉ Y TIENT.
BON ! BEN... C'EST PAS QUE JE M'ENNUIE, MAIS MES POUBELLES VONT PAS SE RENTRER TOUTES SEULES.
BONNE JOURNÉE, M. BLOCHE !
17

À L'AÉROPORT DE ROISSY, S'IL VOUS PLAÎT.
TAXIS
411 NAG 75
QU'EST-CE QUE TU VAS FAIRE DE CE TABLEAU ?
PARTIR À LA RECHERCHE DE SON PROPRIÉTAIRE. MME ROSE M'A DONNÉ UNE LEÇON DE PROBITÉ, JE NE PEUX PAS FAIRE MOINS.
ET TU VAS OÙ, COMME ÇA ?
BANGKOK. JE SERAI DE RETOUR APRÈS-DEMAIN. BISOUS.
EH BIEN MOI, C'EST DIRECTION SAINT-OUEN. ÇA FAIT MOINS EXOTIQUE, MAIS L'AVANTAGE, C'EST QU'IL NE FAUT PAS PRENDRE L'AVION.
PET PET PET
18

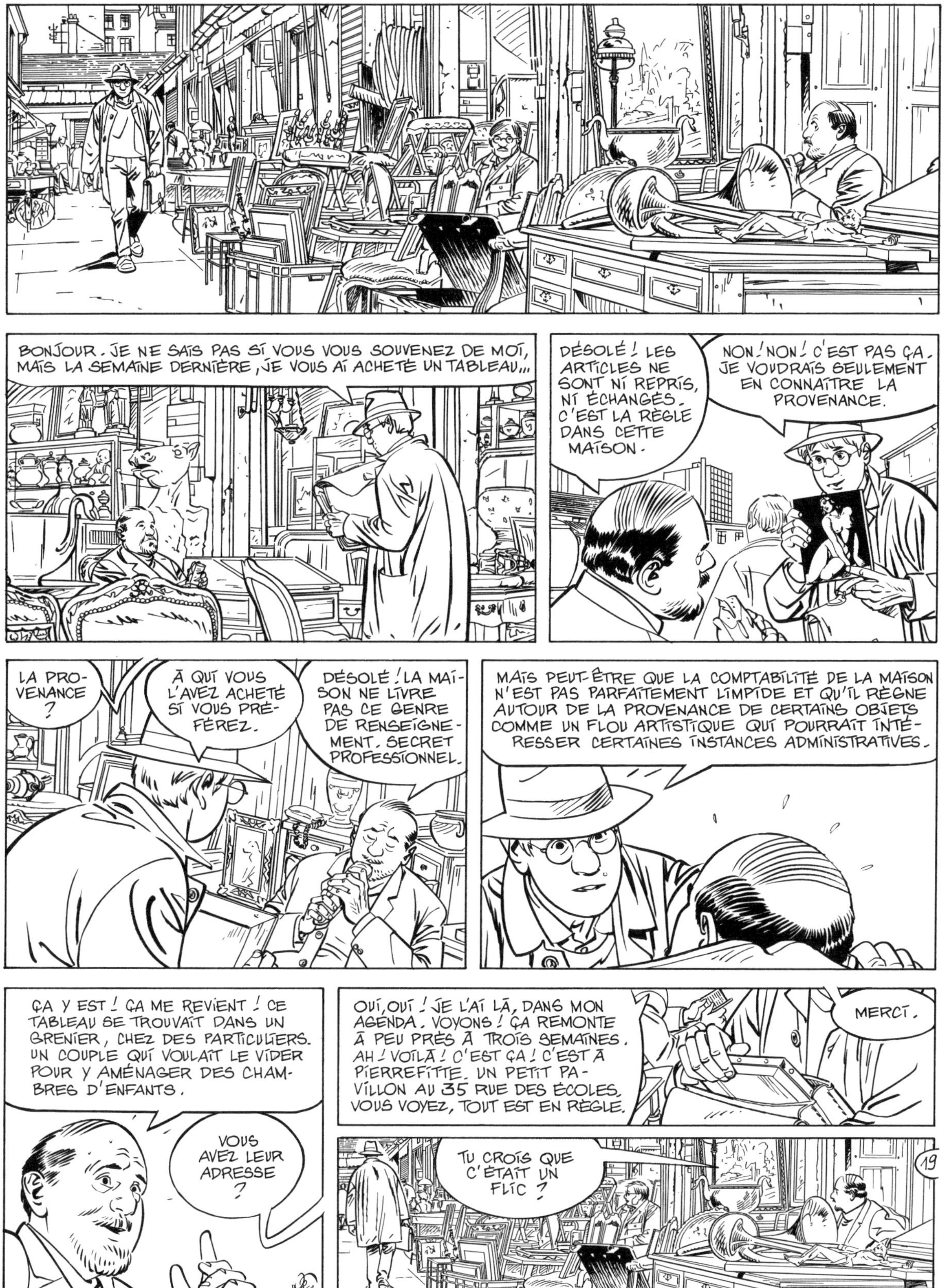
BONJOUR. JE NE SAIS PAS SI VOUS VOUS SOUVENEZ DE MOI, MAIS LA SEMAINE DERNIÈRE, JE VOUS AI ACHETÉ UN TABLEAU...
DÉSOLÉ ! LES ARTICLES NE SONT NI REPRIS, NI ÉCHANGÉS. C'EST LA RÈGLE DANS CETTE MAISON.
NON ! NON ! C'EST PAS ÇA. JE VOUDRAIS SEULEMENT EN CONNAÎTRE LA PROVENANCE.
LA PROVENANCE ?
À QUI VOUS L'AVEZ ACHETÉ SI VOUS PRÉFÉREZ.
DÉSOLÉ ! LA MAISON NE LIVRE PAS CE GENRE DE RENSEIGNEMENT. SECRET PROFESSIONNEL.
MAIS PEUT-ÊTRE QUE LA COMPTABILITÉ DE LA MAISON N'EST PAS PARFAITEMENT LIMPIDE ET QU'IL RÈGNE AUTOUR DE LA PROVENANCE DE CERTAINS OBJETS COMME UN FLOU ARTISTIQUE QUI POURRAIT INTÉRESSER CERTAINES INSTANCES ADMINISTRATIVES.
ÇA Y EST ! ÇA ME REVIENT ! CE TABLEAU SE TROUVAIT DANS UN GRENIER, CHEZ DES PARTICULIERS. UN COUPLE QUI VOULAIT LE VIDER POUR Y AMÉNAGER DES CHAMBRES D'ENFANTS.
VOUS AVEZ LEUR ADRESSE ?
OUI, OUI ! JE L'AI LÀ, DANS MON AGENDA. VOYONS ! ÇA REMONTE À PEU PRÈS À TROIS SEMAINES. AH ! VOILÀ ! C'EST ÇA ! C'EST À PIERREFITTE. UN PETIT PAVILLON AU 35 RUE DES ÉCOLES. VOUS VOYEZ, TOUT EST EN RÈGLE.
MERCI.
TU CROIS QUE C'ÉTAIT UN FLIC ?
19

IL FAUDRA QUE JE TROUVE UN ANGLE D'ATTAQUE, UNE HISTOIRE QUI TIENNE DEBOUT.
PET PET
TOC TOC PAN PAN
35. C'EST ICI.
PAN TOC TOC
DRIING
OUI ?
BONJOUR, MADAME ! EXCUSEZ-MOI DE VOUS DÉRANGER UN DIMANCHE, MAIS J'AI LÀ QUELQUE CHOSE ...
NOUS N'AVONS BESOIN DE RIEN.
VLAN
HUM !
DRIIIING

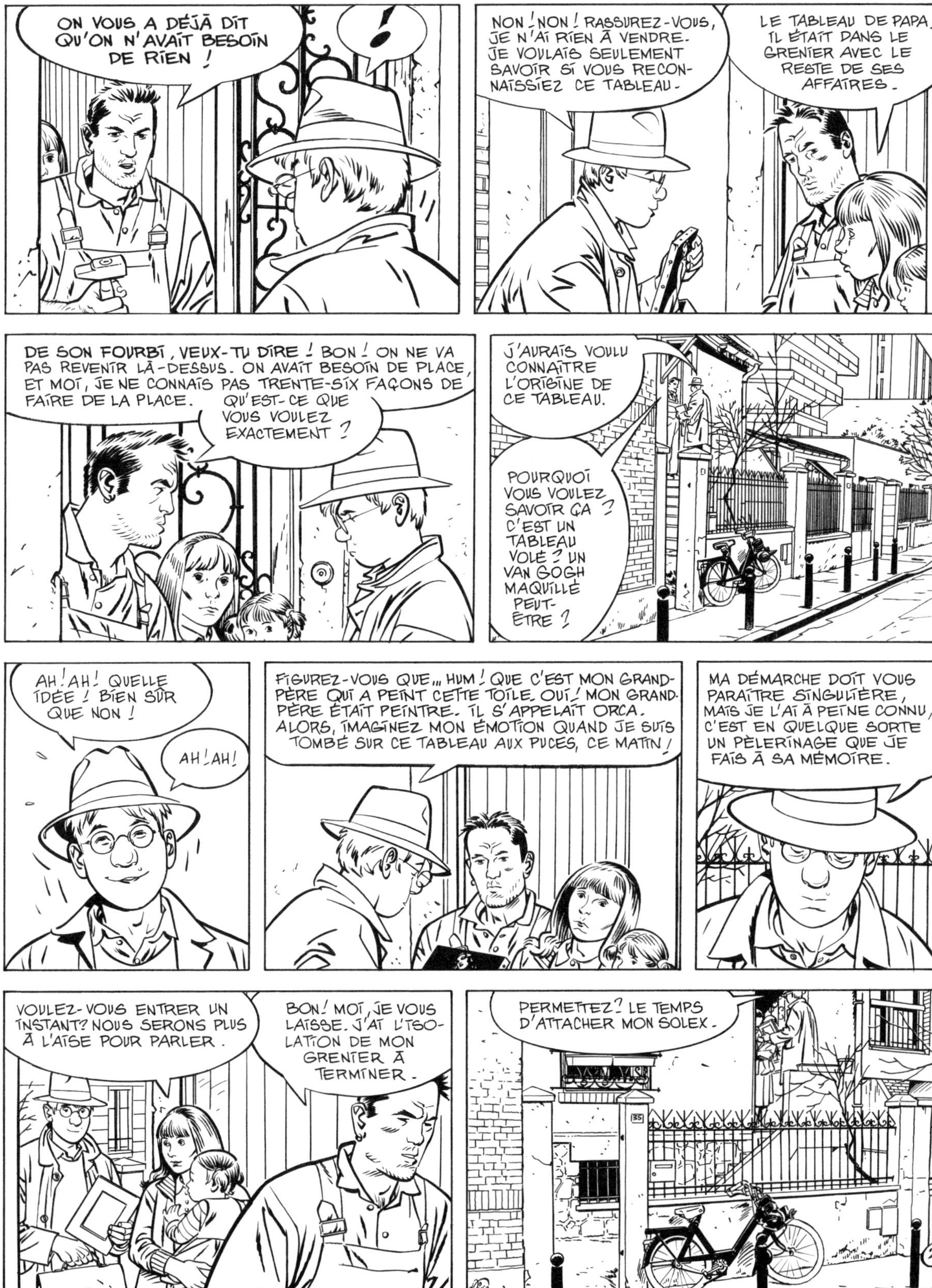

ON VOUS A DÉJÀ DIT QU'ON N'AVAIT BESOIN DE RIEN !
!
NON ! NON ! RASSUREZ-VOUS, JE N'AI RIEN À VENDRE. JE VOULAIS SEULEMENT SAVOIR SI VOUS RECONNAISSIEZ CE TABLEAU.
LE TABLEAU DE PAPA ! IL ÉTAIT DANS LE GRENIER AVEC LE RESTE DE SES AFFAIRES.
DE SON FOURBI, VEUX-TU DIRE ! BON ! ON NE VA PAS REVENIR LÀ-DESSUS. ON AVAIT BESOIN DE PLACE, ET MOI, JE NE CONNAIS PAS TRENTE-SIX FAÇONS DE FAIRE DE LA PLACE.
QU'EST-CE QUE VOUS VOULEZ EXACTEMENT ?
J'AURAIS VOULU CONNAÎTRE L'ORIGINE DE CE TABLEAU.
POURQUOI VOUS VOULEZ SAVOIR ÇA ? C'EST UN TABLEAU VOLÉ ? UN VAN GOGH MAQUILLÉ PEUT-ÊTRE ?
AH ! AH ! QUELLE IDÉE ! BIEN SÛR QUE NON !
AH ! AH !
FIGUREZ-VOUS QUE... HUM ! QUE C'EST MON GRAND-PÈRE QUI A PEINT CETTE TOILE. OUI ! MON GRAND-PÈRE ÉTAIT PEINTRE. IL S'APPELAIT ORCA. ALORS, IMAGINEZ MON ÉMOTION QUAND JE SUIS TOMBÉ SUR CE TABLEAU AUX PUCES, CE MATIN !
MA DÉMARCHE DOIT VOUS PARAÎTRE SINGULIÈRE, MAIS JE L'AI À PEINE CONNU, C'EST EN QUELQUE SORTE UN PÈLERINAGE QUE JE FAIS À SA MÉMOIRE.
VOULEZ-VOUS ENTRER UN INSTANT ? NOUS SERONS PLUS À L'AISE POUR PARLER.
BON ! MOI, JE VOUS LAISSE. J'AI L'ISOLATION DE MON GRENIER À TERMINER.
PERMETTEZ ? LE TEMPS D'ATTACHER MON SOLEX.
35
21

OUI, OUI ! JE ME SOUVIENS DE CE TABLEAU. IL ÉTAIT DANS LA POUBELLE, RECOUVERT D'IMMONDICES. LES GENS JETTENT VRAIMENT N'IMPORTE QUOI.
BEAUCOUP DE GASPILLAGE ! OUI ! BEAUCOUP !
ET VOUS N'AURIEZ PAS UNE IDÉE DE QUI AURAIT PU JETER CE TABLEAU AUX ORDURES ?
QUEL TABLEAU ?
?
IL FAUT L'EXCUSER, MONSIEUR. IL N'A PLUS TOUTE SA TÊTE.
MON PÈRE A TOUJOURS DÉTESTÉ LE GÂCHIS. DURANT TOUT LE TEMPS QU'IL ÉTAIT CONCIERGE, IL RÉCUPÉRAIT TOUTES SORTES D'OBJETS DANS LES BENNES À ORDURES, ET LES RAMENAIT À LA MAISON.
LA LOGE DE MES PARENTS DÉBORDAIT DE VIEUX TRUCS RAFISTOLÉS, FERS À REPASSER, POSTES DE RADIO, CAFETIÈRES ÉLECTRIQUES... QUANT À MOI, J'HÉRITAIS DES POUPÉES MITEUSES DONT LES GAMINES DE LA CITÉ NE VOULAIENT PLUS. MA MÈRE, ÇA LA RENDAIT FOLLE.
À LA MORT DE MAMAN, QUAND IL EST VENU HABITER AVEC NOUS, JE N'AI PAS EU LE COURAGE DE ME DÉBARRASSER DE TOUTES CES VIEILLERIES. JE NE VOULAIS PAS LUI FAIRE DE PEINE. MAIS LÀ, MAINTENANT, IL NE SE REND PLUS VRAIMENT COMPTE, ALORS...
JE COMPRENDS. HUM ! JE POURRAIS AVOIR L'ADRESSE DE CETTE CITÉ ?
C'EST À MONTFERMEIL, CITÉ DES HORTENSIAS, ENTRÉE D. LE NOUVEAU CONCIERGE S'APPELLE BERTRAND MOREL. DITES-LUI QUE VOUS VENEZ DE LA PART DE M. VÉRY. DÉSOLÉE DE NE POUVOIR FAIRE PLUS.
J'AI HONTE.
22

JE SUIS POURTANT SÛR QU'ELLE M'AVAIT NOTÉ TOUTE LA MARCHE À SUIVRE SUR UN MORCEAU DE PAPIER. À TOUS LES COUPS, JE L'AI PERDU. ZUT !
AH, NON ! LE VOICI ! ELLE L'AVAIT COLLÉ SUR L'ÉCRAN. SACRÉE BABETTE ! ON VOIT QU'ELLE ME CONNAIT BIEN. ALORS...
① APPUYER SUR LA TOUCHE ROUGE POUR ALLUMER LE MINITEL. CLIC !
JUSQUE-LÀ, ÇA VA.
② DÉCROCHER LE COMBINÉ. ③ COMPOSER LE 36-11 POUR AVOIR LES RENSEIGNEMENTS. ④ APPUYER SUR LA TOUCHE CONNEXION-FIN ET RACCROCHER LE COMBINÉ.
NOM : MO-REL BER-TRAND. PROFESSION : CON-CIER-GE. LOCALITÉ : MONT-FER...
... MEIL ! ENVOI !
ALAIN MOREL, BERNARD, AH, VOILÀ ! BERTRAND MOREL.
C'EST BEAU LE PROGRÈS. ALORS, 01 42 58 14 14...
BONSOIR ! JE VOUDRAIS PARLER À M. MOREL, S'IL VOUS PLAÎT.
23

C'EST LUI-MÊME !
JE VOUS TÉLÉPHONE DE LA PART DE M. VÉRY, VOTRE PRÉDÉCESSEUR. VOILÀ ! IL Y A QUELQUES ANNÉES, IL AVAIT RÉCUPÉRÉ DANS UNE DES BENNES À ORDURES DE LA CITÉ UN PETIT TABLEAU SIGNÉ ORCA ET REPRÉSENTANT UNE JEUNE FILLE UN PEU, EUH... DÉSHABILLÉE.
IL SOUHAITERAIT LE RENDRE À SON PROPRIÉTAIRE, MAIS, COMME VOUS LE SAVEZ PEUT-ÊTRE, M. VÉRY SE FAIT VIEUX ET IL NE SE SOUVIENT PLUS DE QUELLE ENTRÉE IL S'AGISSAIT. VOUS N'AURIEZ PAS UNE PETITE IDÉE SUR LA QUESTION, M. MOREL ?
EXCUSEZ-MOI, MAIS JE NE VOUS SUIS PAS BIEN. QU'EST-CE QUE VOUS ATTENDEZ DE MOI EXACTEMENT ?
EH BIEN, VOILÀ ! M. VÉRY SE DEMANDAIT SI CE TABLEAU, À L'ÉPOQUE, N'AVAIT PAS ÉTÉ JETÉ PAR MÉGARDE, ET COMME IL SEMBLE AVOIR UNE CERTAINE VALEUR...
SI J'AI BIEN COMPRIS, VOUS VOUDRIEZ RETROUVER LE LOCATAIRE QUI A BALANCÉ UN TABLEAU AUX ORDURES IL Y A PLUSIEURS ANNÉES DE ÇA.
C'EST EXACTEMENT ÇA !
IL Y A UN NOM SUR VOTRE TABLEAU ? LA JEUNE FILLE, VOUS PENSEZ QUE C'EST QUELQU'UN DE LA CITÉ ?
JE NE SAIS PAS. À PART LA SIGNATURE, IL N'Y A PAS D'AUTRES INDICATIONS.
ÉCOUTEZ ! LA CITÉ COMPTE UNE DOUZAINE D'ENTRÉES. À TRENTE OU QUARANTE APPARTEMENTS PAR ENTRÉE, FAITES LE CALCUL ! COMMENT VOULEZ-VOUS QUE JE SACHE QUI S'AMUSE À PEINDRE DES TABLEAUX ET À LES BALANCER ENSUITE AUX ORDURES !?
AH MAIS, JE NE VOUS AI PAS DIT QUE LA PERSONNE PEIGNAIT. LE PEINTRE, JE LE CONNAIS. IL S'APPELLE ORCA, O-R-C-A.
JE N'AI AUCUN ORCA DANS MA CITÉ.
TUT TUT TUT TUT TUT
!
IL A RACCROCHÉ.
DRRIING
24

ALLÔ !
JÉRÔME ?
C'EST TOI, BABETTE ?
JE NE TE RÉVEILLE PAS ?
NON, NON ! DE TOUTE FAÇON, JE CROIS QUE POUR CE QUI EST DE FERMER L'ŒIL CETTE NUIT, C'EST RÂPÉ !
JE TE MANQUE TANT QUE ÇA ?
NON, NON ! C'EST PAS ÇA ! C'EST À CAUSE DU TABLEAU. JE SUIS DANS UNE IMPASSE. J'AI REMONTÉ LA PISTE JUSQU'AU CONCIERGE D'UNE CITÉ DE BANLIEUE QUI L'A TROUVÉ DANS UNE BENNE À ORDURES, IL Y A DES ANNÉES DE ÇA. TU VOIS LE PROBLÈME. AUTANT CHERCHER UNE AIGUILLE DANS UNE BOTTE DE FOIN. ET J'AI BEAU TOURNER LA TOILE DANS TOUS LES SENS, RIEN ! PAS LA MOINDRE INSCRIPTION. PAS LE PLUS PETIT INDICE.
AH ! QU'EST-CE QUE C'EST DÉSAGRÉABLE D'ÊTRE BLOQUÉ COMME ÇA ! JE SENS QUE ÇA VA ME GÂCHER LE SOMMEIL, CETTE HISTOIRE.
...
BABETTE ?!
BABETTE ! TU ES TOUJOURS LÀ ?
BABETTE ?!
SI, PROFITANT DE CETTE ESCALE À ISTANBUL, J'AI PRÉFÉRÉ TE TÉLÉPHONER, PLUTÔT QUE D'ALLER BOIRE UN CAFÉ AVEC MES COLLÈGUES, C'EST QUE QUELQUE CHOSE ME TRACASSAIT DEPUIS CE MATIN, JÉRÔME.
EN FAIT, JE ME DEMANDAIS SI TU N'EN AVAIS PAS ASSEZ QUE JE FASSE CE MÉTIER D'HÔTESSE DE L'AIR, ET QU'ON SOIT SÉPARÉS SI SOUVENT...
MAIS MANIFESTEMENT, ÇA N'A PAS L'AIR DE TE POSER TROP DE PROBLÈMES.
CLIC
TUT TUT TUT
JE ME DEMANDE PARFOIS SI ELLE S'INTÉRESSE À CE QUE JE FAIS.
25

DRING
DRIIING
C'EST VOUS, MONSIEUR BLOCHE ?
EXCUSEZ-MOI DE VOUS DÉRANGER À UNE HEURE AUSSI TARDIVE, MADAME ROSE, MAIS C'EST IMPORTANT. EST-CE QUE VOUS AVEZ ENCORE LE CALENDRIER ?
LE CALENDRIER ?
VOUS SAVEZ BIEN, LE CALENDRIER DU FACTEUR AVEC LA REPRODUCTION DU TABLEAU D'ORCA !
AH ! LE CALENDRIER ! UN INSTANT !
!
CLAC
BRRR...
?
PSS PSS PSS... PSS PSS
PSS PSS PSS PSS PSS...
HU-HUM !
VOICI !
MERCI. JE VOUS LE RENDS DÈS QUE J'AI FINI MES RECHERCHES.
OH ! ÇA PEUT ATTENDRE LE LEVER DU JOUR.
26

ALORS... RAPHAËLE DE SÉGUR, D-E-S-E-G-U-R.
PORTRAIT DE RAPHAËLE DE SÉGUR PAR ORCA.
ACTIVITÉ : JE PASSE.
LOCALITÉ : MAIS JE N'EN SAIS RIEN, MOI ! C'EST JUSTEMENT CE QUE JE CHERCHE, ESPÈCE DE... **MACHINE !** ALLEZ ! JE TAPE FRANCE, ON VERRA BIEN CE QUE ÇA DONNE.
LATOUR DE FRANCE, LA CHAPELLE DU MONT DE FRANCE... M'OUAIS. BON ! VISIBLEMENT, CE N'EST PAS ÇA.
FRANCE
LATOUR DE FRANCE
LA CHAPELLE DU MONT DE FRANCE
TREMBLAY EN FRANCE
BAILLET EN FRANCE
BELLOY EN FRANCE
BONNEUIL EN FRANCE
CHATENAY EN FRANCE
REVENONS À LA BONNE VIEILLE MÉTHODE CLASSIQUE : LES RENSEIGNEMENTS.
FRANCE TELECOM SOPHIE DUMONT, BONSOIR !
EUH... JÉRÔME K. JÉRÔME BLOCHE. BONSOIR ! VOILÀ ! JE SUIS À LA RECHERCHE D'UNE ADRESSE, MAIS JE N'AI QUE LE NOM DE LA PERSONNE...
COMMENT S'APPELLE-T-ELLE ?
DE SÉGUR, EN DEUX MOTS.
COMME LA COMTESSE ?
AH, TIENS ! OUI. COMME LA COMTESSE.
UN INSTANT !
WAAAH
ALLÔ !
OUI OUI ! JE SUIS LÀ !
J'AI DEUX PERSONNES DONT LE NOM S'ORTHOGRAPHIE DE CETTE FAÇON, ET AUSSI UNE FONDATION. IL S'AGIT DE **DE SÉGUR** ANDRÉ, QUI HABITE BÉMONT-LES-FORÊTS, DANS LE PAS-DE-CALAIS, ET DE RAPHAËLE DE SÉGUR QUI HABITE MONTFERMEIL, EN SEINE-ET-MARNE. LA FONDATION EST À LA MÊME ADRESSE.
MONTFERMEIL !
VOUS AVEZ BIEN DIT MONTFERMEIL ? ET OÙ EXACTEMENT À MONTFERMEIL ?
CITÉ DES HORTENSIAS, ENTRÉE G
YAOUUH
?
27

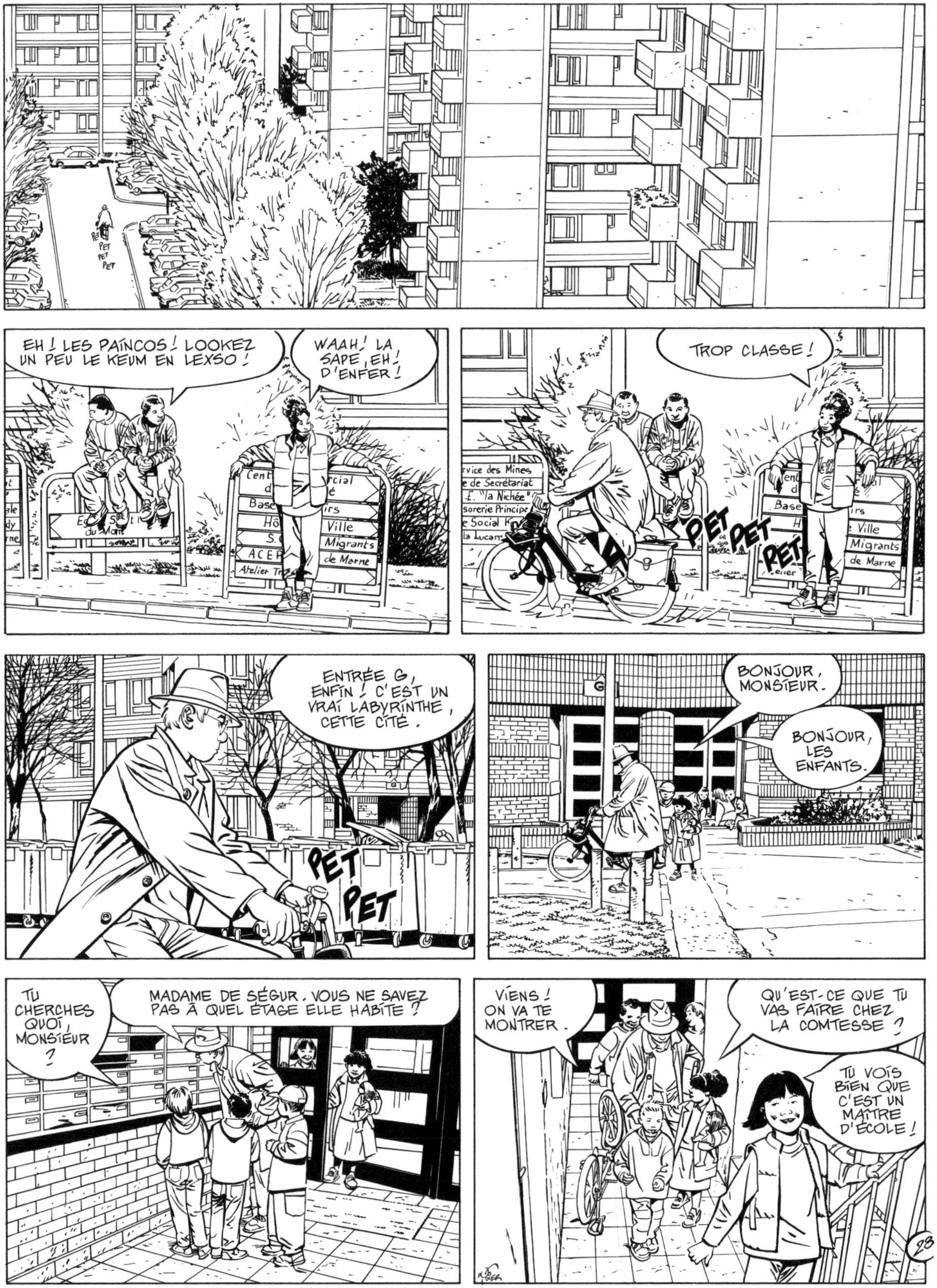
PET PET PET PET
EH ! LES PAÏNCOS ! LOOKEZ UN PEU LE KEUM EN LEXSO !
WAAH ! LA SAPE, EH ! D'ENFER !
TROP CLASSE !
PET PET PET
ENTRÉE G, ENFIN ! C'EST UN VRAI LABYRINTHE, CETTE CITÉ.
PET PET
BONJOUR, MONSIEUR.
BONJOUR, LES ENFANTS.
TU CHERCHES QUOI, MONSIEUR ?
MADAME DE SÉGUR. VOUS NE SAVEZ PAS À QUEL ÉTAGE ELLE HABITE ?
VIENS ! ON VA TE MONTRER.
QU'EST-CE QUE TU VAS FAIRE CHEZ LA COMTESSE ?
TU VOIS BIEN QUE C'EST UN MAÎTRE D'ÉCOLE !
28

POURQUOI UN MAÎTRE D'ÉCOLE ? AH ! À CAUSE DU CARTABLE ! NON, NON ! JE NE SUIS PAS...
DRIIIIINDRIIIINN
!
EH!
C'EST VOUS QUI SONNEZ COMME ÇA !?
HEU... NON, C'EST...
HUM ! MADAME DE SÉGUR ?
RAPHAËLE ! UNE VISITE POUR TOI.
MAIS BOUGRE DE TÊTE DE MULE ! CE N'EST POURTANT PAS SORCIER, UNE DIVISION ! DOUZE DIVISÉ PAR TROIS, ÇA FAIT ?... ALLONS ! ÇA FAIT ?
OUI ?! C'EST À QUEL SUJET ?
EH BIEN VOILÀ ! J'AI ICI...
TROIS ! TU ES SÛR QUE DOUZE DIVISÉ PAR TROIS, ÇA FAIT TROIS ? PRENONS LE PROBLÈME AUTREMENT. QUATRE FOIS TROIS, ÇA FAIT COMBIEN ?
EUH... DOUZE !
29

BON ! ALORS, DOUZE QUE DIVISE TROIS, ÇA FAIT ?...
ÇA FAIT ?...
!
EUH... QUATRE ?!
DITES DONC, JEUNE HOMME ! VOUS N'ÊTES PAS VENU ICI UNIQUEMENT POUR PERTURBER MON COURS, J'IMAGINE ! SI VOUS ME DISIEZ CE QUI VOUS AMÈNE !
HUM ! VOILÀ ! J'AURAIS VOULU SAVOIR SI CECI ...
... VOUS DISAIT QUELQUE CHOSE.
!
RACHID ! QU'EST-CE QUE TU AS À RÊVASSER ? AU TRAVAIL !
TU AS ENCORE TOUTES LES OPÉRATIONS DES EXERCICES SUIVANTS À EFFECTUER. DÉPÊCHE-TOI AVANT QUE TON FRÈRE N'ARRIVE.
QUANT À TOI, LE SOUFFLEUR, VIENS PAR ICI. ON SERA PLUS À L'AISE POUR PARLER.
30

POURQUOI ME MONTRES-TU ÇA, PETIT ? ET PUIS D'ABORD, QUI ES-TU ?
MON NOM EST JÉRÔME K. JÉRÔME BLOCHE. JE SUIS DÉTECTIVE PRIVÉ. L'AUTRE JOUR, EN ME PROMENANT AUX PUCES DE SAINT-OUEN, JE SUIS TOMBÉ PAR HASARD SUR CECI...
CONNAISSEZ-VOUS CE TABLEAU ?
DRIINNG
UN BROCANTEUR LE PROPOSAIT POUR UNE BOUCHÉE DE PAIN. JE L'AI ACHETÉ.
AUX PUCES !
OUI ! POUR UNE BOUCHÉE DE PAIN.
AVANT DE SE RETROUVER LÀ, IL AVAIT PASSÉ DES ANNÉES DANS LA LOGE DE L'ANCIEN CONCIERGE DE CETTE CITÉ.
LE PLUS CURIEUX DE L'HISTOIRE, C'EST QU'IL L'AVAIT TROUVÉ DANS UNE BENNE À ORDURES.
!
AMIN ! AMIN ! JE SUIS PRÊT. ON Y VA ?!
AMIN ! TU ES LÀ. TIENS ! AIDE-MOI À ME RELEVER.
31

C'EST QUI, CE GARS-LÀ ?
IL EST BIZARRE, HEIN ? IL EST HABILLÉ COMME DANS LES FILMS DE GANGSTERS. D'AILLEURS, C'EST ÇA QU'IL FAIT, COMME MÉTIER.
GANGSTER ?
NON ! COMME LE GENTIL, QUOI !
DÉTECTIVE !
C'EST ÇA ! DÉTECTIVE ! DIS ! T'ÉTAIS BON EN DIVISIONS, TOI ?
DE BONS PETITS GARS. ILS MÉRITENT LA PEINE QU'ON SE DONNE.
VOUS ÊTES INSTITUTRICE ?
JE L'AI ÉTÉ. JE SUIS EN RETRAITE MAINTENANT. ET JE NE SUIS PAS RICHE, SI TU VEUX TOUT SAVOIR.
POURQUOI DITES-VOUS ÇA ?
JE SUPPOSE QUE TU N'ES PAS VENU ICI POUR APPRENDRE LES DIVISIONS. ALORS, SI TU EN VENAIS AU FAIT ?
JE VOUDRAIS RENDRE CE TABLEAU À SON PROPRIÉTAIRE.
LOUABLE INTENTION. C'EST MOI, SON PROPRIÉTAIRE. COMBIEN ?
COMMENT ÇA, COMBIEN ?!
NE JOUE PAS AU PLUS FIN AVEC MOI, PETIT. JE SAIS TRÈS BIEN QUE TU N'AS JAMAIS TROUVÉ CE TABLEAU AUX PUCES. JE NE SAIS PAS COMMENT TU AS FAIT POUR LE VOLER, MAIS TU ES TRÈS FORT. JE NE M'ÉTAIS MÊME PAS APERÇUE DE SA DISPARITION. CHAPEAU !
ALORS, MAINTENANT, TU ME DIS COMBIEN TU EN VEUX. SI TES EXIGENCES SONT RAISONNABLES, JE TE DONNE LA SOMME ET TU DISPARAIS. ENTENDU COMME ÇA ?
!
32

QU'EST-CE QUE TU FAIS ?
VOUS LE VOYEZ ! JE M'EN VAIS !
MAIS !?
?
TU PARS SANS TON TABLEAU !
VOTRE TABLEAU ! MON INTENTION ÉTAIT DE LE RENDRE À SON PROPRIÉTAIRE. VOILÀ QUI EST FAIT !
ADIEU !
MAIS ALORS ! ÇA VOUDRAIT DIRE QUE... TU L'AS VRAIMENT TROUVÉ AUX PUCES, CE TABLEAU !
ATTENDS ! NE PARS PAS ! IL FAUT QU'ON DISCUTE. IL Y A QUELQUE CHOSE QUI CLOCHE DANS TOUTE CETTE HISTOIRE.
MOI, JE SAIS CE QUI NE VA PAS. C'EST QUE J'AI PAYÉ CE TABLEAU 449 F, ET IL N'Y A PAS DE RAISON QUE JE VOUS EN FASSE CADEAU.
VOUS ME DEVEZ DONC 449 F ET JE N'ACCEPTERAI AUCUN MARCHANDAGE !
TOI ALORS ! TU ES UN DRÔLE DE PISTOLET.
GINETTE ! TU PEUX NOUS APPORTER UNE BOUTEILLE DE CHABLIS ET DEUX VERRES ?!
33

BON ! ON VA TIRER CETTE HISTOIRE AU CLAIR.
EUH... VOUS N'AURIEZ PAS PLUTÔT UN JUS DE FRUIT OU DE L'EAU ?
JE CROIS ENTENDRE MON PETIT-FILS. L'EAU, C'EST BON POUR LES PLANTES. GOÛTE-MOI PLUTÔT ÇA ! TU M'EN DIRAS DES NOUVELLES.
BONSOIR ! RAPHAËLE DE SÉGUR À L'APPAREIL. MAÎTRE BERNARD EST LÀ ?... OUI. MERCI.
TU AS UNE IDÉE DE CE QUE PEUT VALOIR CE TABLEAU ?
OUI. BEAUCOUP PLUS QUE 499 F ET BEAUCOUP MOINS QU'UN VAN GOGH !
ALLÔ ! PAUL ? RAPHAËLE ! J'AI EN FACE DE MOI UN JEUNE HOMME QUI A FAIT L'ACQUISITION D'UNE TOILE D'ORCA AUX PUCES. OUI, OUI ! AUX PUCES ! POUR UNE BOUCHÉE DE PAIN. ET LE PLUS ÉTONNANT, C'EST QU'IL S'AGIT DU PORTRAIT D'ALEXANDRA.
OUI. DE MA FILLE. J'AI LE TABLEAU SOUS LES YEUX. IL N'Y A AUCUN DOUTE. ET LE PLUS INCROYABLE DANS L'HISTOIRE, C'EST QU'IL Y A DES ANNÉES DE ÇA, IL AURAIT ÉTÉ TROUVÉ DANS LA BENNE À ORDURES DE L'IMMEUBLE. BIZARRE, NON ?...
D'ACCORD ! À TOUT À L'HEURE.
MAÎTRE BERNARD EST COMMISSAIRE-PRISEUR. C'EST LUI QUI S'OCCUPE DE VENDRE QUELQUES-UNES DE MES TOILES QUAND J'AI BESOIN D'ARGENT.
COMMENT TU TROUVES MON PETIT CHABLIS ? IL EST BON, NON ?
TRÈS PEU ! TRÈS PEU !
34

ALORS, COMME ÇA, CE PORTRAIT, C'EST CELUI DE VOTRE FILLE ?
ELLE AVAIT QUINZE ANS QUAND ELLE A POSÉ POUR CE TABLEAU. ELLE EST MORTE PEU DE TEMPS APRÈS.
DÉSOLÉ !
ET SUR TON CALENDRIER, LÀ, C'EST UNE REPRODUCTION D'UN PORTRAIT DE MOI. IL A ÉTÉ PEINT À L'OCCASION DE MON MARIAGE.
J'AI BIEN CHANGÉ, NON !? JE DOIS BIEN AVOIR TRENTE ANS ET CINQUANTE KILOS DE MOINS, LÀ-DESSUS. À MOINS QUE CE NE SOIT L'INVERSE.
UNE CHANCE QUE VOTRE NOM SOIT MENTIONNÉ SOUS L'IMAGE. QUAND J'AI VU QUE VOTRE ADRESSE COLLAIT AVEC CELLE DU CONCIERGE QUI AVAIT TROUVÉ LE TABLEAU, J'AI SU QUE J'ÉTAIS SUR LA BONNE PISTE.
ALMANACH DES P.T.T
1963
1963
TU ES UN PETIT FUTÉ, TOI !
BAH ! C'EST LE B.A.-BA DU MÉTIER. TRÈS PEU, TRÈS PEU, MERCI.
EXCUSEZ MA CURIOSITÉ, MAIS VOUS SEMBLEZ AVOIR BIEN CONNU CE PEINTRE, POUR LUI AVOIR SERVI DE MODÈLE, VOUS ET VOTRE FILLE, À PLUSIEURS ANNÉES D'INTERVALLE.
J'AVAIS DE BONNES RAISONS DE CONNAÎTRE CETTE POURRITURE ...
?
35
C'ÉTAIT MON PÈRE.
!

AH NON, RAPHAËLE ! TU NE VAS PAS TE METTRE À FUMER AU MOMENT DE PASSER À TABLE !
MMH !... QU'EST-CE QUE TU NOUS AS MIJOTÉ QUI SENTE SI BON, GINETTE ?
UN COQ AU VIN, TOUT BÊTEMENT.
CE JEUNE HOMME... QUEL EST TON PETIT NOM, DÉJÀ ?
JÉRÔME.
JÉRÔME EST MON INVITÉ. IL Y EN AURA ASSEZ POUR DEUX ?
DEUX PERSONNES NORMALES, AVEC UN APPÉTIT NORMAL, OUI !
MAIS JE NE VOUDRAIS PAS ...
TU VERRAS, PETIT, GINETTE FAIT UN PEU RUSTIQUE COMME ÇA, MAIS C'EST UN VÉRITABLE CORDON BLEU. C'EST D'AILLEURS EN GRANDE PARTIE À CAUSE D'ELLE SI MA SILHOUETTE S'EST UN PEU ARRONDIE AU FIL DES ANS.
LE CHABLIS N'Y EST SANS DOUTE PAS POUR RIEN NON PLUS. À PROPOS, J'TRAIS BIEN AU RAVITAILLEMENT DEMAIN. LES RÉSERVES COMMENCENT À S'ÉPUISER. TU PEUX ME PRÊTER LA VOITURE ?
C'EST BASTIEN QUI L'A. ÇA ME FAIT PENSER QU'IL AVAIT PROMIS DE ME LA RENDRE CETTE SEMAINE.
TANT PIS ! JE ME DÉBROUILLERAI AUTREMENT.
TU AS LE TEMPS DE TRINQUER AVEC NOUS ?
NON, NON ! JE DOIS Y ALLER. J'AI ENCORE LE REPAS DE MON HOMME À PRÉPARER. À DEMAIN !
MON SOLEX !
TON QUOI ?
MON SOLEX ! JE L'AI LAISSÉ EN BAS, DEVANT L'ENTRÉE. IL FAUDRAIT PEUT-ÊTRE QUE J'AILLE METTRE LE GROS ANTIVOL, NON ?!
LE MIEUX SERAIT QUE TU LE MONTES SUR LE PALIER-LÀ, PERSONNE N'Y TOUCHERA.
TIENS ! AIDE-MOI À ME SORTIR DE LÀ. JE VAIS OUVRIR LES BOUTEILLES EN ATTENDANT.
36

TRÈS PEU ! TRÈS P... PEU !
TIENS ! PASSE LE FROMAGE QUI EST DERRIÈRE TOI.
P... PAS POUR MOI, MERCHIC ! LÀ, JE CROIS QUE... QUE J'AI A... ASSEZ MANGÉ.
UN PETIT DESSERT, ALORS. GINETTE EST LA REINE DE LA CHARLOTTE AU CHOCOLAT.
AH, ÇA ! ÇA NE SE REFUSE PAS. ELLE EST DANS LE FOUR ?
GRAND-MÈRE !
GRAND-MÈRE.
?
OH ! JE VOIS QUE JE DÉRANGE, TU AS DE LA VISITE. JE ME PRÉSENTE : BASTIEN DE SÉGUR, PETIT-FILS DE MA GRAND-MÈRE. PEUT-ÊTRE VOUS A-T-ELLE DÉJÀ PARLÉ DE MOI ?
JÉ... JÉRÔME K. JÉRÔME BLOCHE !
NE ME DIS PAS QUE TU VIENS DÎNER !
MOI ! MANGER DU CADAVRE ? QUELLE HORREUR ! L'ÊTRE SUPRÊME ME PRÉSERVE DE CÉDER À CES RITES BARBARES.
EUH... LES TOILETTES, S'IL VOUS PLAÎT !
VOUS TROUVEREZ ÇA QUELQUE PART AU FOND DU COULOIR.
DANS CE CAS, QUE ME VAUT LE PLAISIR DE TA VISITE ?
JE DEVINE COMME DE L'IRONIE DANS TA VOIX. QU'Y A-T-IL DE SI EXTRAORDINAIRE À CE QU'UN PETIT-FILS VIENNE PRÉSENTER SES HOMMAGES À SA GRAND-MÈRE ADORÉE ?
37

JE SUPPOSE QUE TU VAS EN PROFITER POUR ME RENDRE MA VOITURE.
PAS TOUT DE SUITE SI TU LE VEUX BIEN. J'AI ENCORE QUELQUES CAISSES DE LIVRES À EMPORTER.
TU PEUX Y ALLER. TA CHAMBRE EST TOUJOURS À LA MÊME PLACE. PROFITE DE CE QUE TU AS ENCORE LA TWINGO POUR EMMENER LE RESTE DE TES AFFAIRES, PARCE QU'APRÈS, JE LA RÉCUPÈRE.
GRAND-MÈRE! COMMENT PEUX-TU ÊTRE ENCORE AUSSI ATTACHÉE AUX OBJETS À TON ÂGE? N'AS-TU JAMAIS RESSENTI LE BESOIN DE TE DÉGAGER DE TOUTES CES CONTINGENCES MATÉRIELLES? DE HISSER TON ESPRIT VERS DES NIVEAUX D'ÉNERGIE PLUS SUBTILS?
AU CAS OÙ TU NE L'AURAIS PAS REMARQUÉ, JE N'AI PAS FINI MON REPAS. ALORS, S'IL TE PLAÎT, ÉPARGNE-MOI TES GRANDS DISCOURS!
GRAND-MÈRE! JE NE PEUX PAS CROIRE QUE TA CONCEPTION DE L'EXISTENCE SE LIMITE AU GROS ROUGE ET À LA VIANDE EN SAUCE.
BON! PUISQUE TU N'AS PAS L'AIR DÉCIDÉ D'EN VENIR AU FAIT, JE VAIS T'AIDER: LA RÉPONSE À LA QUESTION QUE TU NE MANQUERAS PAS DE ME POSER EST **NON**!
JE VAIS ÊTRE PLUS PRÉCISE, PUISQUE TU NE SEMBLES PAS AVOIR COMPRIS LA DERNIÈRE FOIS. MOI VIVANTE, TU N'AURAS PAS UN SOU POUR ALLER ENGRAISSER TA SECTE D'ILLUMINÉS.
C'EST ÇA! C'EST TELLEMENT PLUS GRATIFIANT DE S'OCCUPER DE L'HUMANITÉ SOUFFRANTE, TELLEMENT PLUS CHRÉTIEN!
TU ME DÉÇOIS, GRAND-MÈRE. TU ME DÉÇOIS BEAUCOUP. JE PENSAIS QUE TU AURAIS À CŒUR DE FAVORISER LE DÉVELOPPEMENT SPIRITUEL DE TON PETIT-FILS.
AU LIEU DE ÇA, TU DILAPIDES MON HÉRITAGE POUR TES BONNES ŒUVRES MÉDIOCRES, TOUT ÇA POUR GAGNER TA PETITE PLACE AU PARADIS.
DE TOUTE FAÇON, CET ARGENT ME REVIENDRA TÔT OU TARD, TU LE SAIS BIEN.
TU OUBLIES TES LIVRES!
UNE AUTRE FOIS!
VLAM
38

JE... JE VAIS PEUT-ÊTRE VOUS LAISSER, MADAME DE SEGUR.
APPELLE-MOI RAPHAËLE ET VIENS T'ASSEOIR ! CE N'EST PAS CE PETIT MERDEUX QUI VA NOUS COUPER L'APPÉTIT. TIENS ! APPORTE LE CHAMPAGNE QUI EST DANS LE FRIGO !
DÉLICIEUX, LE GÂTEAU.
TRÈS PEU, TRÈS PEU, MERCI.
TU AS ENCORE TES PARENTS, JÉRÔME ?
NON ! JE N'AI JAMAIS CONNU MON PÈRE, ET MAMAN EST MORTE QUAND J'ÉTAIS TOUT BÉBÉ.
ÉTRANGE.
QU'EST-CE QUI EST ÉTRANGE, MADAME, EUH... RAPHAËLE ?
CETTE SIMLI... SILIMI... SI-MILITUDE ENTRE VOUS.
BASTIEN NON PLUS N'A JAMAIS SU QUI ÉTAIT SON PÈRE. QUANT À SA MÈRE, ELLE S'EST SUICIDÉE PEU APRÈS SA NAISSANCE.
AVEC CETTE DIFFÉRENCE QUE TOI, TU N'ES PAS DEVENU UN PETIT MERDEUX. IL FAUT CROIRE QUE JE L'AI MAL ÉLEVÉ.
NE DITES PAS ÇA, MADA... EUH... RAPHAËLE ! J'AI MES PETITS DÉFAUTS, MOI AUSSI.
OUI ! MAIS QUELQUE CHOSE ME DIT QUE MÊME TES DÉFAUTS DOIVENT ÊTRE SYMPATHIQUES.
39

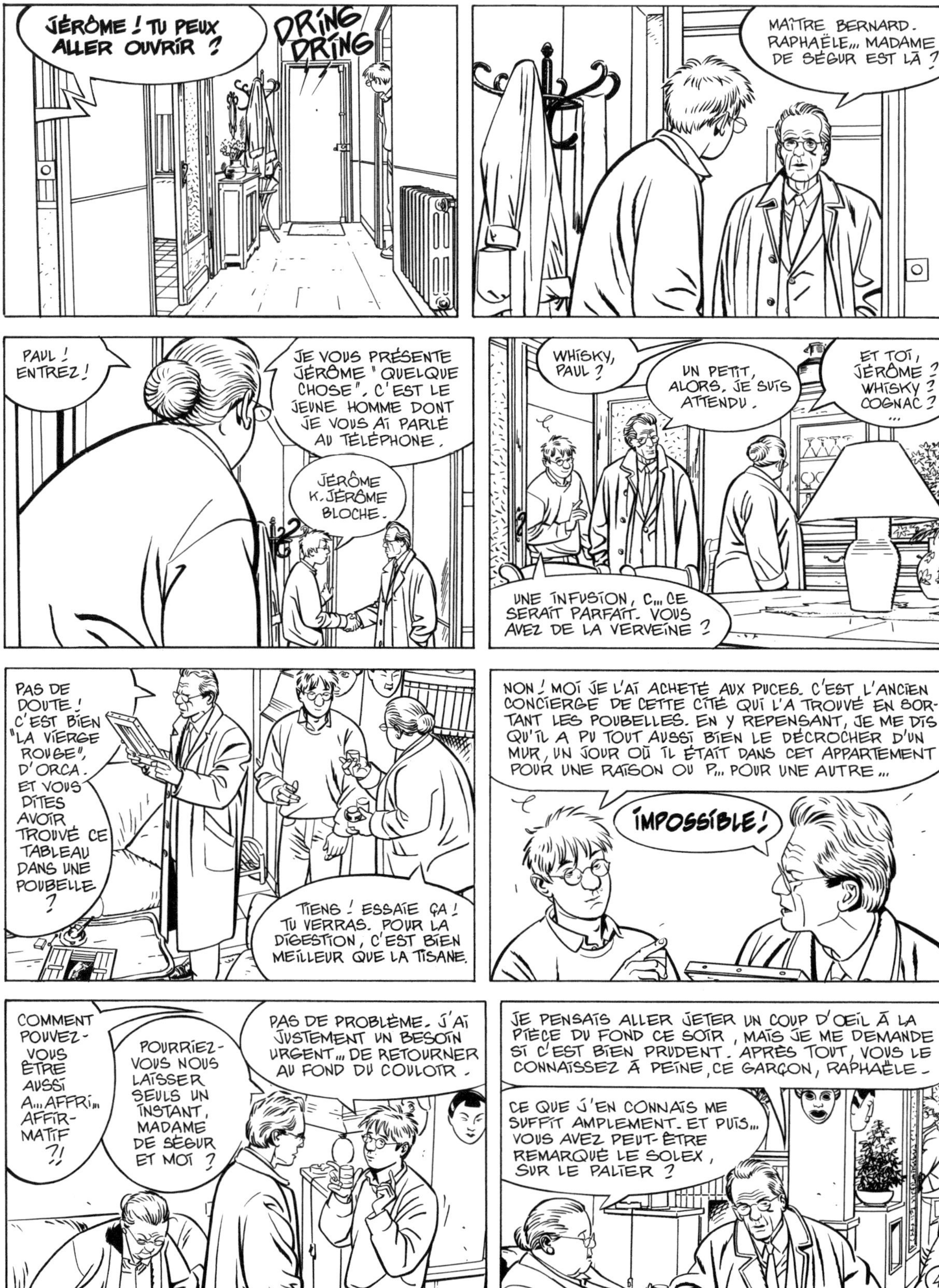
JÉRÔME ! TU PEUX ALLER OUVRIR ?
DRING DRING
MAÎTRE BERNARD. RAPHAËLE... MADAME DE SÉGUR EST LÀ ?
PAUL ! ENTREZ !
JE VOUS PRÉSENTE JÉRÔME "QUELQUE CHOSE". C'EST LE JEUNE HOMME DONT JE VOUS AI PARLÉ AU TÉLÉPHONE.
JÉRÔME K. JÉRÔME BLOCHE.
WHISKY, PAUL ?
UN PETIT, ALORS. JE SUIS ATTENDU.
ET TOI, JÉRÔME ? WHISKY ? COGNAC ? ...
UNE INFUSION, C... CE SERAIT PARFAIT. VOUS AVEZ DE LA VERVEINE ?
PAS DE DOUTE ! C'EST BIEN "LA VIERGE ROUGE", D'ORCA. ET VOUS DITES AVOIR TROUVÉ CE TABLEAU DANS UNE POUBELLE ?
TIENS ! ESSAIE ÇA ! TU VERRAS. POUR LA DIGESTION, C'EST BIEN MEILLEUR QUE LA TISANE.
NON ! MOI JE L'AI ACHETÉ AUX PUCES. C'EST L'ANCIEN CONCIERGE DE CETTE CITÉ QUI L'A TROUVÉ EN SORTANT LES POUBELLES. EN Y REPENSANT, JE ME DIS QU'IL A PU TOUT AUSSI BIEN LE DÉCROCHER D'UN MUR, UN JOUR OÙ IL ÉTAIT DANS CET APPARTEMENT POUR UNE RAISON OU P... POUR UNE AUTRE...
IMPOSSIBLE !
COMMENT POUVEZ-VOUS ÊTRE AUSSI A... AFFRI... AFFIRMATIF ?!
POURRIEZ-VOUS NOUS LAISSER SEULS UN INSTANT, MADAME DE SÉGUR ET MOI ?
PAS DE PROBLÈME. J'AI JUSTEMENT UN BESOIN URGENT... DE RETOURNER AU FOND DU COULOIR.
JE PENSAIS ALLER JETER UN COUP D'OEIL À LA PIÈCE DU FOND CE SOIR, MAIS JE ME DEMANDE SI C'EST BIEN PRUDENT. APRÈS TOUT, VOUS LE CONNAISSEZ À PEINE, CE GARÇON, RAPHAËLE.
CE QUE J'EN CONNAIS ME SUFFIT AMPLEMENT. ET PUIS... VOUS AVEZ PEUT-ÊTRE REMARQUÉ LE SOLEX, SUR LE PALIER ?
40

LE SOLEX ?
C'EST LE SIEN. JE ME DIS QUE QUELQU'UN QUI SE DÉPLACE SUR UN ENGIN PAREIL NE PEUT ÊTRE ENTIÈREMENT MAUVAIS. TENEZ ! VOICI MA CLÉ.
PSCHHHH
LA PIÈCE DU FOND, JE PRÉSUME.
EXACT ! ET COMME VOUS POUVEZ LE VOIR, IL FAUT DEUX CLÉS POUR DÉVERROUILLER LE SYSTÈME DE FERMETURE. RAPHAËLE A L'UNE DES CLÉS, MOI, L'AUTRE.
INUTILE DE PRÉCISER QUE SI LA PORTE AVAIT ÉTÉ FORCÉE, JE M'EN SERAIS APERÇU.
LA "VIERGE ROUGE" AURAIT DÛ SE TROUVER PARMI LES TOILES DU FOND. CE SONT CELLES QUE RAPHAËLE NE SOUHAITE PAS VOIR MISES EN VENTE DANS L'IMMÉDIAT.
ET VOUS... VOUS N'AURIEZ PAS PU LA METTRE EN VENTE PAR MÉGARDE ?
HUM ! P... PARDON !
MAIS PEUT-ÊTRE QU'À UN MOMENT OU À UN AUTRE, LA COMTESSE A EU ENVIE DE L'ACCROCHER AU MUR DE SA CHAMBRE, OU AILLEURS. C'EST FACILE À VOLER, UN TABLEAU ACCROCHÉ À UN MUR. UN MOMENT D'HIC !... D'INATTENTION, ET HOP !
IMPENSABLE ! IL N'Y A JAMAIS EU UNE SEULE TOILE D'ORCA ACCROCHÉE AUX MURS DE CET APPARTEMENT, ET IL N'Y EN AURA JAMAIS !
MAIS POURQUOI ?
DEMANDEZ-LUI !
CLIC
41

DÉSOLÉ, RAPHAËLE ! JE NE VOIS AUCUNE EXPLICATION À CE MYSTÈRE,
IL Y EN A CERTAINEMENT UNE, MAIS CE N'EST PAS CE SOIR QU'ON LA TROUVERA. BONSOIR, PAUL !
ÇA FAISAIT DES ANNÉES QUE JE NE L'AVAIS PAS SORTI.
HEIN ?
TROP DE SOUVENIRS DOULOUREUX !
IL ÉTAIT SUR LA TABLE. J... JE ME SUIS PERMIS DE...
NE T'EXCUSE PAS. DIS-MOI PLUTÔT COMMENT JE POURRAIS M'ACQUITTER DE MA DETTE ENVERS TOI, ET NE ME PARLE PAS DES TROIS FRANCS SIX SOUS QUE T'A COÛTÉ LE TABLEAU.
J'AI BIEN UNE PETITE IDÉE,
ENGAGEZ-MOI !
?
J... JE SUIS DÉTECTIVE PRIVÉ. ENGAGEZ-MOI POUR ENQUÊTER SUR CE TABLEAU. JE DEVRAIS POUVOIR RÉSOUDRE CETTE ÉNIGME. MAIS JE V... VOUS PRÉVIENS, JE SUIS CHER !
AFFAIRE CONCLUE !
TIENS ! TOI QUI AS ENCORE TES JAMBES DE VINGT ANS, VA DONC NOUS CHERCHER L'AUTRE ALBUM PHOTO QU'IL Y A DANS LE SECRÉTAIRE, LÀ-BAS, DANS LE FOND DE LA PIÈCE.
42

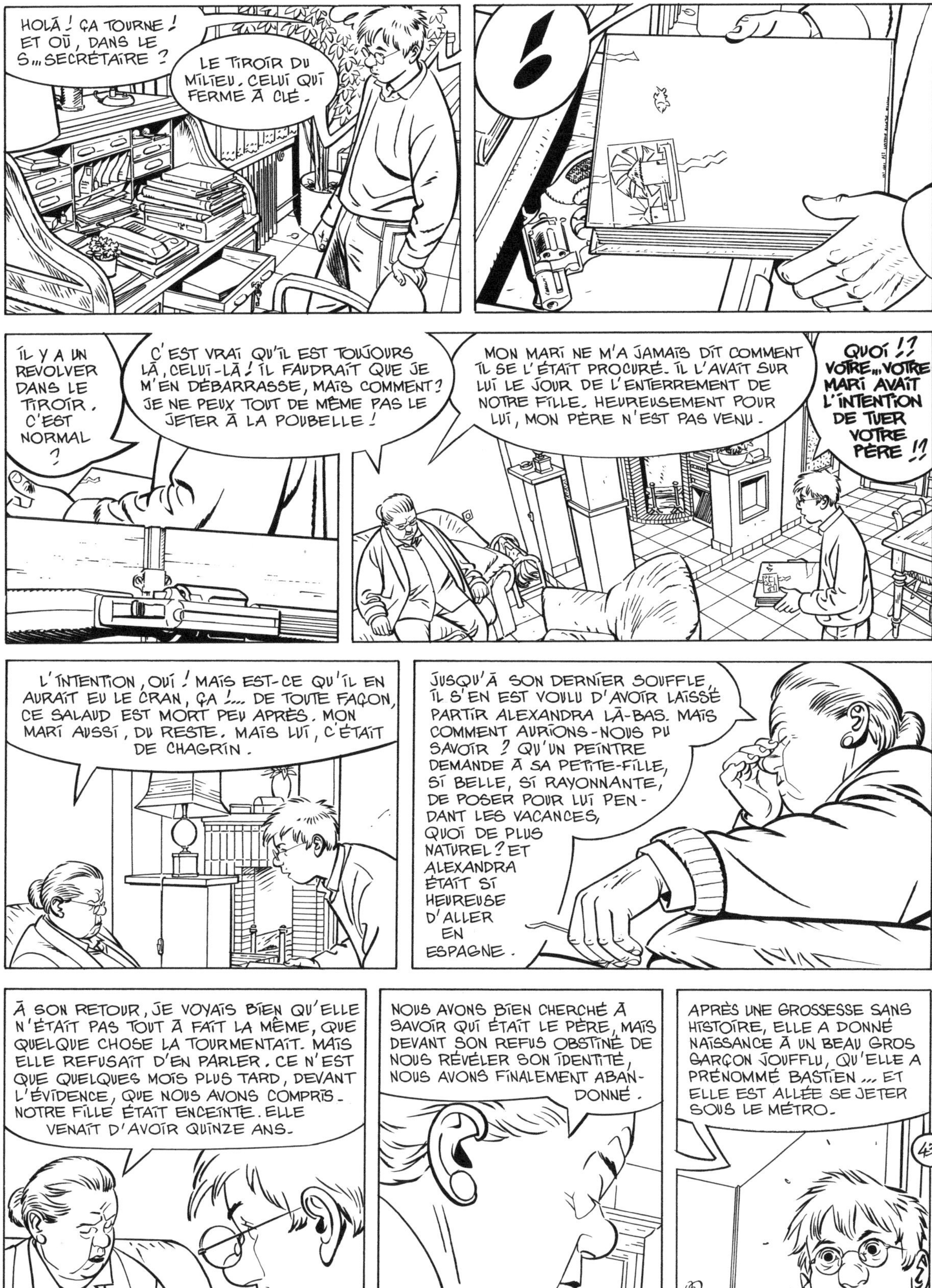
HOLÀ ! ÇA TOURNE ! ET OÙ, DANS LE S... SECRÉTAIRE ?
LE TIROIR DU MILIEU. CELUI QUI FERME À CLÉ.
!
IL Y A UN REVOLVER DANS LE TIROIR. C'EST NORMAL ?
C'EST VRAI QU'IL EST TOUJOURS LÀ, CELUI-LÀ ! IL FAUDRAIT QUE JE M'EN DÉBARRASSE, MAIS COMMENT ? JE NE PEUX TOUT DE MÊME PAS LE JETER À LA POUBELLE !
MON MARI NE M'A JAMAIS DIT COMMENT IL SE L'ÉTAIT PROCURÉ. IL L'AVAIT SUR LUI LE JOUR DE L'ENTERREMENT DE NOTRE FILLE. HEUREUSEMENT POUR LUI, MON PÈRE N'EST PAS VENU.
QUOI !? VOTRE... VOTRE MARI AVAIT L'INTENTION DE TUER VOTRE PÈRE !?
L'INTENTION, OUI ! MAIS EST-CE QU'IL EN AURAIT EU LE CRAN, ÇA !... DE TOUTE FAÇON, CE SALAUD EST MORT PEU APRÈS. MON MARI AUSSI, DU RESTE. MAIS LUI, C'ÉTAIT DE CHAGRIN.
JUSQU'À SON DERNIER SOUFFLE, IL S'EN EST VOULU D'AVOIR LAISSÉ PARTIR ALEXANDRA LÀ-BAS. MAIS COMMENT AURIONS-NOUS PU SAVOIR ? QU'UN PEINTRE DEMANDE À SA PETITE-FILLE, SI BELLE, SI RAYONNANTE, DE POSER POUR LUI PENDANT LES VACANCES, QUOI DE PLUS NATUREL ? ET ALEXANDRA ÉTAIT SI HEUREUSE D'ALLER EN ESPAGNE.
À SON RETOUR, JE VOYAIS BIEN QU'ELLE N'ÉTAIT PAS TOUT À FAIT LA MÊME, QUE QUELQUE CHOSE LA TOURMENTAIT. MAIS ELLE REFUSAIT D'EN PARLER. CE N'EST QUE QUELQUES MOIS PLUS TARD, DEVANT L'ÉVIDENCE, QUE NOUS AVONS COMPRIS. NOTRE FILLE ÉTAIT ENCEINTE. ELLE VENAIT D'AVOIR QUINZE ANS.
NOUS AVONS BIEN CHERCHÉ À SAVOIR QUI ÉTAIT LE PÈRE, MAIS DEVANT SON REFUS OBSTINÉ DE NOUS RÉVÉLER SON IDENTITÉ, NOUS AVONS FINALEMENT ABANDONNÉ.
APRÈS UNE GROSSESSE SANS HISTOIRE, ELLE A DONNÉ NAISSANCE À UN BEAU GROS GARÇON JOUFFLU, QU'ELLE A PRÉNOMMÉ BASTIEN... ET ELLE EST ALLÉE SE JETER SOUS LE MÉTRO.
43

RRR
ZZZ
QUELLE HISTOIRE !
?
Papa, Maman
Papa, Maman chéris,
Pardon pour le chagrin que je vais vous causer, mais c'est pour moi la seule issue.
Vivre m'est devenu une torture.
Il faut que je me soulage un peu de ce secret qui pèse si lourd :
Grand-père est le père de Bastien.
Pardon de ne pas avoir eu le courage de vous faire un tel aveu en face.
Je me sens si sale.
Je devrais haïr grand-père pour ce qu'il a fait, mais je n'éprouve que du dégoût.
Dégoût du monde, Dégoût de la vie.
Adieu.
Alexandre
Surtout, ne dites rien à mon petit garçon.
MAINTENANT, JE COMPRENDS POURQUOI IL N'Y A AUCUN TABLEAU D'ORCA SUR LES MURS.
44

B... BON ! IL EST TARD, F... FAUT QUE J'Y AILLE !
OUPS!
CRAC
HOLÀ ! IL SERAIT P... PEUT-ÊTRE PLUS PRUDENT QUE JE FASSE UN PETHIC !... PETIT SOMME, MOI AUSSI ...
AVANT DE REP... REPRENDRE LA ROUTE ...
ZZZZ
MONSIEUR BLOCHE !
HEIN ? QUOI ?
OÙ SUIS-JE ?
DANS L'ARMOIRE DE VOTRE CONCIERGE. VOUS VOUS ÊTES ASSOUPI.
LE FACTEUR EST PARTI ?
EUH... JUSTEMENT ! À PROPOS DU FACTEUR ... JE VOULAIS VOUS DIRE QUE... RENÉ ET MOI ...
IL EST RESTÉ LONGTEMPS ? MMMHH ! J'AI L'IMPRESSION D'AVOIR DORMI PENDANT DES HEURES.
TANT MIEUX ! EUH... JE VEUX DIRE : VOUS AVIEZ BESOIN DE SOMMEIL.
45

DONC, VOUS AVEZ ÉTÉ RÉVEILLÉ PAR DES COUPS FRAPPÉS À LA PORTE. ET QUAND VOUS AVEZ RÉALISÉ QUE C'ÉTAIT LA POLICE, VOUS N'AVEZ RIEN TROUVÉ DE MIEUX QUE DE VOUS SAUVER PAR LA FENÊTRE !
EN ME RETROUVANT LÀ, UN REVOLVER À LA MAIN, DEVANT LA COMTESSE COUVERTE DE SANG, J'AI PANIQUÉ. FAUT DIRE QUE JE N'ÉTAIS PAS DANS MON ÉTAT NORMAL.
FAUT DIRE QUE VOUS TENIEZ UNE SACRÉE GUEULE DE BOIS, OUI !
AH ! C'EST DONC ÇA, UNE GUEULE DE BOIS !
DRING
?!
OUI ? QU'EST-CE QUE C'EST ?
LIEUTENANT LAGARDIN. JE VOUDRAIS VOUS DEMANDER UNE FAVEUR, Mme LA CONCIERGE.
UN INSTANT !
JE SUIS CHARGÉ DE SURVEILLER L'ENTRÉE DE L'IMMEUBLE, ET COMME VOUS POUVEZ LE CONSTATER, IL S'EST MIS À PLEUVOIR DES CORDES. ALORS, JE ME SUIS DEMANDÉ SI, EN ATTENDANT L'ARRIVÉE DU SOUS-MARIN, VOUS NE...
UN SOUS-MARIN ! BIGRE ! IL PLEUT TANT QUE ÇA !?
AH ! NON ! LE SOUS-MARIN, C'EST LE NOM QU'ON DONNE AU VÉHICULE BANALISÉ QUI NOUS SERT POUR LES SURVEILLANCES DISCRÈTES.
ENTREZ !
EXCUSEZ LE DÉSORDRE. J'ÉTAIS EN TRAIN DE PRENDRE MON PETIT DÉJEUNER. MAIS ASSEYEZ-VOUS ! VOUS PRENDREZ BIEN UNE TASSE DE CAFÉ ?
C'EST PAS DE REFUS.
?
JÉRÔME K. JÉRÔME BLOCHE. 35 RUE FRANCOEUR. 75 018 PARIS.
?
C'EST CE QUE JE LIS À L'INTÉRIEUR DE CE CHAPEAU SUR LEQUEL JE ME SUIS ASSIS. CE N'EST PAS LE NOM DE NOTRE SUSPECT, ÇA, Mme LA CONCIERGE ?
AÏE ! AÏE ! AÏE !
FIN DE LA PREMIÈRE PARTIE.
DODIER

LA LETTRE

TRULULU TRULULU
OUAH OUAH
C'EST VOUS, Mme ROSE ? COMMENT !? QUE JE GARDE LA LOGE QUELQUES HEURES ... ?
MAIS BIEN ENTENDU. LE TEMPS DE PASSER UNE ROBE ET J'ARRIVE.
CURIEUX. CE N'EST PAS LE GENRE DE NOTRE CONCIERGE DE S'ABSENTER COMME ÇA.
KIKI ! NE COURS PAS DANS LES ESCALIERS, TU VAS TOMBER.
KIKI ! VIENS ICI !
DRIING
?
AH ! Mme ZELDA. JE FINIS DE TRIER LE COURRIER. VOUS N'AUREZ PLUS QU'À LE GLISSER SOUS LES PORTES. IL FAUDRA AUSSI SORTIR LES POUBELLES CE SOIR, À MOINS QUE JE NE SOIS DE RETOUR D'ICI LÀ.
HUM ! NE VOUS AVANCEZ PAS TROP, Mme LA CONCIERGE.
CONNAISSEZ-VOUS CE CHAPEAU, Mme ZELDA ?
C'EST LE CHAPEAU DE JÉRÔME. OÙ L'AVEZ-VOUS TROUVÉ ?

ICI ! ET C'EST BIEN ÇA LE PROBLÈME ! LES EXPLICATIONS DE MADAME LA CONCIERGE SUR LA PRÉSENCE DE CE CHAPEAU DANS SA LOGE NE NOUS ONT PAS ENTIÈREMENT CONVAINCUS.
ALORS, LIEUTENANT ! QU'EST-CE QUE ÇA DONNE, CETTE FOUILLE ?
LA FENÊTRE DES TOILETTES ÉTAIT OUVERTE. IL A PU SE SAUVER PAR LÀ. SINON ICI, DANS CETTE LOGE, JE NE VOIS PAS OÙ IL POURRAIT SE CACHER.
GRR GRR
VOUS AVEZ REGARDÉ DANS L'ARMOIRE ?
POURQUOI PAS SOUS LE LIT PENDANT QUE VOUS Y ÊTES ?
KIKI !
KIKI ! REVIENS ICI !
AÏE !
IL M'A MORDU ! CE SALE CLÉBARD M'A MORDU.
KIKI ! C'EST TRÈS VILAIN, CE QUE TU VIENS DE FAIRE. IL NE FAUT PAS MORDRE LES GENS.
JE PEUX PRENDRE MON MANTEAU ? IL EST DANS L'ARMOIRE, JUSTEMENT.
ALLEZ-Y !
TU TE CALMES, OUI !? TU VAS FAIRE TES EXCUSES AU MONSIEUR.
AH ! IL NE M'A PAS RATÉ, LE PETIT SALOPARD !
GRR GRR
JE NE SAIS PLUS OÙ J'EN SUIS, DE MES VACCINS, MAIS LÀ, JE SUIS BON POUR LA PIQÛRE DE RAPPEL.
NON MAIS DITES DONC ! IL EST PROPRE, MON CHIEN.
MESSIEURS ...
JE SUIS PRÊTE À VOUS SUIVRE.
2

POLICE
MON DIEU ! QUELLE HISTOIRE ! QUELLE HISTOIRE !
?
CROUiiiiii
OUAH OUAH !
iiiiiiiH
ILS SONT PARTIS ?
JÉRÔME, QU'EST-CE QUE TU FAIS LÀ ?
TU M'AS FAIT UNE DE CES PEURS.
CHUT !
MÉFIEZ-VOUS DU CAFÉ DE Mme ROSE, Mme ZELDA ! IL DONNE DES PALPITATIONS.
?
DANS MON ARMOIRE, MON COEUR BATTAIT SI FORT QUE J'AVAIS L'IMPRESSION QUE TOUT LE MONDE DANS CETTE PIÈCE POUVAIT L'ENTENDRE.
AH ! TU ÉTAIS DANS L'ARMOIRE ?!

POLICE ZONE INTERDITE
?
JÉRÔME ! IL LUI EST ARRIVÉ QUELQUE CHOSE. !
Mme ZELDA ME DIRA CE QUI SE PASSE.
Mme ZELDA ! Mme ZELDA ! OUVREZ ! C'EST MOI, BABETTE !
DRIIING
Mme ROSE ! VOUS ÊTES LÀ ?
!
Mme ZELDA ! QU'EST-CE QUI S'EST PASSÉ LÀ-HAUT ? C'EST QUOI CETTE BANDEROLE "POLICE" SUR LA PORTE DE JÉRÔME ?
PFF ! PFF ! MA PAUVRE BABETTE ! PFF ! PFF ! JÉRÔME AVAIT RAISON. LE CAFÉ DE Mme ROSE EST TROP FORT. JE... JE SUIS TOUT ESSOUFFLÉE.
QU'EST-CE QUI S'EST PASSÉ ? OÙ EST-IL ?
IL EST ALLÉ SE... SE CONSTITUER PRISONNIER CE MATIN.
SE QUOI ?
4

JE VAIS TE DIRE, TON HISTOIRE DE TABLEAU ACHETÉ AUX PUCES DE SAINT-OUEN, C'EST DU PIPEAU.
75N-3051 C
EN FAIT, TU L'AS VOLÉ À SA PROPRIÉTAIRE. QUAND ET COMMENT, À TOI DE ME LE DIRE. MAIS COMME TU ES UN ESCROC DE PETITE ENVERGURE, TU T'APERÇOIS VITE QUE REVENDRE UN TEL TABLEAU N'EST PAS DANS TES CORDES. ALORS, TU LE RAMÈNES À LA COMTESSE EN INVENTANT CETTE HISTOIRE DE MARCHÉ AUX PUCES, ET TU RÉCLAMES UNE RÉCOMPENSE.
MAIS VOILÀ, LA COMTESSE N'EST PAS DUPE. ELLE DEVINE À QUI ELLE A AFFAIRE. ELLE MENACE DE TE DÉNONCER SI TU NE LUI RENDS PAS SON BIEN ET TE CHASSE. ALORS, DE RAGE, TU EMPOIGNES TON REVOLVER ET TU TIRES.
CE N'EST PAS MON REVOLVER. C'EST CELUI DE LA COMTESSE. ELLE LE GARDAIT DANS LE TIROIR DE SON SECRÉTAIRE, CELUI QUI FERME À CLEF.
PEU IMPORTE! TOUJOURS EST-IL QUE LE COUP DE FEU A ÉTÉ ENTENDU PAR UN TÉMOIN ET TU N'AS EU QUE LE TEMPS DE T'ÉCHAPPER PAR LA FENÊTRE QUAND NOUS SOMMES ARRIVÉS!
UN TÉMOIN! ET QUI EST CE TÉMOIN?
IL NOUS A PRÉVENUS PAR TÉLÉPHONE. IL N'A PAS LAISSÉ SON NOM.
UN TÉMOIN ANONYME, ÉVIDEMMENT!
QUE VEUX-TU DIRE?
QUE CE TÉMOIN ÉTAIT PEUT-ÊTRE TRÈS BIEN PLACÉ POUR ENTENDRE CE COUP DE FEU.
COMMENT ÇA?
JE N'AI PAS TIRÉ SUR LA COMTESSE. C'EST IMPOSSIBLE! OR, SI CE N'EST PAS MOI, IL FAUT BIEN QUE CE SOIT QUELQU'UN D'AUTRE.
ET CE QUELQU'UN D'AUTRE, COMME PAR HASARD, A LAISSÉ TES EMPREINTES SUR LE REVOLVER. AH! ON PEUT DIRE QUE TU NE MANQUES PAS D'AIR, TOI!... TU VEUX UN CAFÉ?
EUH... VOUS AVEZ DU DÉCA?
POSTE DE POLICE
5

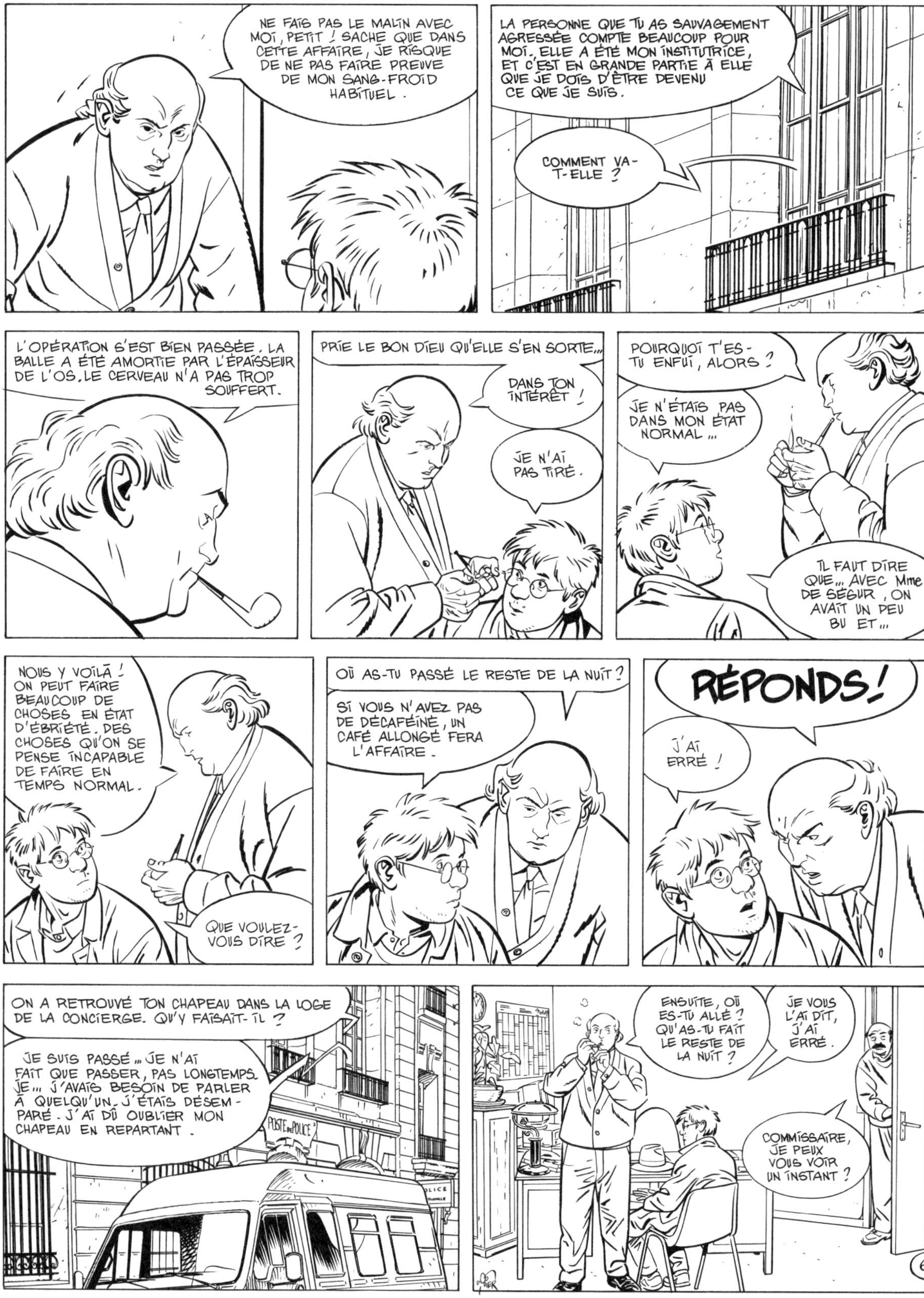
NE FAIS PAS LE MALIN AVEC MOI, PETIT ! SACHE QUE DANS CETTE AFFAIRE, JE RISQUE DE NE PAS FAIRE PREUVE DE MON SANG-FROID HABITUEL.
LA PERSONNE QUE TU AS SAUVAGEMENT AGRESSÉE COMPTE BEAUCOUP POUR MOI. ELLE A ÉTÉ MON INSTITUTRICE, ET C'EST EN GRANDE PARTIE À ELLE QUE JE DOIS D'ÊTRE DEVENU CE QUE JE SUIS.
COMMENT VA-T-ELLE ?
L'OPÉRATION S'EST BIEN PASSÉE. LA BALLE A ÉTÉ AMORTIE PAR L'ÉPAISSEUR DE L'OS. LE CERVEAU N'A PAS TROP SOUFFERT.
PRIE LE BON DIEU QU'ELLE S'EN SORTE...
DANS TON INTÉRÊT !
JE N'AI PAS TIRÉ.
POURQUOI T'ES-TU ENFUI, ALORS ?
JE N'ÉTAIS PAS DANS MON ÉTAT NORMAL...
IL FAUT DIRE QUE... AVEC Mme DE SÉGUR, ON AVAIT UN PEU BU ET...
NOUS Y VOILÀ ! ON PEUT FAIRE BEAUCOUP DE CHOSES EN ÉTAT D'ÉBRIÉTÉ. DES CHOSES QU'ON SE PENSE INCAPABLE DE FAIRE EN TEMPS NORMAL.
QUE VOULEZ-VOUS DIRE ?
OÙ AS-TU PASSÉ LE RESTE DE LA NUIT ?
SI VOUS N'AVEZ PAS DE DÉCAFÉINÉ, UN CAFÉ ALLONGÉ FERA L'AFFAIRE.
RÉPONDS !
J'AI ERRÉ !
ON A RETROUVÉ TON CHAPEAU DANS LA LOGE DE LA CONCIERGE. QU'Y FAISAIT-IL ?
JE SUIS PASSÉ... JE N'AI FAIT QUE PASSER, PAS LONGTEMPS. JE... J'AVAIS BESOIN DE PARLER À QUELQU'UN. J'ÉTAIS DÉSEMPARÉ. J'AI DÛ OUBLIER MON CHAPEAU EN REPARTANT.
POSTE DE POLICE
ENSUITE, OÙ ES-TU ALLÉ ? QU'AS-TU FAIT LE RESTE DE LA NUIT ?
JE VOUS L'AI DIT, J'AI ERRÉ.
COMMISSAIRE, JE PEUX VOUS VOIR UN INSTANT ?
6

BASTIEN DE SÉGUR, LE PETIT-FILS DE LA VICTIME. IL DEMANDE À VOUS VOIR.
ET DU CÔTÉ DE LA CONCIERGE, QUOI DE NEUF ?
ELLE N'A PAS BOUGÉ DE SA CHAISE DEPUIS CE MATIN. ELLE EST ASSISE LÀ, TOUTE DROITE, SANS BOIRE NI MANGER. POUR CE QUI EST DE SA DÉCLARATION, ELLE N'EN DÉMORD PAS. BLOCHE EST VENU FRAPPER À LA PORTE DE SA LOGE EN PLEINE NUIT. IL N'EST RESTÉ QUE QUELQUES MINUTES, TENANT DES PROPOS INCOHÉRENTS, PUIS IL EST REPARTI, EN OUBLIANT SON CHAPEAU.
BIEN ! JE VOUS LAISSE AVEC BLOCHE. N'AYEZ PAS PEUR DE LE BOUSCULER UN PEU.
DÉSOLÉ DE CE QUI EST ARRIVÉ À VOTRE GRAND-MÈRE, BASTIEN.
COMMENT VA-T-ELLE ?
AUSSI BIEN QUE POSSIBLE. ELLE EST TOUJOURS EN SOINS INTENSIFS, MAIS SON ÉTAT EST STATIONNAIRE. IL N'Y A RIEN D'AUTRE À FAIRE QUE D'ATTENDRE ET D'ESPÉRER.
JE PRIERAI DE TOUTES MES FORCES POUR QU'ELLE S'EN SORTE. QUI A COMMIS CET ACTE HORRIBLE ?
VOICI NOTRE SUSPECT.
LUI ! JE NE SUIS PAS ÉTONNÉ. JE N'AI FAIT QUE L'ENTREVOIR, MAIS ÇA M'A SUFFI POUR ME FAIRE UNE OPINION. JE L'AI TOUT DE SUITE TROUVÉ LOUCHE.
VOUS VOUS ÊTES DÉJÀ RENCONTRÉS ?
HIER SOIR, CHEZ GRAND-MÈRE. J'ÉTAIS PASSÉ SUR LE COUP DE VINGT ET UNE HEURES POUR L'EMBRASSER. IL ÉTAIT LÀ. POURQUOI A-T-IL FAIT ÇA ?
BAH ! SANS DOUTE POUR LE MOBILE LE PLUS BANAL QUI SOIT : L'ARGENT.
PUISSE L'ÊTRE SUPRÊME LUI PARDONNER !
HUM ! C'EST ÇA !
POLICE NATIONALE
ENTRÉE DU COMMISSARIAT
7

TIENS, TIENS ! LA PETITE AMIE DE NOTRE SUSPECT.
?
ON SE CONNAÎT ?
JE VOUS AI VUE EN PHOTO, SUR LE BUREAU DE VOTRE FIANCÉ. QUE ME VAUT LE PLAISIR ?...
JE VEUX LE VOIR.
DÉSOLÉ ! PAS DE VISITE PENDANT LA GARDE À VUE. MAIS, PUISQUE VOUS ÊTES LÀ, JE VAIS EN PROFITER POUR VOUS POSER UNE OU DEUX PETITES QUESTIONS. SI VOUS VOULEZ BIEN ME SUIVRE...
Mme ROSE !
VOUS ALLEZ BIEN, Mme ROSE ?
TRÈS BIEN, Mlle BABETTE. VOUS ÊTES AU COURANT POUR M. BLOCHE ?
Mme ZELDA M'A TOUT EXPLIQUÉ.
AH ! PARFAIT !
VOUS N'AVEZ RIEN À AJOUTER À VOTRE DÉPOSITION, Mme LA CONCIERGE ?
RIEN !
ALORS SIGNEZ ICI ! VOUS POUVEZ RENTRER CHEZ VOUS.
Mme ZELDA ME CHARGE DE VOUS DIRE QUE TOUT VA BIEN LÀ-BAS, ET QU'ELLE S'EST OCCUPÉE DE SORTIR LES POUBELLES.
AH ! TRÈS BIEN !
8

CE MATIN, PERSONNE N'A RÉPONDU LORSQUE NOUS SOMMES VENUS SONNER CHEZ VOUS SUR LE COUP DES SEPT HEURES. PUIS-JE VOUS DEMANDER OÙ VOUS ÉTIEZ ?
DANS L'AVION QUI REVENAIT DE BANGKOK. JE SUIS HÔTESSE À AIR FRANCE.
HÔTESSE DE L'AIR ? MAIS C'EST INTÉRESSANT, ÇA ! FIGUREZ-VOUS QUE MA FILLE UNIQUE PASSE SON BAC CETTE ANNÉE ET QU'ELLE VEUT S'ORIENTER ENSUITE VERS CETTE VOIE. ELLE EN RÊVE DEPUIS QU'ELLE EST GOSSE. EUH... CE N'EST PAS... HUM !... CE N'EST PAS TROP DANGEREUX COMME MÉTIER ?
STATISTIQUEMENT, MOINS QUE TRAPÉZISTE OU AVALEUR DE SABRE.
ET VOUS COMPTEZ LE GARDER LONGTEMPS ?
VU LES CHARGES QUI PÈSENT CONTRE LUI, UNE VINGTAINE D'ANNÉES !
IL EST INNOCENT !
QU'EN SAVEZ-VOUS ?
JE LE CONNAIS. IL EST INCAPABLE DE FAIRE UNE CHOSE PAREILLE. DÉJÀ POUR LES MOUSTIQUES, C'EST MOI QUI SUIS CHARGÉE DE LES ÉCRASER, ALORS, VOUS PENSEZ, UNE PERSONNE !
IL ÉTAIT SUR LES LIEUX AU MOMENT DU DRAME. IL S'EST ENFUI À L'ARRIVÉE DE LA POLICE, ET ON A TROUVÉ SES EMPREINTES SUR L'ARME DU CRIME.
RECONNAISSEZ QUE TOUT ÇA NE PLAIDE PAS EN SA FAVEUR.
IL Y A CERTAINEMENT UNE EXPLICATION.
POLICE
OUI ! LA PLUS SIMPLE ÉTANT QU'IL NE SUPPORTE PAS L'ALCOOL, ET QU'IL A PERDU LA TÊTE.
EN CE QUI ME CONCERNE, MON OPINION EST FAITE. ALORS, UN CONSEIL : OCCUPEZ-VOUS DE LUI TROUVER UN BON AVOCAT, IL EN AURA BESOIN.
JE VOUS ATTENDAIS, Mlle BABETTE.

ON VOUS A VUE SORTIR DU DOMICILE DE M. RENAUD JUSTE APRÈS LE COUP DE FEU. DE PLUS, ON A TROUVÉ VOS EMPREINTES UN PEU PARTOUT DANS L'APPARTEMENT ET JUSQUE SUR L'ARME DU CRIME. ALORS, À QUOI BON CONTINUER À NIER ?
MAIS POURQUOI AURAIS-JE FAIT ÇA ? JE CONNAISSAIS À PEINE CET HOMME ! ON A PASSÉ LA NUIT ENSEMBLE, C'EST TOUT.
OUI. EH BIEN, POUR MOI, LE DOSSIER EST BOUCLÉ. GARDIEN, VOUS POUVEZ L'EMMENER.
DÉSOLÉE, MAÎTRE, MAIS DÈS DEMAIN, VOTRE FEMME SERA TRANSFÉRÉE AU PARQUET. À VOUS DE VOIR SI VOUS ALLEZ CONTINUER À ASSURER SA DÉFENSE.
ELLE SE GOURE, LA COMMISSAIRE ! UNE MIGNONNE COMME ÇA, ELLE PEUT PAS AVOIR TIRÉ DE SANG-FROID AVEC UN GROS CALIBRE. C'EST UN COUP MONTÉ, ÇA CRÈVE LES YEUX.
MOI, JE DIS QUE C'EST LE MARI COCU QUI A TUÉ. ET CE SALAUD, IL VA LAISSER PLONGER SA NANA POUR SE VENGER D'ELLE.
LE LÂCHE !
EH ! TOI ! LE NOUVEAU ! QU'EST-CE T'EN PENSES ?
HEIN ? AH ! ESCROQUERIE AUX ASSURANCES !
COMMENT ÇA ?!
RENAUD VIENT D'APPRENDRE QU'IL EST CONDAMNÉ : CANCER GÉNÉRALISÉ. IL PRÉFÈRE EN FINIR TOUT DE SUITE. POUR METTRE SA FAMILLE À L'ABRI DU BESOIN, IL SOUSCRIT UNE ASSURANCE-VIE. MAIS UNE CLAUSE EXCLUT LE SUICIDE. IL VA DONC CAMOUFLER SON SUICIDE EN MEURTRE EN SÉDUISANT UNE FEMME DE PASSAGE ET LUI FAIRE PORTER LE CHAPEAU.
!
T'AS DÉJÀ VU LE FILM ?
NON NON ! JE N'AI PAS LA TÉLÉVISION. SIMPLE ESPRIT DE DÉDUCTION, C'EST TOUT.
10

QUOI ? T'AS PAS LA TÉLÉ ? MAIS C'EST CARRÉMENT LE MOYEN-ÂGE, CHEZ TOI !
C'EST POSSIBLE ÇA, DE VIVRE SANS LA TÉLÉ ?!
ET POUR LES EMPREINTES ? COMMENT IL A FAIT POUR LES EMPREINTES, LE KEUM ?
RIEN DE BIEN SORCIER. IL A PROFITÉ DE SON SOMMEIL POUR LUI GLISSER LE PISTOLET DANS LA MAIN.
CHUT ! ÉCOUTEZ !
ON VIENT D'APPRENDRE QUE LA VICTIME ÉTAIT ATTEINTE D'UN MAL INCURABLE, ET PROJETAIT DE SE SUICIDER. HEUREUSEMENT POUR VOUS, IL A COMMIS L'IMPRUDENCE DE SE CONFIER À SON MEILLEUR AMI. VOUS ÊTES LIBRE, MADAME.
C'EST PAS MARRANT. AVEC UN MEC COMME ÇA, TU PEUX PLUS SUIVRE UN FILM. IL TE GÂCHE LE PLAISIR.
NORMAL ! QU'EST-CE TU VEUX, C'EST SON MÉTIER.
CE QUE JE NE COMPRENDS PAS, C'EST CE QUE TU FAIS LÀ. TOI QUI ES SI MALIN, COMMENT ÇA SE FAIT QUE TU N'AS PAS ENCORE RÉSOLU TA PROPRE AFFAIRE.
ON S'Y EMPLOIE ! ON S'Y EMPLOIE ! MAIS MON HISTOIRE EST AUTREMENT PLUS DÉLICATE.
BLOCHE ! AU PARLOIR !
11

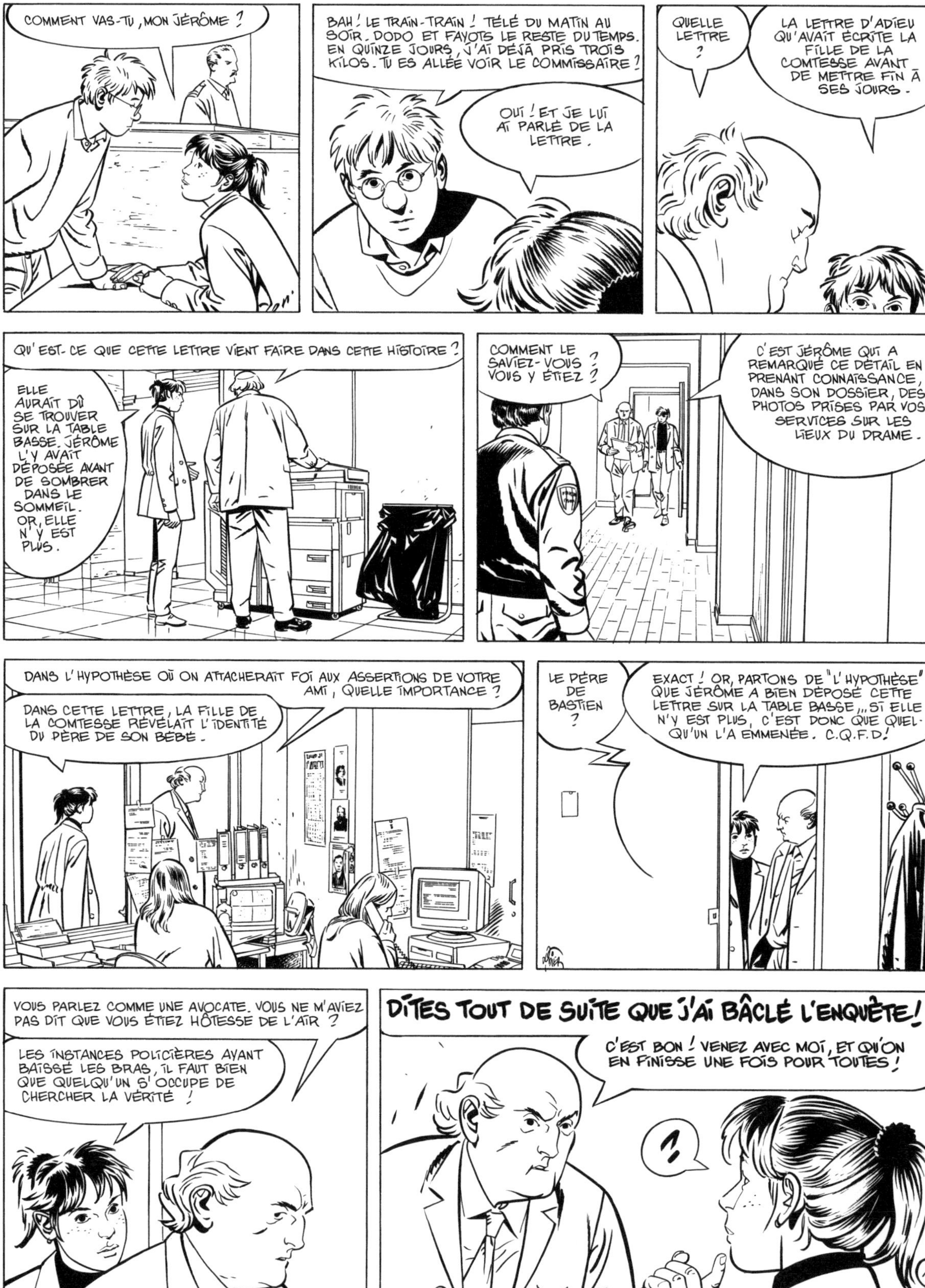
COMMENT VAS-TU, MON JÉRÔME ?
BAH ! LE TRAIN-TRAIN ! TÉLÉ DU MATIN AU SOIR. DODO ET FAYOTS LE RESTE DU TEMPS. EN QUINZE JOURS, J'AI DÉJÀ PRIS TROIS KILOS. TU ES ALLÉE VOIR LE COMMISSAIRE ?
OUI ! ET JE LUI AI PARLÉ DE LA LETTRE.
QUELLE LETTRE ?
LA LETTRE D'ADIEU QU'AVAIT ÉCRITE LA FILLE DE LA COMTESSE AVANT DE METTRE FIN À SES JOURS.
QU'EST-CE QUE CETTE LETTRE VIENT FAIRE DANS CETTE HISTOIRE ?
ELLE AURAIT DÛ SE TROUVER SUR LA TABLE BASSE. JÉRÔME L'Y AVAIT DÉPOSÉE AVANT DE SOMBRER DANS LE SOMMEIL. OR, ELLE N'Y EST PLUS.
COMMENT LE SAVIEZ-VOUS ? VOUS Y ÉTIEZ ?
C'EST JÉRÔME QUI A REMARQUÉ CE DÉTAIL EN PRENANT CONNAISSANCE, DANS SON DOSSIER, DES PHOTOS PRISES PAR VOS SERVICES SUR LES LIEUX DU DRAME.
DANS L'HYPOTHÈSE OÙ ON ATTACHERAIT FOI AUX ASSERTIONS DE VOTRE AMI, QUELLE IMPORTANCE ?
DANS CETTE LETTRE, LA FILLE DE LA COMTESSE RÉVÉLAIT L'IDENTITÉ DU PÈRE DE SON BÉBÉ.
LE PÈRE DE BASTIEN ?
EXACT ! OR, PARTONS DE "L'HYPOTHÈSE" QUE JÉRÔME A BIEN DÉPOSÉ CETTE LETTRE SUR LA TABLE BASSE,.. SI ELLE N'Y EST PLUS, C'EST DONC QUE QUELQU'UN L'A EMMENÉE. C.Q.F.D !
VOUS PARLEZ COMME UNE AVOCATE. VOUS NE M'AVIEZ PAS DIT QUE VOUS ÉTIEZ HÔTESSE DE L'AIR ?
LES INSTANCES POLICIÈRES AYANT BAISSÉ LES BRAS, IL FAUT BIEN QUE QUELQU'UN S'OCCUPE DE CHERCHER LA VÉRITÉ !
DITES TOUT DE SUITE QUE J'AI BÂCLÉ L'ENQUÊTE !
C'EST BON ! VENEZ AVEC MOI, ET QU'ON EN FINISSE UNE FOIS POUR TOUTES !
?
12

IL M'A EMMENÉE DANS L'APPARTEMENT DE LA COMTESSE.
C'EST ICI QUE ÇA S'EST PASSÉ.
LA COMTESSE GISAIT LÀ, UNE BALLE DANS LA TÊTE. AU PIED DU CANAPÉ, LE COUSSIN ENSANGLANTÉ QUI A DÛ SERVIR À ÉTOUFFER LE BRUIT DE LA DÉTONATION. SUR LE TAPIS, L'ARME DU CRIME, COUVERTE D'EMPREINTES, CELLES DE VOTRE AMI.
ET VOICI LA FENÊTRE PAR LAQUELLE IL S'EST ENFUI À NOTRE ARRIVÉE. QUAND J'AJOUTERAI QU'IL N'Y AVAIT PERSONNE D'AUTRE DANS L'APPARTEMENT, VOUS RECONNAÎTREZ QUE LES FAITS PARLENT D'EUX-MÊMES.
C'EST CURIEUX.
QU'EST-CE QUI EST CURIEUX ?
LE FAIT QU'UN TÉMOIN EXTÉRIEUR AIT L'OREILLE SUFFISAMMENT FINE POUR ENTENDRE LE BRUIT ASSOURDI D'UN COUP DE FEU QUI N'A MÊME PAS RÉVEILLÉ JÉRÔME, ALORS QU'IL DORMAIT TOUT À CÔTÉ.
VOTRE PARTI PRIS EST INCROYABLE ! ET SI J'INVERSAIS LA PROPOSITION ? CURIEUX QUE VOTRE AMI PRÉTENDE N'AVOIR RIEN ENTENDU, ALORS QU'UN TÉMOIN A TRÈS NETTEMENT PERÇU LE BRUIT D'UNE DÉTONATION !?
POURQUOI DONC EST-IL RESTÉ ANONYME, CE TÉMOIN ?
JE NE SAIS PAS, MOI ! LA PEUR DES COMPLICATIONS PEUT-ÊTRE. BON ! C'EST PAS TOUT ÇA, MAIS J'AI DU TRAVAIL QUI M'ATTEND.
VOUS VENEZ ?
LA LETTRE AURAIT DÛ SE TROUVER SUR CETTE TABLE BASSE. JÉRÔME EST AFFIRMATIF SUR CE POINT.
?
OÙ VOULEZ-VOUS EN VENIR ?
SI ELLE N'Y EST PLUS, C'EST QUE QUELQU'UN L'A PRISE PENDANT SON SOMMEIL.
ET CE QUELQU'UN NE PEUT ÊTRE QUE LE MEURTRIER.
13

MOI, DE MEURTRIER, JE N'EN CONNAIS QU'UN : BLOCHE, VOTRE AMI !
NE DITES PAS DE BÊTISES, VOYONS ! JÉRÔME N'ÉTAIT ABSOLUMENT PAS CONCERNÉ PAR LE CONTENU DE CETTE LETTRE. EN REVANCHE, NOTRE INCONNU, OUI ! À TEL POINT QU'IL N'A PAS PU RÉSISTER À L'ENVIE DE L'EMPORTER.
QUOI !? VOUS ÊTES EN TRAIN D'INSINUER QUE LE PETIT-FILS DE LA COMTESSE ... VOUS ACCUSEZ BASTIEN D'AVOIR TIRÉ SUR SA GRAND-MÈRE ! C'EST GRAVE CE QUE VOUS FAITES LÀ, PORTER DES ACCUSATIONS SANS PREUVES !
JE N'ACCUSE PERSONNE. TOUT CE QUE JE DIS, C'EST : RETROUVEZ LA LETTRE, ET VOUS TROUVEREZ LE MEURTRIER !
VOTRE LOYAUTÉ À L'ÉGARD DE VOTRE AMI VOUS ÉGARE, MADEMOISELLE. IL NE VOUS EST JAMAIS VENU À L'ESPRIT QU'IL POUVAIT VOUS RACONTER DES HISTOIRES ? TIENS ! QU'IL POUVAIT MÊME SE RACONTER DES HISTOIRES !!
COMMENT ÇA ?
BLOCHE, DANS UN ÉTAT SECOND, TIRE SUR LA COMTESSE. MAIS VOILÀ, MAINTENANT QU'IL N'EST PLUS SOUS L'EMPRISE DE L'ALCOOL, CE SOUVENIR LUI EST DEVENU INSUPPORTABLE. ALORS, QUOI DE PLUS PRATIQUE QU'UN TUEUR FANTÔME POUR SE DÉCHARGER DE SA CULPABILITÉ ?
IL A DIT ÇA ?
MON DIEU ! SERAIT-IL POSSIBLE QUE ...? QUE J'AIE PU ...? ET QU'IL NE ME RESTE AUCUN SOUVENIR ?
AH NON ! PAS DE ÇA, JÉRÔME ! CE N'EST PAS LE MOMENT DE FLANCHER. ÉTAT SECOND OU PAS, TU ES INCAPABLE DE TIRER SUR QUELQU'UN. ACCROCHE-TOI À CETTE CERTITUDE !
!
TU AS RAISON. EXCUSE-MOI ! EUH... CONTINUE !
EN SORTANT, J'AI VÉRIFIÉ LA SERRURE, COMME TU ME L'AVAIS DEMANDÉ.
14

QU'EST-CE QUE VOUS FAITES ?
LA SERRURE N'A PAS ÉTÉ FORCÉE, CE QUI SIGNIFIE QUE L'AGRESSEUR AVAIT LA CLÉ.
VOUS ÊTES INCORRIGIBLE !
À QUEL HÔPITAL MADAME DE SÉGUR SE TROUVE-T-ELLE ?
POURQUOI ? VOUS VOULEZ ACHEVER LE TRAVAIL DE VOTRE AMI ?
HUM ! D'ACCORD ! D'ACCORD ! C'EST UNE TRÈS MAUVAISE PLAISANTERIE. EXCUSEZ-MOI !
ELLE EST À L'HÔPITAL COCHIN. MAIS N'ESPÉREZ PAS LUI PARLER. ELLE EST TOUJOURS DANS LE COMA. JE PEUX VOUS DÉPOSER QUELQUE PART ?
MERCI ! JE PRÉFÈRE RENTRER EN TAXI.
ÉCOUTEZ ! JE COMPRENDS QUE VOUS SOYEZ FÂCHÉE CONTRE MOI, MAIS...
MÊME PAS ! VOUS FAITES VOTRE TRAVAIL EN BON FONCTIONNAIRE DE POLICE, AVEC SÉRIEUX, MÉTHODE, MAIS SANS IMAGINATION.
J'AI ATTENDU QUE LE COMMISSAIRE TOURNE LE COIN DE LA RUE AVANT DE REMONTER SONNER CHEZ LA VOISINE. COMMENT S'APPELLE-T-ELLE DÉJÀ ?
GINETTE.
C'EST ÇA, GINETTE ! JE ME SUIS FAIT PASSER POUR UNE AMIE DE LA COMTESSE, TOUT ÉTONNÉE DE NE PAS LA TROUVER CHEZ ELLE.
15

COMMENT ! VOUS N'ÊTES PAS AU COURANT ?!
QUELLE HISTOIRE ! PAUVRE Mme DE SÉGUR ! ET ON CONNAIT SON AGRESSEUR ?
CE SERAIT LE JEUNE HOMME QUI AVAIT RENDU VISITE À RAPHAËLE CE SOIR-LÀ.
IL AVAIT POURTANT L'AIR TRÈS COMME IL FAUT. PAS LE GENRE QU'ON VOIT TRAÎNER DANS LA CITÉ À LONGUEUR DE JOURNÉE.
ENFIN ! À QUI SE FIER DE NOS JOURS ?
SON PETIT-FILS DOIT ÊTRE DANS TOUS SES ÉTATS.
VOUS ÊTES SÉRIEUSE ?!
VOUS NE M'AVIEZ PAS DIT QUE VOUS ÉTIEZ UNE AMIE DE RAPHAËLE ?
OH ! EUH... ÇA NE FAIT PAS TRÈS LONGTEMPS QUE J'AI FAIT SA CONNAISSANCE. EN FAIT, JE VIENS TOUT JUSTE D'ADHÉRER À SA FONDATION.
TOUT S'EXPLIQUE ! VOUS N'ÊTES PAS À PROPREMENT PARLER UNE INTIME. SINON, VOUS SAURIEZ QUE BASTIEN N'ATTEND QU'UNE CHOSE : QUE LA VIEILLE CLAQUE POUR PALPER L'HÉRITAGE !
GINETTE !
QUOI, GINETTE ! QUOI, GINETTE ! C'EST PAS VRAI CE QUE JE DIS PEUT-ÊTRE ?! ET LA TENTATIVE DE MISE SOUS TUTELLE, JE L'AI INVENTÉE, PEUT-ÊTRE !?
CE PETIT SALOPARD A ESSAYÉ DE FAIRE PASSER SA GRAND-MÈRE POUR IRRESPONSABLE. SOI-DISANT QU'ELLE DILAPIDAIT SA FORTUNE À TORT ET À TRAVERS !...
... COMME SI C'ÉTAIT DILAPIDER SON ARGENT QUE DE VENIR EN AIDE À L'ENFANCE MALHEUREUSE !
VOUS N'AVEZ PAS L'AIR DE BEAUCOUP L'APPRÉCIER, BASTIEN.
ON PEUT DIRE ÇA COMME ÇA ! FAUT DIRE QU'AVEC SES GRANDS AIRS, IL A LE DON DE ME TAPER SUR LES NERFS. MÔSSIEUR SE PREND POUR UN ÊTRE SUPÉRIEUR, VOYEZ-VOUS ! ALORS, IL NE SE PRIVE PAS DE VOUS FAIRE SENTIR QUE VOUS N'ÊTES QUE DE LA MER
GINETTE !
16

QUOI !?C'EST PAS VRAI CE QUE JE DIS, PEUT-ÊTRE !? C'EST PAS VRAI QU'IL NOUS REGARDE COMME SI ON N'ÉTAIT QUE DE LA ME...
TU PARLES TROP !
GINETTE !
FAUT BIEN QUE QUELQU'UN PARLE POUR DEUX, PARCE QUE SI JE COMPTE SUR TOI POUR FAIRE LA CONVERSATION, EH BIEN, JE PEUX TOUJOURS ATTENDRE !
CHUT ! J'ENTENDS PLUS RIEN.
BON ! JE CROIS QUE J'AI ASSEZ ABUSÉ DE VOTRE HOSPITALITÉ...
NE FAITES PAS ATTENTION À MON MARI, IL A UN CARACTÈRE DE COCHON.
VOUS NE VOYEZ PAS QUI A PU PRÉVENIR LA POLICE CETTE NUIT-LÀ ? AVEC CE BÉTON PARTOUT, JE NE VOIS PAS QUI, À PART UN PROCHE VOISIN, AURAIT PU ENTENDRE LE BRUIT D'UNE DÉTONATION, QUI PLUS EST, ASSOURDI PAR UN COUSSIN !
COMMENT VOUS SAVEZ ÇA, VOUS, POUR LE COUSSIN ?
AÏE !
VOUS PARLEZ D'UN DÉTAIL QUE JE SUIS SÛRE DE NE PAS AVOIR MENTIONNÉ.
C'EST BIZARRE, NON, POUR QUELQU'UN QUI PRÉTENDAIT TOUT IGNORER DU DRAME IL Y A ENCORE UNE DEMI-HEURE ? VOUS ÊTES JOURNALISTE, C'EST ÇA ?! VOUS M'AVEZ MENTI POUR ME TIRER LES VERS DU NEZ. AVOUEZ !
ATTENDEZ ! JE NE SUIS PAS JOURNALISTE. JE SUIS LA FIANCÉE DE JÉRÔME, LE JEUNE HOMME QU'ON A ARRÊTÉ, ET SI JE VOUS AI MENTI, C'EST QUE...
VLAM
MADAME ! NE RÉAGISSEZ PAS COMME ÇA ! JE NE VOUS VEUX AUCUN MAL ! JE CHERCHE À CONNAÎTRE LA VÉRITÉ, C'EST TOUT. JÉRÔME EST INNOCENT ET...
ALLEZ-VOUS-EN OU J'APPELLE LA POLICE !
UNE DERNIÈRE PETITE CHOSE ET JE M'EN VAIS ! LE PETIT-FILS, POUVEZ-VOUS ME DIRE OÙ JE PEUX LE TROUVER ? IL VIT DANS UNE SECTE, MAIS J'IGNORE OÙ IL SE TROUVE.
AUCUNE IDÉE !
ESSAYEZ L'HÔPITAL ! IL DOIT BIEN RENDRE VISITE À SA GRAND-MÈRE DE TEMPS EN TEMPS, NE SERAIT-CE QUE POUR SAUVER LES APPARENCES.
17

ALORS, TU AS VU LA COMTESSE ? COMMENT VA-T-ELLE ?
AUSSI BIEN QUE POSSIBLE. MAIS ELLE EST TOUJOURS DANS LE COMA.
DOMMAGE QU'ELLE NE PUISSE PAS PARLER. ÇA RÉGLERAIT TOUS LES PROBLÈMES. ET LE PETIT-FILS, TU L'AS VU ?
TROIS JOURS ! TROIS JOURS DE SUITE, J'Y SUIS RETOURNÉE PENDANT LES HEURES DE VISITE AVANT DE LE VOIR ARRIVER.
BONJOUR ! EUH... BABETTE. JE SUIS UNE AMIE DE RAPHAËLE ET...
BASTIEN, SON PETIT-FILS.
IL M'A DEMANDÉ DE LE LAISSER SEUL UN MOMENT AVEC SA GRAND-MÈRE.
QUOI !? TU N'AS PAS FAIT ÇA !?
QU'EST-CE QUE JE POUVAIS FAIRE D'AUTRE ? TU NE VOULAIS PAS NON PLUS QUE JE M'INSTALLE LÀ-BAS, ET QUE JE MONTE LA GARDE JOUR ET NUIT, NON !?
OUI ! TU AS RAISON. EXCUSE-MOI !
EN TOUT CAS, D'APRÈS CE QUE J'AI PU VOIR, IL EST RESTÉ TOUT LE TEMPS À LUI PARLER À L'OREILLE. MAIS À TRAVERS LE VERRE DÉPOLI, CE N'EST PAS ÉVIDENT. QUAND IL EST RESSORTI, JE SUIS RETOURNÉ DANS LA CHAMBRE, PRÉTEXTANT AVOIR OUBLIÉ MON SAC À MAIN.
ASTUCIEUX.
...RIEN N'AVAIT BOUGÉ. TOUT SEMBLAIT EN ORDRE, SAUF QUE...
SAUF QUE ?...
SAUF QUE DES LARMES COULAIENT SUR LE VISAGE DE LA COMTESSE.
DES LARMES ?!
18

MONSIEUR ! MONSIEUR !
VOUS AVEZ RETROUVÉ VOTRE SAC ?
C'EST IDIOT. JE VIENS DE RÉALISER QUE JE NE L'AVAIS PAS EMPORTÉ AVEC MOI. VOUS DEVEZ ME TROUVER TRÈS ÉTOURDIE, NON ?!
ÇA ME GÊNE DE VOUS DEMANDER ÇA, MAIS... VOUS ÊTES EN VOITURE ?
JE PEUX VOUS DÉPOSER QUELQUE PART, PEUT-ÊTRE ?
JE NE VOUDRAIS PAS ABUSER, MAIS À CETTE HEURE TARDIVE, LES COULOIRS DU MÉTRO NE SONT PLUS TRÈS SÛRS. J'HABITE DANS LE 18e ARRONDISSEMENT.
Hôpital Saint-Louis
C'EST TRISTE, CE QUI ARRIVE À VOTRE GRAND-MÈRE. JE PRIERAI POUR SA GUÉRISON.
VOUS ÊTES CROYANTE ?
8537 ZF 93
DISONS QUE JE CHERCHE DES RÉPONSES AUX QUESTIONS QUE JE ME POSE.
19

LE MONDE NE PEUT PAS ÊTRE QUE MATIÈRE. CE SERAIT À DÉSESPÉRER. IL Y A FORCÉMENT AUTRE CHOSE...
COMMENT DIRE ?
JE... JE LE SENS.
AÏE AÏE ! BABETTE MA FILLE, TON DISCOURS N'EST PAS AU POINT. TROUVE VITE AUTRE CHOSE, PARCE QUE LÀ, ÇA MORD PAS.
IL N'Y A PAS DE HASARD DANS LA VIE.
L'ÊTRE SUPRÊME A FAIT EN SORTE QUE NOS CHEMINS SE CROISENT. QUE SA VOLONTÉ SOIT FAITE !
OUF !
8537 ZF 93
DEUX FOIS PAR AN, NOTRE CONGRÉGATION OUVRE SES PORTES AUX PERSONNES DÉSIREUSES DE FAIRE UNE RETRAITE. SI VOUS ÊTES INTÉRESSÉE, JE PEUX VOUS RETENIR UNE PLACE.
ET ÇA TOMBE CE WEEK-END. C'EST PAS DE LA CHANCE, ÇA !
TON PLAN NE ME PLAÎT QU'À MOITIÉ. ÇA PEUT ÊTRE DANGEREUX.
LES VISITES SONT TERMINÉES.
NE T'INQUIÈTE PAS, JÉRÔME. JE SERAI PRUDENTE.
PRISON
20

LA VOIE PROPOSÉE ICI EST CELLE DE LA TRANSFORMATION. LE BUT: RÉALISER LA PART DIVINE QUI EST EN CHACUN DE NOUS.
POUR CELA, IL VOUS FAUT PRENDRE CONSCIENCE QUE LA VIE EST UN RÊVE, QUE CE QUE VOUS PRENEZ POUR LE MONDE RÉEL N'EST EN FAIT QU'ILLUSIONS.
DÉBARRASSEZ-VOUS PEU À PEU DE CES ILLUSIONS COMME DE VIEUX VÊTEMENTS, ET ALORS SEULEMENT VOUS ACCÉDEREZ À SA LUMIÈRE INFINIE.
MAÎTRE! SI LE MONDE N'EST QU'ILLUSIONS, D'OÙ VIENT-IL QUE JE PUISSE VOIR ET TOUCHER LES OBJETS QUI M'ENTOURENT, SENTIR LE PARFUM D'UNE FLEUR ?...
TOUT CELA N'EXISTE QUE DANS VOTRE MENTAL. QUAND VOUS DORMEZ, LES OBJETS DISPARAISSENT. QUELLE RÉALITÉ ONT-ILS ?
MAÎTRE! POUVEZ-VOUS ME DIRE POURQUOI JE PROGRESSE SI LENTEMENT? POURQUOI M'EST-IL SI DIFFICILE DE ME "DÉBARRASSER" DE MES VIEUX "VÊTEMENTS" ?
POURQUOI! POURQUOI! RAYEZ CE MOT DE VOTRE VOCABULAIRE, IL EST UN OBSTACLE À VOTRE PROGRESSION.
EST-IL VRAI QU'À UN NOVICE QUI VEUT ACCÉDER AU STATUT DE MOINE, ET CONSACRER SA VIE À VOTRE ORDRE, IL LUI EST DEMANDÉ DE FAIRE DON DE TOUS SES BIENS ?
LES BIENS MATÉRIELS NE SONT QUE SOURCES DE SOUFFRANCES ET ENTRAVES À L'ÉVOLUTION SPIRITUELLE. L'ACCÈS À LA DEMEURE DE L'ÊTRE SUPRÊME EST À CE PRIX.
MERCI DE VOTRE ATTENTION.
21

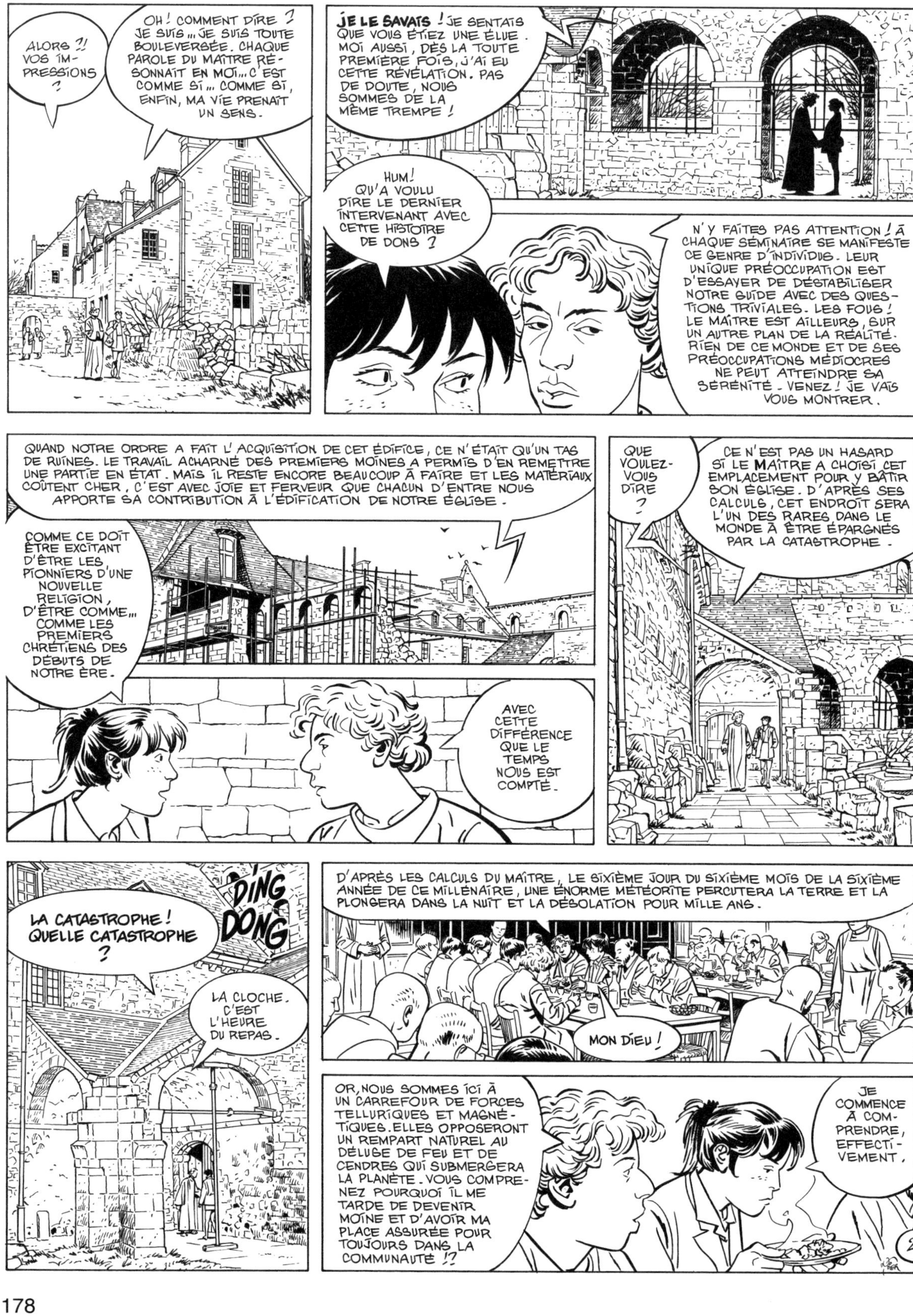

ALORS ?! VOS IMPRESSIONS ?
OH ! COMMENT DIRE ? JE SUIS... JE SUIS TOUTE BOULEVERSÉE. CHAQUE PAROLE DU MAÎTRE RÉSONNAIT EN MOI... C'EST COMME SI... COMME SI, ENFIN, MA VIE PRENAIT UN SENS.
JE LE SAVAIS ! JE SENTAIS QUE VOUS ÉTIEZ UNE ÉLUE. MOI AUSSI, DÈS LA TOUTE PREMIÈRE FOIS, J'AI EU CETTE RÉVÉLATION. PAS DE DOUTE, NOUS SOMMES DE LA MÊME TREMPE !
HUM ! QU'A VOULU DIRE LE DERNIER INTERVENANT AVEC CETTE HISTOIRE DE DONS ?
N'Y FAITES PAS ATTENTION ! À CHAQUE SÉMINAIRE SE MANIFESTE CE GENRE D'INDIVIDUS. LEUR UNIQUE PRÉOCCUPATION EST D'ESSAYER DE DÉSTABILISER NOTRE GUIDE AVEC DES QUESTIONS TRIVIALES. LES FOUS ! LE MAÎTRE EST AILLEURS, SUR UN AUTRE PLAN DE LA RÉALITÉ. RIEN DE CE MONDE ET DE SES PRÉOCCUPATIONS MÉDIOCRES NE PEUT ATTEINDRE SA SÉRÉNITÉ. VENEZ ! JE VAIS VOUS MONTRER.
QUAND NOTRE ORDRE A FAIT L'ACQUISITION DE CET ÉDIFICE, CE N'ÉTAIT QU'UN TAS DE RUINES. LE TRAVAIL ACHARNÉ DES PREMIERS MOINES A PERMIS D'EN REMETTRE UNE PARTIE EN ÉTAT. MAIS IL RESTE ENCORE BEAUCOUP À FAIRE ET LES MATÉRIAUX COÛTENT CHER, C'EST AVEC JOIE ET FERVEUR QUE CHACUN D'ENTRE NOUS APPORTE SA CONTRIBUTION À L'ÉDIFICATION DE NOTRE ÉGLISE.
COMME CE DOIT ÊTRE EXCITANT D'ÊTRE LES PIONNIERS D'UNE NOUVELLE RELIGION, D'ÊTRE COMME... COMME LES PREMIERS CHRÉTIENS DES DÉBUTS DE NOTRE ÈRE.
AVEC CETTE DIFFÉRENCE QUE LE TEMPS NOUS EST COMPTÉ.
QUE VOULEZ-VOUS DIRE ?
CE N'EST PAS UN HASARD SI LE MAÎTRE A CHOISI CET EMPLACEMENT POUR Y BÂTIR SON ÉGLISE. D'APRÈS SES CALCULS, CET ENDROIT SERA L'UN DES RARES DANS LE MONDE À ÊTRE ÉPARGNÉS PAR LA CATASTROPHE.
DING DONG
LA CATASTROPHE ! QUELLE CATASTROPHE ?
LA CLOCHE. C'EST L'HEURE DU REPAS.
D'APRÈS LES CALCULS DU MAÎTRE, LE SIXIÈME JOUR DU SIXIÈME MOIS DE LA SIXIÈME ANNÉE DE CE MILLÉNAIRE, UNE ÉNORME MÉTÉORITE PERCUTERA LA TERRE ET LA PLONGERA DANS LA NUIT ET LA DÉSOLATION POUR MILLE ANS.
MON DIEU !
OR, NOUS SOMMES ICI À UN CARREFOUR DE FORCES TELLURIQUES ET MAGNÉTIQUES. ELLES OPPOSERONT UN REMPART NATUREL AU DÉLUGE DE FEU ET DE CENDRES QUI SUBMERGERA LA PLANÈTE. VOUS COMPRENEZ POURQUOI IL ME TARDE DE DEVENIR MOINE ET D'AVOIR MA PLACE ASSURÉE POUR TOUJOURS DANS LA COMMUNAUTÉ !?
JE COMMENCE À COMPRENDRE, EFFECTIVEMENT.
22

MA SOEUR !
HEIN ?!
VOTRE MÉDITATION ÉTAIT PROFONDE. LE MAÎTRE EST PARTI PRENDRE UN PEU DE REPOS. NOUS DEVRIONS EN FAIRE AUTANT.
!
JE VAIS VOUS ACCOMPAGNER À VOTRE CELLULE.
AUPARAVANT, J'AIMERAIS RÉCUPÉRER LE SAC QUE J'AI LAISSÉ DANS MA VOITURE.
5812 EX 75
BRR !... VOUS N'AVEZ PAS FROID, VOUS, HABILLÉ COMME ÇA ?
LE FROID EST UNE BÉNÉDICTION. COMME LA FAIM, LE MANQUE DE SOMMEIL ET, D'UNE MANIÈRE GÉNÉRALE, TOUTE SENSATION QUI NOUS AIDE À GARDER NOTRE CONSCIENCE ÉVEILLÉE.
MA CELLULE EST CELLE-CI. LA VÔTRE EST À L'AUTRE BOUT DU COULOIR.
LA VOICI. SI VOUS AVEZ BESOIN DE QUOI QUE CE SOIT, N'HÉSITEZ PAS.
WOAÂÂ !
MERCI. C'EST QUOI, LE PROGRAMME POUR DEMAIN ?
PREMIÈRE MÉDITATION DE QUATRE HEURES À CINQ HEURES TRENTE.
QUA !... QUATRE HEURES ?! VOUS... VOUS VOULEZ DIRE... DU MATIN ?
RASSUREZ-VOUS. ELLE N'EST RÉSERVÉE QU'AUX SEULS INITIÉS. POUR LES VISITEURS, LA JOURNÉE COMMENCE À SEPT HEURES TRENTE, PAR LE PETIT DÉJEUNER.
ALORS, NOUS DISONS : RÉVEIL À TROIS HEURES TRENTE. PAS DE REPOS POUR LES DÉTECTIVES.
23

QUATRE HEURES.
AH! JÉRÔME! JÉRÔME! QU'EST-CE QUE TU NE ME FAIS PAS FAIRE!
LA VOIE EST LIBRE.
HEUREU-SEMENT ...
VU LA TAILLE DE L'ENDROIT, ÇA NE DEVRAIT PAS POSER DE PROBLÈME.
CLIC
... LES SERRURES N'ONT PAS COURS EN CES LIEUX.
BON! J'AI UNE HEURE POUR TROUVER CE QUE JE CHERCHE.
DONC, MA MISSION EST DE CHERCHER UNE LETTRE DONT LE CONTENU, QUE JÉRÔME A GRIFFONNÉ DE MÉMOIRE, DEVRAIT GROSSO MODO RESSEMBLER À CECI.
AU TRAVAIL!
24

PAS DE LETTRE.
J'AI POURTANT FOUILLÉ PARTOUT, COMME JÉRÔME M'A APPRIS À LE FAIRE.
À MOINS QUE...
LA VOITURE. IL EST 4 H 35. VOYONS... LE TEMPS DE RANGER TOUT ÇA, D'ALLER JUSQU'AU PARKING... OUI. ÇA DEVRAIT ALLER.
C'EST UNE BONNE CACHETTE, UNE BOÎTE À GANTS. ET PUIS, ÇA FERME À CLÉ.
8537 ZF 75
!
ET MERDE ! PAS DE LETTRE ICI NON PLUS !
25

5H15, ÇA VA ALLER.
J'AI LE TEMPS D'ALLER REMETTRE LES CLÉS À LEUR PLACE.
POCHE DROITE, SI JE ME SOUVIENS BIEN.
JE N'AI PAS RÊVÉ. C'ÉTAIT BIEN ELLE QUI ÉTAIT DANS MA VOITURE.
TOUT EST EN ORDRE. JE PEUX Y ALLER.
!
QU'EST-CE QU'ELLE CHERCHE COMME ÇA ?
LE PÉPIN! IL SE DIRIGE PAR ICI. QU'EST-CE QUE RECOMMANDE LE MANUEL DU PARFAIT DÉTECTIVE EN PAREIL CAS?
26

CLIC
?!
QU... QU'EST-CE QUE VOUS FAITES LÀ ?
JE VOUS ATTENDAIS.
VOUS ÊTES FOLLE !
JE RETOURNE EN BAS. FAITES BIEN ATTENTION EN SORTANT D'ICI !... QUE PERSONNE NE VOUS VOIE.
ET MOI QUI VIENS DE QUITTER LA SALLE DE MÉDITATION EN PLEINE SÉANCE. SI ON NOUS SURPREND, C'EN EST FINI DE...
RHABILLEZ-VOUS ET ALLEZ-VOUS-EN !
JE ME SENS SOULAGÉE, ÉVIDEMMENT ...
... MAIS EN TANT QUE FEMME, JE NE PEUX PAS M'EMPÊCHER DE ME SENTIR VEXÉE.
ENFIN ! L'ESSENTIEL EST QU'IL SOIT TOMBÉ DANS LE PANNEAU.
27

VOUS POUVEZ ME PASSER LA CONFI...?
HÉ!
!
QUEL MALADROIT JE FAIS ! VOTRE JUPE EST TOUTE TACHÉE !
CE N'EST RIEN. JE VAIS PASSER UN PEU D'EAU DESSUS.
OH! ELLE A OUBLIÉ SON SAC À MAIN. ELLE VA PEUT-ÊTRE EN AVOIR BESOIN. JE VAIS LE LUI APPORTER.
!
?
28

LE SOIR ...
ÇA A ÉTÉ UNE EXPÉRIENCE ... EUH... EXTRA-ORDINAIREMENT... BOULEVERSANTE.
CONTENT QUE ÇA VOUS AIT ÉTÉ PROFITABLE.
?
MON PNEU EST À PLAT. HEUREUSEMENT QUE J'AI FAIT RÉPARER MA ROUE DE SECOURS RÉCEMMENT.
CELUI DE DERRIÈRE AUSSI EST CREVÉ.
QUOI?!!
DEUX PNEUS CREVÉS EN MÊME TEMPS, CE N'EST PAS BANAL. LES CHAMBRES À AIR DOIVENT ÊTRE POREUSES. SUR CES VIEILLES VOITURES, C'EST FRÉQUENT.
ÉCOUTEZ ! NOUS SOMMES DIMANCHE. DÈS DEMAIN MATIN, JE M'OCCUPE DE LA FAIRE RÉPARER. EN ATTENDANT, JE VOUS RAMÈNE CHEZ VOUS. LE TEMPS DE ME CHANGER.
!
ATTENDEZ ! NE VOUS DONNEZ PAS CETTE PEINE ! EUH... IL Y A BIEN QUELQU'UN SUR CE PARKING QUI POURRA S'EN CHARGER.
J'EN AI POUR UNE MINUTE.
ET MERDE !
VLAM!
29

VOUS NE PRENEZ PAS L'AUTOROUTE ?
JE PRÉFÈRE L'ÉVITER. LES GENS Y ROULENT COMME DES FOUS.
ET PUIS, CETTE PETITE ROUTE QUI SERPENTE À TRAVERS LA FORÊT N'A-T-ELLE PAS INFINIMENT PLUS DE CHARME ?
UNE FORÊT TELLEMENT IMMENSE QU'ON POURRAIT S'Y PERDRE.
!
QUE FAITES-VOUS ?
QU'EST-CE QUI VOUS PREND ? POURQUOI VOUS ARRÊTEZ-VOUS ICI ?
VOUS LE VOYEZ BIEN ! JE VOUS FAIS LE COUP DE LA PANNE.
!
CE N'EST PAS CE QUE VOUS ATTENDIEZ ?
QUI ÊTES-VOUS, MADEMOISELLE ? QUE CHERCHEZ-VOUS EXACTEMENT ?
AÏE! MAIS JE NE COMPRENDS PAS !
QUE FAIT LA PHOTO DE L'ASSASSIN DE MA GRAND-MÈRE DANS VOTRE SAC ? VOUS ÊTES SA COMPLICE, HEIN !? C'EST ÇA ?!
30

QU'EST-CE QUE TU CHERCHES DANS TON SAC, MA BELLE ? SI C'EST TA BOMBE LACRYMO, C'EST MOI QUI L'AI ! DÉSOLÉ !
?
AHH !
ESPÈCE DE GARCE !
LA SALOPE ! ELLE M'A TROUÉ LE BRAS !
TU NE PERDS RIEN POUR ATTENDRE !
31

CRAC
AÏE!
OH! ET PUIS MERDE!
VRAOUMM
AH!
EH BIEN! ME VOILÀ DANS DE BEAUX DRAPS! PERDUE EN PLEINE FORÊT, PAR UNE NUIT GLACIALE, AVEC UNE CHEVILLE FOULÉE...
JÉRÔME! J'EN AI MARRE DE TES HISTOIRES!
32

POSTE de POLICE
POLICE NATIONALE
POLICE
312BCM60
ÇA VA ALLER ?
ÇA IRA, MERCI !
75 N 3
POLICE
OUI ? QUI ?!... TIENS, TIENS ! QU'ELLE M'ATTENDE DANS LE BUREAU D'À CÔTÉ.
JE REVIENS DANS UN INSTANT.
EH ! QU'EST-CE QUI VOUS EST ARRIVÉ ?
IL M'EST ARRIVÉ QU'UN DINGUE A ESSAYÉ DE ME TUER, QU'EN M'ENFUYANT, JE ME SUIS CASSÉ LE GROS ORTEIL ET FOULÉ LA CHEVILLE, ET QUE J'AI PASSÉ UNE NUIT ÉPOUVANTABLE, TOUTE SEULE, PERDUE EN PLEINE FORÊT, PAR UN FROID GLACIAL.
COMME VOUS AVEZ DÛ AVOIR PEUR ! ET COMMENT VOTRE HISTOIRE SE TERMINE-T-ELLE ?
J'AI FINI PAR RETROUVER LA ROUTE OÙ JE ME SUIS TRAÎNÉE PENDANT DES HEURES. AU PETIT MATIN, UN AUTOMOBILISTE QUI PASSAIT PAR LÀ S'EST ARRÊTÉ ET A EU LA GENTILLESSE DE ME DÉPOSER DANS UNE CLINIQUE, À CHANTILLY, OÙ ON M'A SOIGNÉE.
ENTRÉE DU COMMISSARIAT
POLICE NATIONALE
33

DONC, POUR RÉSUMER, VOUS PRÉTENDEZ QUE BASTIEN DE SÉGUR A ARRÊTÉ SON VÉHICULE EN PLEINE FORÊT ET VOUS A AGRESSÉE SAUVAGEMENT...
JE NE PRÉTENDS PAS, J'AFFIRME !
JE SUIS BIEN ENNUYÉ. FIGUREZ-VOUS QU'ON VIENT DE ME DONNER UNE VERSION LÉGÈREMENT DIFFÉRENTE DE LA VÔTRE.
?
M. DE SÉGUR, VOUS POUVEZ VENIR ?
!
ELLE !
HOP HOP HOP ! DU CALME ! DU CALME !
LUI !
CETTE FILLE EST FOLLE !
ASSASSIN !
HO ! C'EST FINI, VOUS DEUX ! GARDEZ VOS DISTANCES !
CE MONSIEUR A, LUI AUSSI, QUELQUES PETITS PROBLÈMES DE SANTÉ. UN STYLO-PLUME LUI A PÉNÉTRÉ LE BRAS. ... VOTRE STYLO-PLUME, QU'IL A EU L'OBLIGEANCE DE NOUS RAMENER, AVEC VOTRE SAC À MAIN.
IL FALLAIT BIEN QUE JE ME DÉFENDE. CE DÉGÉNÉRÉ VOULAIT ME TUER.
C'EST UNE MYTHOMANE ! ET DOUBLÉE D'UNE NYMPHOMANE EN PLUS ! ELLE N'A PAS ARRÊTÉ DE ME FAIRE LES YEUX DOUX DE TOUT LE WEEK-END. ELLE S'EST MÊME GLISSÉE TOUTE NUE DANS MON LIT. ET ELLE S'ÉTONNE APRÈS ÇA QUE J'AIE ENVIE DE L'EMBRASSER ET QUE JE LUI FASSE LE COUP DE LA PANNE !
QUOI !?
VOUS VOUS ÊTES GLISSÉE TOUTE NUE DANS LE LIT DE CE... DE MONSIEUR ?!
J'ÉTAIS EN TRAIN DE FOUILLER SA CELLULE À LA RECHERCHE DE LA LETTRE. IL ALLAIT ME SURPRENDRE. C'EST TOUT CE QUE J'AI TROUVÉ POUR NE PAS ÉVEILLER SES SOUPÇONS.
LA LETTRE ! NOUS Y REVOILÀ, À CETTE FAMEUSE LETTRE !
QUELLE LETTRE ?
34

PAS DE LETTRE ? COMMENT ÇA, PAS DE LETTRE ?
JE N'AI PAS TROUVÉ DE LETTRE.
CE N'EST PAS POSSIBLE ! TU ES SÛRE D'AVOIR BIEN FOUILLÉ PARTOUT ?
LA TABLE DE NUIT, LE LIT, L'ARMOIRE, DESSUS, DESSOUS, DEDANS, DERRIÈRE, J'AI MÊME INSPECTÉ LES MURS, AU CAS OÙ UNE PIERRE AURAIT DISSIMULÉ UNE CACHETTE...
ET LE MATELAS ! TU AS PENSÉ AU MATELAS ?
JÉRÔME, JE COMPRENDS TA DÉCEPTION, MAIS OUI ! J'AI REGARDÉ SOUS LE MATELAS.
ET DEDANS ? DANS LE MATELAS ?!
JE NE SUIS PAS ALLÉE JUSQU'À L'ÉVENTRER, MAIS J'AI VÉRIFIÉ LES COUTURES. ELLES ÉTAIENT INTACTES.
ALORS, C'EST QU'IL L'AVAIT SUR LUI.
PEU PROBABLE ! LES RÈGLES DE L'ORDRE SONT STRICTES : ÉTÉ COMME HIVER, IL EST INTERDIT DE PORTER QUOI QUE CE SOIT SOUS LA ROBE BLANCHE, SYMBOLE DE PURETÉ. ET JE PEUX T'ASSURER QUE CE GARÇON N'EST PAS DU GENRE À PLAISANTER AVEC LE DOGME.
ALORS, C'EST FOUTU !
MAIS NON ! CE N'EST PAS PARCE QU'ON A FAIT FAUSSE ROUTE QU'ON A TOUT FAUX. GARDONS TOUJOURS À L'ESPRIT NOTRE AXIOME DE DÉPART : LE PETIT-FILS EST COUPABLE. C'EST LUI QUI A TIRÉ SUR LA COMTESSE !
BEN... TU VOIS, MÊME ÇA, JE COMMENCE À ME DEMANDER ...
FIN DE LA VISITE, MESSIEURS DAMES !
JÉRÔME ! J'AI BESOIN DE TON AIDE POUR PROUVER QUE TU N'ES PAS UN MEURTRIER. SANS TOI, JE NE PEUX RIEN FAIRE.
35
COURAGE, JÉRÔME !
JE SENS QUE JE VAIS MAL DORMIR CETTE NUIT.

?
W.O. Larsen's
Old Fashioned
Papa
Maman
Papa
Maman
36
Papa, Maman chéris,
Pardon pour le chagrin que je vai
causer, mais c'est pour moi la seule
Vivre m'est devenu une torture.
Il faut que je me soulage un peu
ce secret qui pèse si lourd :
Grand-père est le père de Bastien.
Pardon de ne pas avoir eu le courage
vous faire un tel aveu en face.
Je me sens si sale.
Je devrais haïr grand-père pour ce qu'i
a fait, mais je n'éprouve que du dégoût.
Dégoût du monde. Dégoût de la vie.
Adieu.
Alexandra
Surtout, ne dites rien à mon petit garçon

R… RR…
POURQUOI ?! POURQUOI TU M'AS TOUJOURS CACHÉ ÇA ?
RR…
POURQUOI ?
MMH…
LE SECRÉTAIRE… REFERMER LE TIROIR…
R
LE RE- VOLVER…
?
RRR
37

PAW
MMMH...
RR
ZZ
38

ALLÔ! POLICE !
HA HA HA HA HA HA HA
QUELQUE CHOSE QUI NE VA PAS, COLLÈGUE ?
HEIN ? HEU... SI, SI ! ÇA VA ! ÇA VA !
J'AI TROUVÉ, BABETTE.
J'AI TROU-VÉ !
39

HEUREUSEMENT QUE TOUTES LES FEMMES DE SUSPECTS NE SONT PAS COMME VOUS.
POLICE
POLICE
CE QUE JE NE COMPRENDS PAS DANS LA THÉORIE DE VOTRE AMI, C'EST POURQUOI BASTIEN DE SÉGUR AURAIT FAIT ÇA...
POUR L'HÉRITAGE, ÉVIDEMMENT ! IL DEVAIT SE DÉPÊCHER S'IL NE VOULAIT PAS VOIR SA GRAND-MÈRE TOUT DONNER À SES BONNES OEUVRES.
NON ! ÇA, J'AVAIS COMPRIS. CE QUE J'AURAIS VOULU SAVOIR, C'EST POURQUOI BASTIEN A REMIS LA LETTRE DANS LE TIROIR.
MAIS POUR ÉVITER D'ORIENTER LES SOUPÇONS VERS LUI : SON STRATAGÈME TOMBAIT À L'EAU SI JÉRÔME ARRIVAIT MALGRÉ TOUT À ÉCHAPPER À LA POLICE...
...ET PUIS SANS DOUTE PAR PUDEUR AUSSI. PERSONNE N'A ENVIE DE VOIR SES SECRETS DE FAMILLE, SURTOUT QUAND ILS SONT AUSSI DRAMATIQUES, ÉTALÉS AINSI AU GRAND JOUR.
DANS CE CAS, POURQUOI NE PAS L'AVOIR EMPORTÉE AVEC LUI ?
VISIBLEMENT, IL A BIEN FAIT. SINON, JE L'AURAIS DÉJÀ, MA PREUVE ! AU LIEU DE QUOI, JE M'ÉPOUMONE À ESSAYER DE VOUS CONVAINCRE DE PRENDRE UNE MALHEUREUSE PETITE HEURE DE VOTRE PRÉCIEUX TEMPS DE FONCTIONNAIRE SURMENÉ POUR ALLER FOUILLER UN TIROIR !
MADEMOISELLE, VOUS DÉPASSEZ LES BORNES !
EXCUSEZ-MOI ! JE PERDS LA TÊTE, MAIS JE SUIS TELLEMENT CONVAINCUE QUE... QUE...
!
BOUH OUH OUH !
40

DRIN DRIN
BONJOUR, MADAME ! AURIEZ-VOUS CINQ MINUTES À M'ACCORDER ? JE VOUDRAIS VOUS MONTRER QUELQUE CHOSE DANS L'APPARTEMENT DE MADAME DE SÉGUR.
DEPUIS COMBIEN DE TEMPS FAITES-VOUS LE MÉNAGE CHEZ LA COMTESSE ?
VINGT-CINQ ANS. À FOND DEUX FOIS PAR SEMAINE.
MADAME DE SÉGUR EST UNE MANIAQUE DE LA PROPRETÉ SI JE COMPRENDS BIEN.
NOUS LE SOMMES TOUTES LES DEUX !
VOUS EST-IL ARRIVÉ D'OUVRIR LE TIROIR DE CE SECRÉTAIRE ?... POUR FAIRE LES POUSSIÈRES, J'ENTENDS.
JAMAIS ! IL EST TOUJOURS FERMÉ À CLÉ. JE M'ÉTONNE D'AILLEURS DE VOIR LA CLÉ DANS LA SERRURE. RAPHAËLE LA PORTE TOUJOURS AUTOUR DU COU.
POURQUOI CE TIROIR EST-IL TOUJOURS FERMÉ À CLÉ À VOTRE AVIS ?
POUR ÉVITER QUE N'IMPORTE QUI AILLE FOUILLER DEDANS, J'IMAGINE.
VOUS AVEZ UNE IDÉE DE CE QU'IL CONTIENT ?
DES PAPIERS PERSONNELS, DES PHOTOS, DES SECRETS DE FAMILLE...
CE GENRE DE SECRET DE FAMILLE ?
OUI ! CE GENRE DE SECRET.
VOUS SAVEZ CE QUE C'EST ?
J'AI MA PETITE IDÉE. VOYEZ-VOUS, JE NE SUIS PAS QUE LA FEMME DE MÉNAGE. JE SUIS AUSSI LA CONFIDENTE ET L'AMIE, ET RAPHAËLE ME PARLE SOUVENT DE SA FILLE DANS SES MOMENTS DE CAFARD.
BASTIEN CONNAISSAIT-IL L'EXISTENCE DE CETTE LETTRE ? OU, MIEUX, A-T-IL JAMAIS PU L'AVOIR ENTRE LES MAINS ?
IMPOSSIBLE !
VOUS ÊTES FORMELLE ?
ÉVIDEMMENT ! POURQUOI CROYEZ-VOUS QUE CE TIROIR ÉTAIT TOUJOURS FERMÉ À CLÉ ? SINON JUSTEMENT POUR ÉVITER ÇA !
41

LES RÉSULTATS DU LABO, MONSIEUR LE COMMISSAIRE.
MERCI, MAUJEAN.
DRIII DRIII
ALLÔ!
QUOI?!
de police Bernard Gendrot
Identité Judiciaire
de Paris
Paris,
le 3 février
Résultats d'analyses à la demande
sieur le commissaire Séraphini.
Monsieur,
Le document que vous nous avez confié à des fins d'analyses comporte trois séries
d'empreintes différentes qui correspondent en tous points aux personnes suivantes :
- Madame Raphaële de Ségur
- Monsieur Jérôme K. Jérôme Bloche
- Monsieur Bastien de Ségur
Lieutenant de police Be
ET COMMENT VA-T-ELLE?... ELLE A PARLÉ?... NON?... VOUS NE SAVEZ PAS SI SON PETIT-FILS A ÉTÉ PRÉVENU? ...AH! IL EST DÉJÀ LÀ-BAS... MERCI!
DRIII DRIII
OUI? AH, C'EST VOUS, COMMISSAIRE! NON! VOUS NE ME DÉRANGEZ PAS.
VOTRE AMI SERA PEUT-ÊTRE SOULAGÉ D'APPRENDRE QUE MADAME DE SÉGUR EST SORTIE DU COMA. ELLE N'A PAS RETROUVÉ L'USAGE DE LA PAROLE, MAIS ELLE A FAIT COMPRENDRE PAR GESTES QU'ELLE AVAIT FAIM. C'EST PLUTÔT BON SIGNE.
FANTASTIQUE!
NE BOUGEZ PAS! LE TEMPS DE M'HABILLER ET JE PASSE VOUS PRENDRE.
ELLE PASSE ME PRENDRE! ELLE NE MANQUE PAS D'AIR, LA GAMINE!
42

↑ ASCENSEURS ↑
ACCUEIL - RENSEIGNEMENTS ↓
!
QU'EST-CE QU'ELLE FAIT LÀ, ELLE ?
SIMPLE VISITE DE COURTOISIE.
VOUS VOULEZ BIEN NOUS LAISSER SEULS QUELQUES MINUTES ? J'AI À M'ENTRETENIR AVEC MONSIEUR.
JE VAIS ATTENDRE DANS LE COULOIR.
COMMENT VA-T-ELLE ?
BIEN ! ELLE A RÉCLAMÉ UN SECOND PLATEAU-REPAS. MAINTENANT, ELLE FAIT LA SIESTE.
MONSIEUR DE SÉGUR, JE VOUDRAIS SAVOIR UNE CHOSE. POURQUOI VIVIEZ-VOUS CHEZ VOTRE GRAND-MÈRE, JUSQU'À TOUT RÉCEMMENT ?
CETTE QUESTION ! PARCE QUE JE N'AI PAS D'AUTRE FAMILLE. C'EST ELLE QUI M'A ÉLEVÉ.
VOTRE MÈRE EST MORTE ALORS QUE VOUS N'ÉTIEZ QU'UN BÉBÉ, ÇA, JE LE SAIS. MAIS VOTRE PÈRE ? VOUS N'AVEZ JAMAIS CHERCHÉ À LE RETROUVER, VOTRE PÈRE ?
J'IGNORE TOUT DE LUI, ÇA AUSSI VOUS LE SAVEZ ! ALORS, POURQUOI TOUTES CES QUESTIONS ?
VOUS IGNOREZ DONC L'IDENTITÉ DE VOTRE PÈRE ?
PUISQUE JE VOUS LE DIS !
43
DANS CE CAS, POUVEZ-VOUS M'EXPLIQUER CE QUE FONT VOS EMPREINTES SUR CETTE LETTRE-TESTAMENT DE VOTRE MÈRE OÙ ELLE RÉVÈLE JUSTEMENT LE NOM DE VOTRE PÈRE ?
!?

?
PARDON, DE VOUS AVOIR RÉVEILLÉE, Mme DE SÉGUR.
VOUS ME RECONNAISSEZ ? COMMISSAIRE SÉRAPHINI.
?
Evidemment que je te reconnais ! J'ai beau avoir un trou dans la tête, je ne suis pas devenue amnésique ! Je me souviens de tous les garnements de ton espèce qui sont passés dans ma classe
Qu'est ce que tu fais là ?
JE SUIS CHARGÉ DE L'ENQUÊTE SUR LA TENTATIVE DE MEURTRE DONT VOUS AVEZ FAIT L'OBJET.
Je suis au courant. Bastien m'a expliqué.
OUI ! MAIS CE QU'IL A SANS DOUTE OMIS DE VOUS DIRE, C'EST QUE
C'EST LUI, L'AUTEUR DU COUP DE FEU !
QUOI !?
MAIS VOUS ÊTES FOU ! C'EST L'AUTRE MYTHOMANE QUI VOUS A MIS CETTE IDÉE EN TÊTE ?
Foutaises ! Je connais mon assassin.
QUOI ! VOUS CONNAISSEZ VOTRE ASSASSIN !? SON NOM ?
C'est moi ! Je me suis suicidée
44

VOUS VOUS ÊTES SUICIDÉE !?
!
COMMENT ÇA, SUICIDÉE ?!
?
MAIS POURQUOI ?
OUI ! COMMENT ÇA, SUICIDÉE ?
Comme ça s'écrit.
Une soirée trop riche en émotions ! Trop de souvenirs remués qui remontent à la surface ! Un énorme coup de cafard ! Et puis...
ET PUIS ?...
Et puis tu es passé cette nuit-là, Bustien. Tu t'es saisi de la lettre que j'avais laissée sur la petite table. Et là, en un instant, je t'ai vu te décomposer. J'ai compris, au regard que tu as posé sur moi, que tu ne me pardonnerais pas de t'avoir caché la vérité.
Tu es reparti sans un mot. Je me suis sentie tout à coup très vieille et très seule. Je n'ai pas pu le supporter.
SOIT ! SI VOUS PRÉTENDEZ QUE ÇA S'EST PASSÉ AINSI ...
Ça s'est passé comme ça
HUM ! ET LES EMPREINTES DE M. BLOCHE SUR LA CROSSE DU REVOLVER ?... ET LE COUSSIN TROUÉ ?... ON NE PREND PAS LA PEINE D'ÉTOUFFER LE BRUIT D'UNE DÉTONATION AVEC UN COUSSIN QUAND ON SE SUICIDE !
Le revolver, Jérôme l'aura ramassé par réflexe à son réveil. Quant au coussin... J'étais saoule. Je ne prétends pas avoir agi avec toute la logique nécessaire ! Maintenant, laissez-moi ! J'ai besoin de me reposer. Toi aussi, Bustien !
45

TU ES BIEN SILENCIEUX, JÉRÔME. ÇA NE VA PAS ?
HEIN ? SI, SI, ÇA VA ! ÇA VA !
QU'EST-CE QUE TU FAIS ?
SNACK-BAR
Chez Lucien
POURQUOI T'ARRÊTES-TU LÀ ?
COMMENT ? JE NE T'AVAIS PAS DIT ?! TU M'INVITES À DÉJEUNER CHEZ LUCIEN POUR FÊTER TON RETOUR À LA VIE D'HOMME LIBRE.
AH, BON !
À TON RETOUR, JÉRÔME !
SANTÉ !
!
46

DRIN DRIING
ENCORE DES FLEURS ! VOUS AVEZ DÉVALISÉ UN FLEURISTE OU QUOI ?
JE VOUS LAISSE. J'AI LE REPAS À PRÉPARER. VOUS CONNAISSEZ LE CHEMIN.
BONJOUR, RAPHAËLE !
?
Tu trinques avec moi, Jérôme ?
COMMENT ? TRINQUER AVEC VOUS ? NON, MERCI ! LA DERNIÈRE FOIS, ÇA A BIEN FAILLI ME COÛTER VINGT ANS DE PRISON.

Chaque jour de la semaine, tu viens me rendre visite et tu t'installes là, pendant des heures, à regarder la télé, sans rien dire... Pourquoi ?
MAIS ! POUR VOUS TENIR COMPAGNIE, RAPHAËLE.
triste compagnie que celle d'une vieille femme invalide ! Qu'est-ce qui ne va pas, Jérôme ?
ÇA VA ! SAUF QUE... JE ME SENS UN PEU RESPONSABLE DE CE QUI VOUS EST ARRIVÉ.
?
JE NE PEUX PAS M'EMPÊCHER DE PENSER QUE, SANS MOI, VOUS... VOUS N'AURIEZ PAS TENTÉ DE METTRE FIN À VOS JOURS.
?
JE VEUX DIRE... SI JE N'AVAIS PAS RAPPORTÉ CE TABLEAU QUI A REMUÉ EN VOUS TANT DE SOUVENIRS DOULOUREUX ...
??
?
C'est bon Jérôme ! Tu as gagné !
Lis ça !
?!!
48

JE LE SAVAIS ! JE L'AI TOUJOURS SU !
ÇA NE VOUS RESSEMBLAIT PAS, CETTE HISTOIRE DE SUICIDE, ...
PERMETTEZ !
CRR
...ET PUIS ÇA NE COLLAIT PAS AVEC LE COUSSIN ET LE REVOLVER.
BRR ! SE RÉVEILLER AVEC UN REVOLVER DANS LA MAIN, QUEL CAUCHEMAR !
OUI ?
J'ai besoin de toi, à jeun pour poster cette lettre.
VOUS POUVEZ COMPTER SUR MOI, RAPHAËLE, EUH... SI J'ÉTAIS VOUS, JE PENSERAIS À FAIRE CHANGER LA SERRURE.
YAOUH !
JE LE SAVAIS !
49
JE LE SAVAIS ! JE LE SAVAIS !
PET
PET
PET

DRINN
Steve Pichard
Nuit noire
BONJOUR !
BONJOUR !
JE... EST-CE QUE JE PEUX VOUS VOIR QUELQUES INSTANTS ?...
C'EST AU SUJET DU TABLEAU.
LE TABLEAU ?
VOUS NE VOUS SOUVENEZ PAS DE MOI ? J'ÉTAIS PRÉSENT LE JOUR OÙ VOUS AVEZ RAMENÉ LE TABLEAU CHEZ LA COMTESSE.
MAIS OUI ! BIEN SÛR ! VOUS ÊTES LE GRAND FRÈRE DU GARÇON QUI A DES PROBLÈMES AVEC LES DIVISIONS !
ASSEYEZ-VOUS !
J'AI PROFITÉ D'UNE DE VOS VISITES CHEZ LA COMTESSE POUR RELEVER VOTRE ADRESSE SUR LA PLAQUE D'IDENTITÉ DE VOTRE SOLEX...
HUM ! CE... CE QUE J'AI À VOUS DIRE EST ASSEZ DÉLICAT.
VOILÀ ! JE N'ÉTAIS ENCORE QU'UN GAMIN ET... BREF ! C'EST MOI QUI AI JETÉ LE TABLEAU À LA POUBELLE !
AH !
ET SI VOUS ME RACONTIEZ TOUT ÇA DEPUIS LE DÉBUT ?...
VOYEZ-VOUS, LA COMTESSE EST UNE SAINTE FEMME, MAIS UNE ENSEIGNANTE TRÈS SÉVÈRE...
50

CE SOIR-LÀ, LA COMTESSE EN AVAIT PARTICULIÈREMENT APRÈS MOI. IL FAUT DIRE QUE, MOI AUSSI, J'ÉTAIS FÂCHÉ AVEC LES DIVISIONS...
JE PEUX ALLER AU PETIT COIN ?
ENCORE !! BON ! MAIS FAIS VITE ! DE TOUTE FAÇON, TU NE PARTIRAS PAS D'ICI AVANT D'AVOIR RÉSOLU CE PROBLÈME.
RAPHAËLE !
VOUS AVEZ TROUVÉ VOTRE BONHEUR, MAÎTRE BERNARD ?
AVEC CES QUELQUES TOILES, ON DEVRAIT FAIRE UNE BONNE PETITE VENTE.
EN ALLANT AUX TOILETTES, JE REMARQUAI QUE LA PORTE DE LA PIÈCE DU FOND ÉTAIT RESTÉE OUVERTE. C'ÉTAIT EXCEPTIONNEL. ORDINAIREMENT, ELLE ÉTAIT TOUJOURS FERMÉE À CLÉ...
LA COMTESSE PRENAIT CONGÉ DE L'HOMME QUI S'OCCUPE DE VENDRE SES TABLEAUX. PERSONNE NE FAISAIT ATTENTION À MOI...
SANS RÉFLÉCHIR, J'AI PRIS LE PREMIER TABLEAU QUI ME TOMBAIT SOUS LA MAIN ET JE SUIS RETOURNÉ AU SALON...
LE TABLEAU ÉTAIT DE PETITE TAILLE. JE L'AI GLISSÉ DANS MON CARTABLE EN PENSANT : "BIEN FAIT POUR LA COMTESSE !"
MON PROBLÈME ENFIN RÉSOLU, JE SUIS RENTRÉ CHEZ MOI.
AMIN ! VIENS ICI !
PAS DE CHANCE ! MA MÈRE AVAIT DÉCIDÉ DE PROCÉDER À L'INSPECTION DE MON CARTABLE, CE JOUR-LÀ...
PETIT VOYOU ! À QUOI ÇA SERT QU'ON SE SAIGNE AUX QUATRE VEINES POUR FAIRE DE TOI QUELQU'UN, SI C'EST COMME ÇA QUE TU NOUS REMERCIES ? VOLER SON BIEN À MADAME L'INSTITUTRICE, UNE PERSONNE SI BONNE QU'ELLE PREND SUR SON TEMPS DE LOISIR POUR DONNER DE L'INSTRUCTION À DES PETITS INGRATS COMME TOI ! SI TON PÈRE IL APPREND ÇA, IL TE TUE !
MA MÈRE NE PLAISANTAIT PAS AVEC LA MORALE...
ET TU SERAS BIEN POLI AVEC MADAME L'INSTITUTRICE, ET TU LUI DIS BIEN QUE TU T'EXCUSES !
51

JE ME SUIS RETROUVÉ DEVANT LA PORTE DE LA COMTESSE, PARALYSÉ PAR LA TERREUR...
C'ÉTAIT EXACTEMENT ÇA. JE NE POUVAIS PLUS NI AVANCER, NI RECULER. D'UN CÔTÉ, LA COMTESSE! DE L'AUTRE, MA MÈRE! AUCUNE ISSUE!
C'EST ALORS QUE J'AI PENSÉ AU VIDE-ORDURES DU PALIER.
LE TABLEAU ENTRAIT TOUT JUSTE.
PERSONNE NE M'AVAIT VU.
JE SUIS RETOURNÉ CHEZ MOI EN COURANT.
ALORS? QU'EST-CE QU'ELLE A DIT, MADAME L'INSTITUTRICE?
ELLE... ELLE A DIT QU'ELLE ÉTAIT CONTENTE. ELLE A DIT QUE C'ÉTAIT BIEN GENTIL DE LUI AVOIR RAPPORTÉ SON TABLEAU.
LA HONTE DE MA VIE! DEPUIS, CE SOUVENIR EST RESTÉ GRAVÉ QUELQUE PART DANS UN COIN DE MA TÊTE. ALORS, L'AUTRE JOUR, QUAND JE VOUS AI VU, AVEC LE TABLEAU, J'AI CRU RETOURNER DIX ANS EN ARRIÈRE. LA MÊME TERREUR M'A ENVAHI.
J'AI BIEN ESSAYÉ, DEPUIS, D'ALLER VOIR LA COMTESSE, DE LUI EXPLIQUER... MAIS À CHAQUE FOIS, DEVANT SA PORTE, JE ME RETROUVE EXACTEMENT COMME CE JOUR-LÀ, COMPLÈTEMENT PARALYSÉ.
SI VOUS VOULEZ, JE PEUX ALLER LA VOIR À VOTRE PLACE.
VOUS FERIEZ ÇA?!
OH! MERCI! MERCI!
JE M'ÉTAIS ENGAGÉ AUPRÈS DE LA COMTESSE À REMONTER LA PISTE DE CE TABLEAU. VOUS VENEZ DE ME FACILITER LA TÂCHE. C'EST MOI QUI VOUS REMERCIE.
DROIT
52

EN FAIT, LE PLUS SIMPLE SERAIT DE VOUS DONNER UN DOUBLE DES CLÉS...
TENEZ, GINETTE ! C'EST POUR VOUS.
P... POUR MOI ?! OOH !
!
JE SUIS VENU VOUS RACONTER UNE HISTOIRE, RAPHAËLE. UNE HISTOIRE QUI COMMENCE PAR : IL ÉTAIT UNE FOIS UN PETIT GARÇON QUI N'AIMAIT PAS LES DIVISIONS...
Je me demandais si tu allais repasser. Tu as posté ma lettre ?
OUI, OUI ! JE L'AI POSTÉE LE JOUR MÊME. IL DOIT L'AVOIR REÇUE À L'HEURE QU'IL EST.
53

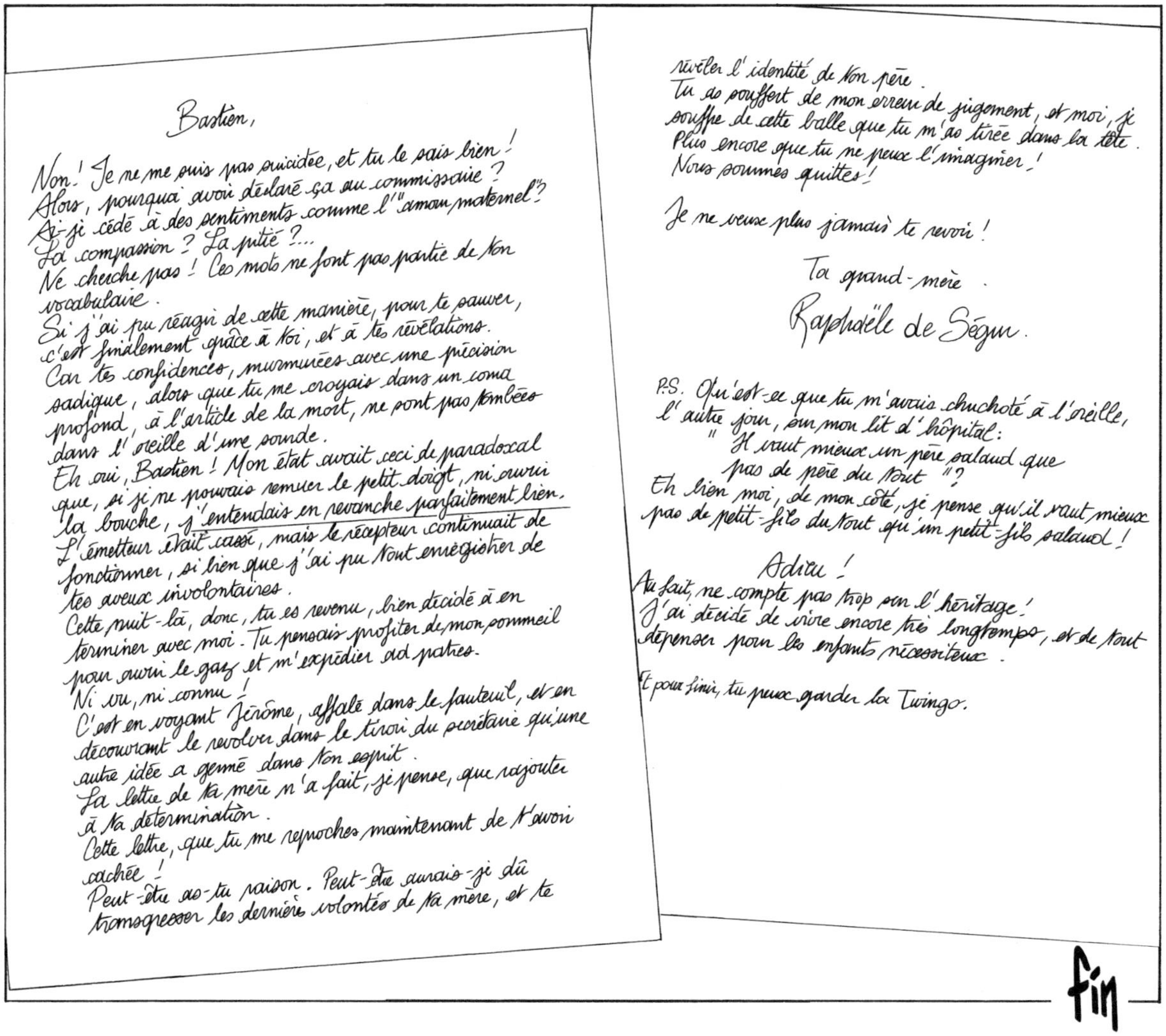

Bastien,

Non ! Je ne me suis pas suicidée, et tu le sais bien !
Alors, pourquoi avoir déclaré ça au commissaire ?
Ai-je cédé à des sentiments comme l'"amour maternel" ?
La compassion ? La pitié ?...
Ne cherche pas ! Ces mots ne font pas partie de mon vocabulaire.
Si j'ai pu réagir de cette manière, pour te sauver, c'est finalement grâce à toi, et à tes révélations.
Car tes confidences, murmurées avec une précision sadique, alors que tu me croyais dans un coma profond, à l'article de la mort, ne sont pas tombées dans l'oreille d'une sourde.
Eh oui, Bastien ! Mon état avait ceci de paradoxal que, si je ne pouvais remuer le petit doigt, ni ouvrir la bouche, j'entendais en revanche parfaitement bien.
L'émetteur était cassé, mais le récepteur continuait de fonctionner, si bien que j'ai pu tout enregistrer de tes aveux involontaires.
Cette nuit-là, donc, tu es revenu, bien décidé à en terminer avec moi. Tu pensais profiter de mon sommeil pour ouvrir le gaz et m'expédier ad patres.
Ni vu, ni connu !
C'est en voyant Jérôme, affalé dans le fauteuil, et en découvrant le revolver dans le tiroir du secrétaire qu'une autre idée a germé dans ton esprit.
La lettre de ta mère n'a fait, je pense, que rajouter à ta détermination.
Cette lettre, que tu me reproches maintenant de t'avoir cachée !
Peut-être as-tu raison. Peut-être aurais-je dû transgresser les dernières volontés de ta mère, et te révéler l'identité de ton père.
Tu as souffert de mon erreur de jugement, et moi, je souffre de cette balle que tu m'as tirée dans la tête.
Plus encore que tu ne peux l'imaginer !
Nous sommes quittes !

Je ne veux plus jamais te revoir !

Ta grand-mère.

Raphaële de Ségur.

P.S. Qu'est-ce que tu m'avais chuchoté à l'oreille, l'autre jour, sur mon lit d'hôpital :
" Il vaut mieux un père salaud que pas de père du tout " ?
Eh bien moi, de mon côté, je pense qu'il vaut mieux pas de petit-fils du tout qu'un petit-fils salaud !

Adieu !

Au fait, ne compte pas trop sur l'héritage !
J'ai décidé de vivre encore très longtemps, et de tout dépenser pour les enfants nécessiteux.

Et pour finir, tu peux garder la Twingo.

fin

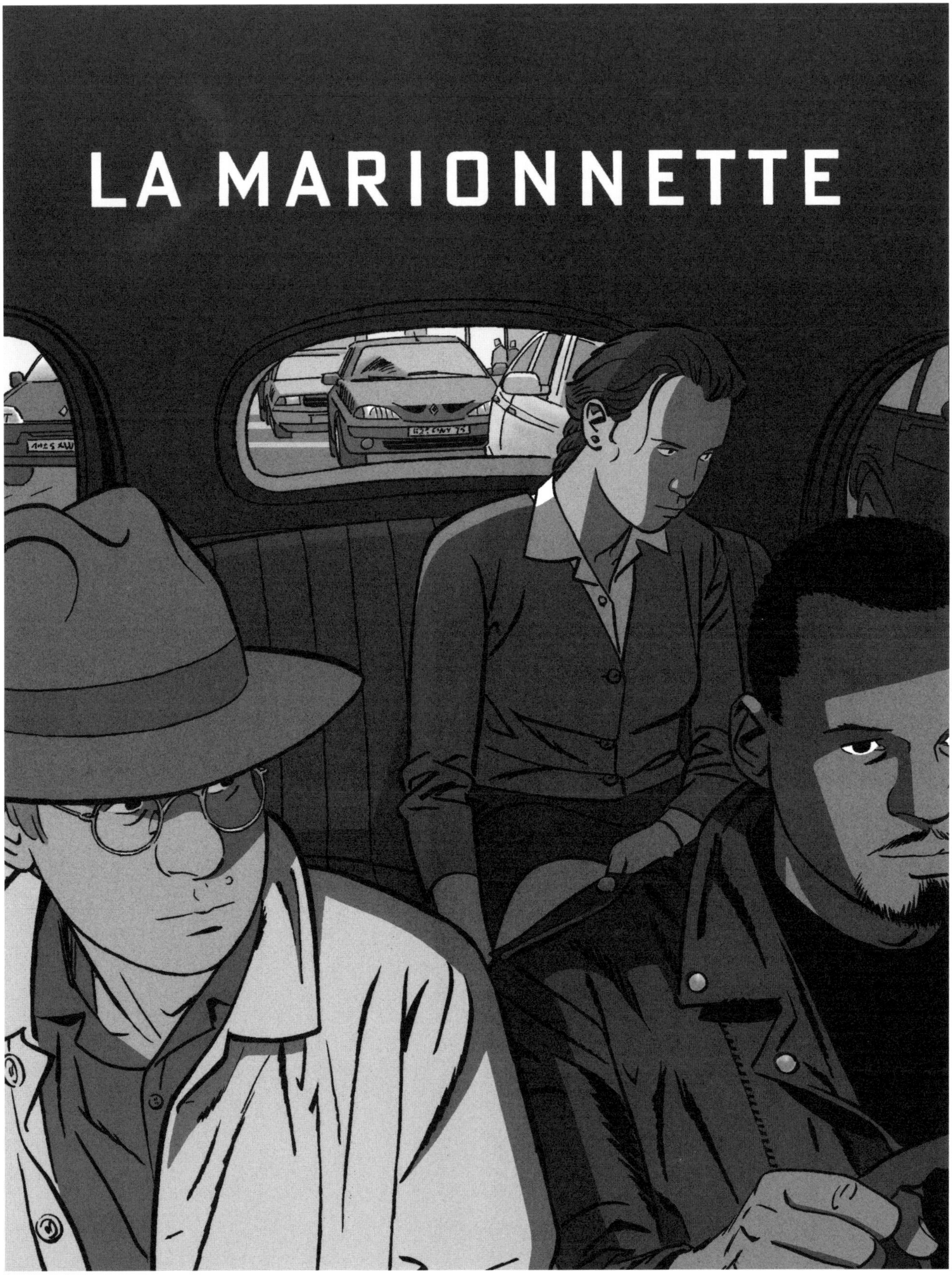
LA MARIONNETTE

TU ES RENTRÉE QUAND ?
DIS DONC ! ÇA EN FAIT DES HEURES PASSÉES DANS L'AVION, ÇA !
ET L'ESCALE ?...
AH ! TIENS ! SI COURT ? HUM ! FINALEMENT, VOUS VOYAGEZ BEAUCOUP DANS CE MÉTIER, MAIS VOUS N'AVEZ JAMAIS LE TEMPS DE VISITER.
OH ! MOI, RIEN DE NEUF DEPUIS LA SEMAINE DERNIÈRE. C'EST CALME EN CE MOMENT. OUI ! LES GENS SONT EN VACANCES. ILS ONT EMMENÉ LEURS PROBLÈMES AVEC EUX.
DRING !
OH ! OH ! J'AI L'IMPRESSION QUE LES AFFAIRES REPRENNENT. ON SONNE À LA PORTE.
JE TE LAISSE, BABETTE. ON SE VOIT CE SOIR ?... OUI !... BISOUS !
BONJ... ?
?
MADEMOISELLE ! C'EST VOUS QUI AVEZ SONNÉ ?
EXCUSEZ-MOI ! J'ÉTAIS AU TÉLÉPHONE.
1

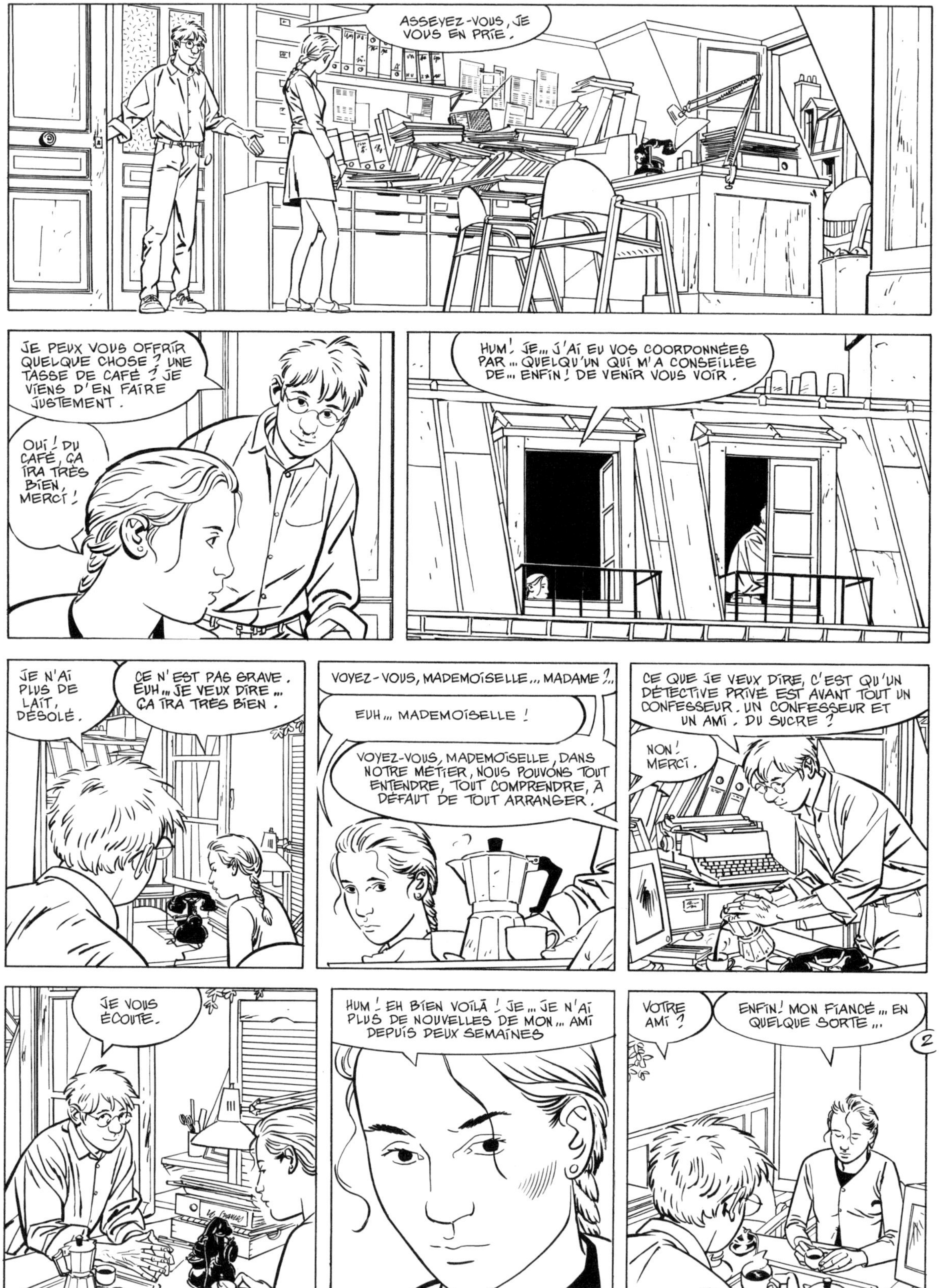
ASSEYEZ-VOUS, JE VOUS EN PRIE.
JE PEUX VOUS OFFRIR QUELQUE CHOSE ? UNE TASSE DE CAFÉ ? JE VIENS D'EN FAIRE JUSTEMENT.
OUI ! DU CAFÉ, ÇA IRA TRÈS BIEN, MERCI !
HUM ! JE... J'AI EU VOS COORDONNÉES PAR... QUELQU'UN QUI M'A CONSEILLÉE DE... ENFIN ! DE VENIR VOUS VOIR.
JE N'AI PLUS DE LAIT, DÉSOLÉ.
CE N'EST PAS GRAVE. EUH... JE VEUX DIRE... ÇA IRA TRÈS BIEN.
VOYEZ-VOUS, MADEMOISELLE... MADAME ?...
EUH... MADEMOISELLE !
VOYEZ-VOUS, MADEMOISELLE, DANS NOTRE MÉTIER, NOUS POUVONS TOUT ENTENDRE, TOUT COMPRENDRE, À DÉFAUT DE TOUT ARRANGER.
CE QUE JE VEUX DIRE, C'EST QU'UN DÉTECTIVE PRIVÉ EST AVANT TOUT UN CONFESSEUR. UN CONFESSEUR ET UN AMI. DU SUCRE ?
NON ! MERCI.
JE VOUS ÉCOUTE.
HUM ! EH BIEN VOILÀ ! JE... JE N'AI PLUS DE NOUVELLES DE MON... AMI DEPUIS DEUX SEMAINES
VOTRE AMI ?
ENFIN ! MON FIANCÉ... EN QUELQUE SORTE...
2

ÎL A DISPARU ?
JE NE SAIS PAS.
VOUS PENSEZ QU'IL LUI EST ARRIVÉ QUELQUE CHOSE ?
JE NE SAIS PAS. JE N'AI PLUS DE NOUVELLES, C'EST TOUT.
EXCUSEZ-MOI DE VOUS DEMANDER ÇA, MAIS... VOUS VIVEZ ENSEMBLE ?
NON! C'EST-À-DIRE QUE... IL PASSE ME VOIR... DE TEMPS EN TEMPS.
DE TEMPS EN TEMPS... JE VOIS. ET VOUS AVEZ ESSAYÉ DE LE JOINDRE ?
JE N'AI PAS SON NUMÉRO DE TÉLÉPHONE... NI SON ADRESSE.
S'IL N'EST PAS SUR LISTE ROUGE, ÇA DOIT POUVOIR SE TROUVER. COMMENT S'APPELLE-T-IL ?
BENOÎT.
BENOÎT COMMENT ?
JE... JE NE SAIS PAS.
EH BIEN! ON PEUT DIRE QUE VOUS N'ÊTES PAS CURIEUSE, VOUS!
BLOOM
HUM! ET CE MYSTÉRIEUX BENOÎT A BIEN UNE PROFESSION ? QU'EST-CE QU'IL FAIT DANS LA VIE ?
JE NE SAIS PAS... IL M'A DIT QU'IL VOYAGEAIT BEAUCOUP.
EH BIEN VOILÀ!
IL SERA PARTI EN VOYAGE POUR SON TRAVAIL ET IL N'AURA PAS EU LE TEMPS DE VOUS PRÉVENIR.

EXCUSEZ-MOI ! CE... CE N'ÉTAIT PEUT-ÊTRE PAS UNE TRÈS BONNE IDÉE DE VENIR VOUS VOIR... JE SUIS DÉSOLÉE.
!
MAIS NON ! MAIS NON ! C'EST MOI QUI M'EXCUSE. ÉCOUTEZ ! TOUT PROBLÈME DOIT TROUVER SA SOLUTION. IL SUFFIT DE LE PRENDRE PAR LE BON BOUT. VOUS... EUH... UNE AUTRE TASSE DE CAFÉ ?
POUR RÉSUMER, VOUS VOUS CONNAISSEZ DEPUIS... DEPUIS ?
EUH... UN PEU PLUS D'UN AN.
UN AN !
UN AN ET... ET QUATORZE JOURS !
DONC, VOUS CONNAISSEZ DEPUIS PLUS D'UN AN UN MONSIEUR SE PRÉNOMMANT BENOÎT, ÂGÉ DE ?...
40 ANS. MAIS IL FAIT PLUS JEUNE.
VOUS AVEZ UNE PHOTO AVEC VOUS ?
EUH... NON ! IL N'AIME PAS LES PHOTOS.
ÉVIDEMMENT ! ÇA AURAIT ÉTÉ TROP SIMPLE.
IL S'EST PASSÉ QUELQUE CHOSE DE PARTICULIER LA DERNIÈRE FOIS QUE VOUS VOUS ÊTES VUS ? UNE DISPUTE, PEUT-ÊTRE ?
...
UNE DISPUTE... VIOLENTE ?
NON ! MAIS...
IL N'AVAIT PAS L'AIR CONTENT.
AH !
4

JE LUI AVAIS PRÉPARÉ UN PETIT DÎNER AUX CHANDELLES POUR... POUR LE PREMIER ANNIVERSAIRE DE NOTRE RENCONTRE ET... JE VOULAIS PROFITER DE L'OCCASION POUR LUI ANNONCER UNE GRANDE NOUVELLE.
UNE GRANDE NOUVELLE ?
JE... JE SUIS ENCEINTE.
AH ! FÉLICITATIONS ! ET... COMMENT A-T-IL RÉAGI À CETTE NOUVELLE ?
IL S'EST LEVÉ, SANS TERMINER SON ASSIETTE, ET IL EST PARTI, SANS UN MOT.
BIEN ! BIEN ! EUH... JE VEUX DIRE, IL A RÉAGI PLUTÔT MAL ! EXCUSEZ-MOI DE VOUS DEMANDER ÇA, MAIS PENSEZ-VOUS... AVEZ-VOUS L'IMPRESSION QU'IL POURRAIT AVOIR UNE AUTRE VIE QUELQUE PART ?... UNE FEMME ?... DES ENFANTS PEUT-ÊTRE ?...
JE NE SAIS PAS. IL NE M'EN A JAMAIS PARLÉ.
DONC, POUR RÉSUMER, VOUS ME DEMANDEZ DE RETROUVER UN HOMME DONT VOUS ÊTES ENCEINTE ET DONT VOUS NE CONNAISSEZ NI LE NOM NI L'ADRESSE NI LA PROFESSION, ET DONT, POUR COURONNER LE TOUT, VOUS N'AVEZ PAS LA MOINDRE PHOTO ! SÛR QU'AVEC ÇA, ON VA ALLER LOIN !
EXCUSEZ-MOI !
?
IL ME GRONDE QUAND JE LUI POSE TROP DE QUESTIONS, ET MOI... ET MOI JE NE VEUX PAS LE PERDRE, VOUS COMPRENEZ !? JE NE VEUX PAS LE PERDRE !
MADEMOISELLE !
MADEMOISELLE ! ATTENDEZ !
MADEMOI...
EET MERDE !
5

NE FAITES PAS ÇA !
PENSEZ À VOTRE BÉBÉ !
SI VOUS NE M'AIDEZ PAS À RETROUVER BENOÎT, À QUOI BON CONTINUER À VIVRE ?
ADIEU !
NON
MMH... QU'EST-CE QUI T'ARRIVE, JÉRÔME ?
J'AI RÊVÉ QU'ELLE SE JETAIT DANS LE VIDE .
QUI ÇA ?
LA JEUNE FEMME DE CE MATIN. ELLE TENAIT UN BÉBÉ DANS LES BRAS ET... C'EST AFFREUX, JE N'AI RIEN PU FAIRE !
DU CALME ! CE N'EST QU'UN CAUCHEMAR.
NON ! C'EST UN APPEL AU SECOURS !
?
NE ME REGARDE PAS COMME ÇA ! JE SAIS COMMENT FONCTIONNE MON INCONSCIENT.
SI TU SAIS COMMENT IL FONCTIONNE, CE N'EST DONC PLUS TOUT À FAIT UN INCONSCIENT !
COMMENT ÇA ?
BEN OUI ! UN INCONSCIENT CONSCIENT, CE N'EST PLUS UN INCONSCIENT.
...
TU AS DE L'ASPIRINE QUELQUE PART ?
6

ALLONS MAINTENANT DANS LA PAIX ET LA JOIE DU SEIGNEUR. AMEN !
AMEN !
BON DIMANCHE À TOUS !
?
ARTHUR ! JE NE TE DÉRANGE PAS ?
AH ! C'EST TOI, JÉRÔME ! ENTRE ! ENTRE !
IL ME SEMBLAIT BIEN T'AVOIR APERÇU DANS L'ASSISTANCE.
DIS DONC ! TU AS FAIT LE PLEIN CE MATIN. JE NE M'ATTENDAIS PAS À VOIR TOUT CE MONDE.
BAH ! TOUT LE MÉRITE EN REVIENT AUX INFOS DE 20H. LES MAUVAISES NOUVELLES, RIEN DE TEL POUR VOUS REMPLIR UNE ÉGLISE LE LENDEMAIN. NE ME DIS PAS QUE TU AS ACHETÉ LA TÉLÉ ?
COMMENT ? AH NON. TOUJOURS PAS ! EN FAIT, CE QUI M'AMÈNE, C'EST... J'AURAIS BESOIN D'UN CONSEIL.
UN CONSEIL ?
7

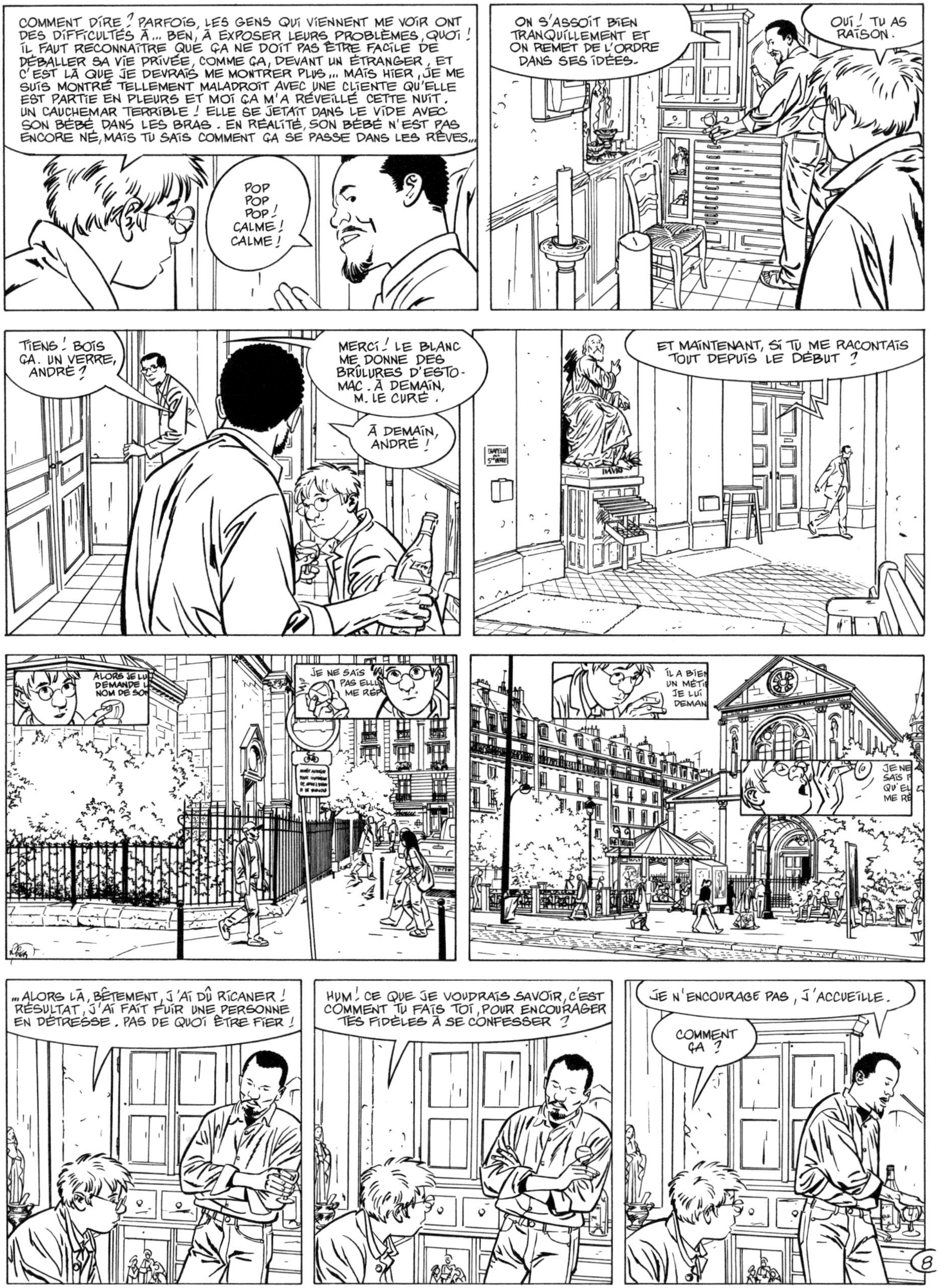
COMMENT DIRE ? PARFOIS, LES GENS QUI VIENNENT ME VOIR ONT DES DIFFICULTÉS À... BEN, À EXPOSER LEURS PROBLÈMES, QUOI ! IL FAUT RECONNAÎTRE QUE ÇA NE DOIT PAS ÊTRE FACILE DE DÉBALLER SA VIE PRIVÉE, COMME ÇA, DEVANT UN ÉTRANGER, ET C'EST LÀ QUE JE DEVRAIS ME MONTRER PLUS... MAIS HIER, JE ME SUIS MONTRÉ TELLEMENT MALADROIT AVEC UNE CLIENTE QU'ELLE EST PARTIE EN PLEURS ET MOI ÇA M'A RÉVEILLÉ CETTE NUIT. UN CAUCHEMAR TERRIBLE ! ELLE SE JETAIT DANS LE VIDE AVEC SON BÉBÉ DANS LES BRAS. EN RÉALITÉ, SON BÉBÉ N'EST PAS ENCORE NÉ, MAIS TU SAIS COMMENT ÇA SE PASSE DANS LES RÊVES...
POP POP POP ! CALME ! CALME !
ON S'ASSOIT BIEN TRANQUILLEMENT ET ON REMET DE L'ORDRE DANS SES IDÉES.
OUI ! TU AS RAISON.
TIENS ! BOIS ÇA. UN VERRE, ANDRÉ ?
MERCI ! LE BLANC ME DONNE DES BRÛLURES D'ESTOMAC. À DEMAIN, M. LE CURÉ.
À DEMAIN, ANDRÉ !
CHAPELLE ... St PIERRE
DAVID
ET MAINTENANT, SI TU ME RACONTAIS TOUT DEPUIS LE DÉBUT ?
ALORS JE LU
DEMANDE L
NOM DE SO
JE NE SAIS
PAS ELL
ME RÉP
IL A BIEN
UN MÉTI
JE LUI
DEMAN
JE NE
SAIS P
QU'EL
ME RÉ
...ALORS LÀ, BÊTEMENT, J'AI DÛ RICANER ! RÉSULTAT, J'AI FAIT FUIR UNE PERSONNE EN DÉTRESSE. PAS DE QUOI ÊTRE FIER !
HUM ! CE QUE JE VOUDRAIS SAVOIR, C'EST COMMENT TU FAIS TOI, POUR ENCOURAGER TES FIDÈLES À SE CONFESSER ?
JE N'ENCOURAGE PAS, J'ACCUEILLE.
COMMENT ÇA ?
8

JE ME CONTENTE DE FAIRE CE QUE JE VIENS DE FAIRE AVEC TOI.
AH !
EUH... ET QU'EST-CE QUE TU VIENS DE FAIRE ?
JE T'AI ÉCOUTÉ. EN SILENCE.
C'EST TOUT ?
C'EST TOUT !
ARTHUR, JE NE SAIS PAS CE QUE TU VAUX COMME CURÉ, MAIS COMME PSY, TU TE POSES LÀ !
N'EXAGÉRONS RIEN. CE QU'IL FAUT SURTOUT, C'EST BEAUCOUP DE COMPASSION.
DIS-MOI, JÉRÔME ! TA CLIENTE, CE NE SERAIT PAS UNE PETITE BRUNE BIEN ROULÉE, DANS LES 20-25 ANS, AVEC DES YEUX DE BICHE ?
C'EST BIEN ÇA. TU LA CONNAIS ?
ELLE EST VENUE EN CONFESSION. JEUDI DERNIER.
VOYEZ-VOUS ÇA !
COMME JE PENSAIS QUE SON PROBLÈME RELEVAIT PLUS DU TEMPOREL QUE DU SPIRITUEL, ET QUE, DE TOUTE FAÇON, DIEU EST UN PEU DÉBORDÉ EN CE MOMENT, JE LUI AI DONC SUGGÉRÉ D'ALLER VOIR UN DÉTECTIVE PRIVÉ.
J'AI MÊME PRÉCISÉ QUE J'EN CONNAISSAIS UN BON. ENFIN ! JE CROYAIS.
CHARRIE PAS, ARTHUR ! SINON, JE T'APPELLE MON PÈRE.
JÉRÔME, JE NE CROIS PAS TRAHIR LE SECRET DE LA CONFESSION SI JE TE DIS QU'ELLE TRAVAILLE COMME CAISSIÈRE AU FRANPRIX DE LA RUE DAMRÉMONT.
FRANPRIX. RUE DAMRÉMONT. TU ES UN ANGE, ARTHUR !
PAS ENCORE ! PAS ENCORE !
9

MONSIEUR ! MONSIEUR !
QUI ? MOI ?
VOUS POUVEZ PASSER À CETTE CAISSE, S'IL VOUS PLAÎT.
ALLEZ-Y ! JE VOUS EN PRIE. J'AI TOUT MON TEMPS.
MERCI.
ET PUIS... ET PUIS J'AI L'HABITUDE AVEC CETTE CAISSIÈRE-CI.
BONJOUR.
!
BONJOUR.
JE SUIS VENU M'EXCUSER POUR L'AUTRE FOIS.
JE...
J'AI ÉTÉ MALADROIT ET...
NON, NON ! C'EST MOI QUI ME SUIS COMPORTÉE COMME UNE IDIOTE !
VOUS VOYEZ, JE VOUS AI RETROUVÉE SANS PROBLÈME. HUM ! POURTANT, JE NE DISPOSAIS PAS DE BEAUCOUP D'ÉLÉMENTS. ALORS, PEUT-ÊTRE QUE POUR VOTRE AMI... ENFIN ! SI UN DÉTAIL VOUS REVENAIT À L'ESPRIT, QUI ME PERMETTRAIT D'ENTAMER DES RECHERCHES... VOICI MES NUMÉROS DE TÉLÉPHONE !
10

FRANPRIX
OUF ! JE ME SENS MIEUX.
PET
PET
PET
BONJOUR, MME ZELDA !
BONJOUR, JÉRÔME !
ZUT ! J'AI OUBLIÉ LE LAIT.
BONJOUR, MME ROSE !
BONJOUR, M. BLOCHE !
PET
PET
PET
BONJOUR M'SIEUR DAME !
ARTISANAL de PE
11

JÉRÔME K. JÉRÔME ! QUELLE SURPRISE ! TU TE FAIS RARE EN CE MOMENT.
!
2€95 ! DIS DONC, IL EST PAS DONNÉ, TON CAFÉ.
QUOI ! TU TROUVES MES PRODUITS TROP CHERS ?! TU CROIS PEUT-ÊTRE QUE JE GONFLE MES MARGES ? TRAITE-MOI DE VOLEUR PENDANT QUE TU Y ES !
VIENS PAR ICI ET DIS-MOI CE QUE TU VOIS DEVANT MA PORTE !
?
ÇA RESSEMBLE À UNE ROLLS ROYCE, LA VOITURE QUI EST LÀ ?
ALIMENTATION Gle SUPER MARKET
ET L'APPARTEMENT QUE J'OCCUPE AVEC MA FEMME ET MES SIX ENFANTS, LÀ-HAUT, C'EST LE RITZ, PEUT-ÊTRE ?
MAIS BURHAN, QU'EST-CE QUI TE PREND ?
C'EST SÛR QU'AVEC LE DÉBIT QUE J'AI, JE NE PEUX PAS ME PERMETTRE DE CASSER LES PRIX, MOI ! DE FAIRE DANS LE "DISCOUNT". JE NE SUIS QU'UN MODESTE COMMERCE DE PROXIMITÉ, OUVERT JOUR ET NUIT POUR SATISFAIRE SES CLIENTS !
ALORS, ÉVIDEMMENT, SI LE CLIENT PRÉFÈRE LE STYLE IMPERSONNEL DES HYPER-GRANDES SURFACES, AVEC CAISSIÈRES ROBOTISÉES À AMABILITÉ RÉDUITE, TOUT ÇA POUR GRATTER TROIS FRANCS SIX SOUS, LIBRE À LUI !
MAIS BURHAN !
NE NIE PAS ! ON T'A VU !
BON ! JE REPASSERAI QUAND TU SERAS CALMÉ.
C'EST ÇA. BON VENT !
AVEC TOUT ÇA, JE N'AI TOUJOURS PAS DE LAIT.
12

TRILALALI TRILALALI
!
TRI LA LA LI TRI LA LA LI
WAAH!
JÉRÔME ! POUR TOI !
TRI LA LA LI
MMH ?...
TON PORTABLE.
TRILALALI
TRI... ALLÔ !
QUI ?
AH ! C'EST VOUS !
WAAH !
...EST QUI ?
MADEMOISELLE "JE NE SAIS PAS". LA NANA DONT JE T'AI PARLÉ L'AUTRE JOUR.
ALLÔ ! JE VOUS ENTENDS MAL. COMMENT ?... AH ! IL A RAPPELÉ. QUAND ?... HIER SOIR.
VOUS ANNONCER QUOI ?... QU'IL AVAIT DÉCIDÉ DE ROMPRE ! COMME ÇA ! PAR TÉLÉPHONE ! EH BIEN ! QUELLE ÉLÉGANCE ! JOLI MONSIEUR.
AH NON ! VOUS N'ALLEZ PAS LUI TROUVER DES EXCUSES EN PLUS !?
QUOI ! VOUS AVEZ FAIT QUOI ?
?
13

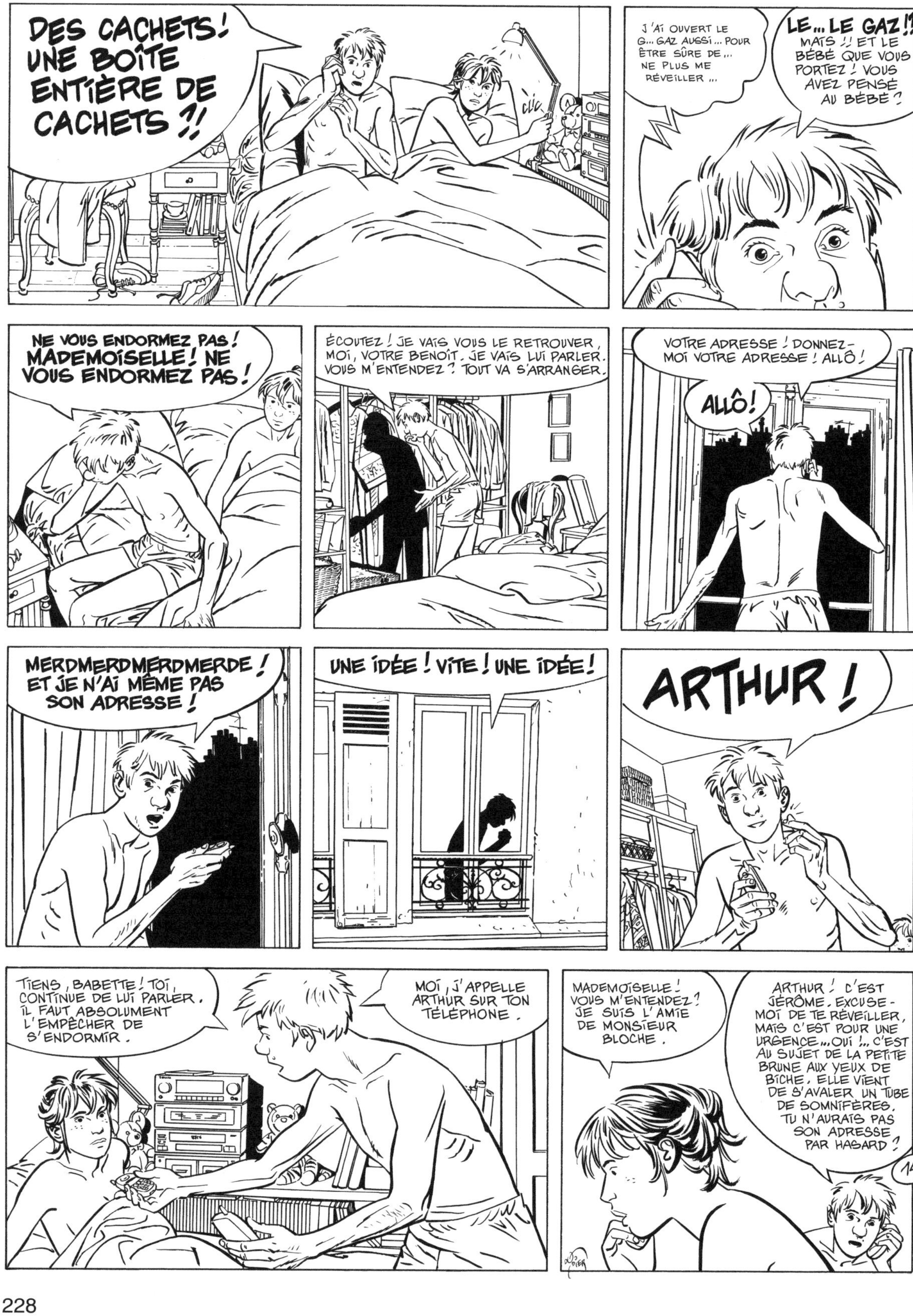
DES CACHETS ! UNE BOÎTE ENTIÈRE DE CACHETS ?!
CLIC
J'AI OUVERT LE G... GAZ AUSSI... POUR ÊTRE SÛRE DE... NE PLUS ME RÉVEILLER...
LE... LE GAZ !? MAIS !! ET LE BÉBÉ QUE VOUS PORTEZ ! VOUS AVEZ PENSÉ AU BÉBÉ ?
NE VOUS ENDORMEZ PAS ! MADEMOISELLE ! NE VOUS ENDORMEZ PAS !
ÉCOUTEZ ! JE VAIS VOUS LE RETROUVER, MOI, VOTRE BENOIT. JE VAIS LUI PARLER. VOUS M'ENTENDEZ ? TOUT VA S'ARRANGER.
VOTRE ADRESSE ! DONNEZ-MOI VOTRE ADRESSE ! ALLÔ !
ALLÔ !
MERDMERDMERDMERDE ! ET JE N'AI MÊME PAS SON ADRESSE !
UNE IDÉE ! VITE ! UNE IDÉE !
ARTHUR !
TIENS, BABETTE ! TOI, CONTINUE DE LUI PARLER. IL FAUT ABSOLUMENT L'EMPÊCHER DE S'ENDORMIR.
MOI, J'APPELLE ARTHUR SUR TON TÉLÉPHONE.
MADEMOISELLE ! VOUS M'ENTENDEZ ? JE SUIS L'AMIE DE MONSIEUR BLOCHE.
ARTHUR ! C'EST JÉRÔME. EXCUSE-MOI DE TE RÉVEILLER, MAIS C'EST POUR UNE URGENCE... OUI !... C'EST AU SUJET DE LA PETITE BRUNE AUX YEUX DE BICHE. ELLE VIENT DE S'AVALER UN TUBE DE SOMNIFÈRES. TU N'AURAIS PAS SON ADRESSE PAR HASARD ?
14

JE M'APPELLE BABETTE. ET VOUS, COMMENT VOUS APPELEZ-VOUS ?
COMMENT ?... AH !... D'ACCORD ! BON ! JE T'ATTENDS EN BAS. OUI ! CHEZ BABETTE.
ROSELINE ? ROSELINE COMMENT ?
ARTHUR CONNAÎT LA PROPRIÉTAIRE DE L'APPARTEMENT OÙ HABITE LA PETITE. C'EST UNE DE SES PAROISSIENNES. IL VA LUI TÉLÉPHONER TOUT DE SUITE.
ALLÔ ! MADEMOISELLE !
NE VOUS ENDORMEZ PAS ! J'ARRIVE !
J'Y VAIS ! CONTINUE DE LUI PARLER !
QU'EST-CE QUE TU FOUS, ARTHUR !? VITE, VITE !
AH !
15

MONTE ! J'AI L'ADRESSE.
HUIT, RUE DES AMIRAUX. C'EST À DEUX MINUTES.
TU AS PRÉVENU LES POMPIERS ?
BROOO
C'EST FAIT.
RUE DU POTEAU
C'EST AU BOUT DE LA RUE.
CHARCUTERIE
ET J'AI LE CODE.
ARTHUR, NON !
?
TOC TOC
ON NE SAIT JAMAIS AVEC LE GAZ. UNE ÉTINCELLE ET BOUM !

MADEMOISELLE ! OUVREZ !
LAISSE-MOI FAIRE, JÉRÔME !
HUMPF !
BOM
ARRÊTE ÇA, ARTHUR ! DÉFONCER LES PORTES À COUPS D'ÉPAULE, ÇA NE MARCHE QU'AU CINÉMA.
C'EST CE QU'ON VA VOIR !...
BOM
AÏE !
KLAÏNG
17

PSCHHH
PSCHHH
MADEMOÌSELLE !
MADEMOÌSELLE ! RÉVEÌLLEZ-VOUS !
POMPÌERS ! OUVREZ !
BOUM BOUM
OÙ EST-ELLE ?
DANS SA CHAMBRE. PAR LÀ.
LE GAZ ?
JE L'AÌ FERMÉ.
JÉRÔME BLOCHE ?...
C'EST MOÌ.
TÉLÉPHONE !
MERCÌ ! COMMENT VA-T-ELLE ?
ÇA ÌRA.
BABETTE ! OUÌ ! TOUT VA BÌEN. JE CROÌS QUE NOUS SOMMES ARRÌVÉS À TEMPS.
CHARME
18

?
AH ! CES HOMMES !
?
FAUT ÊTRE GONFLÉ, QUAND MÊME, POUR SE BARRER COMME ÇA, À LA PREMIÈRE ESCARMOUCHE.
ESCARMOUCHE ?
JE PENSAIS À CE TYPE...
TU M'AS BIEN DIT QU'ELLE ÉTAIT ENCEINTE, CETTE FILLE ?!
C'EST VRAI. VISIBLEMENT, ÇA N'ENTRAIT PAS DANS LE PLAN DE VIE DE CE MONSIEUR.
VOUS ÊTES BIEN TOUS LES MÊMES !
!
TANT QU'ON SE MONTRE GENTILLE AVEC VOUS, ET SURTOUT PAS TROP EXIGEANTE, ÇA VA ! MAIS QU'UN IMPRÉVU SE PRÉSENTE ET BOUSCULE LE DOUX RONRON DE VOS HABITUDES, ALORS LÀ, PLUS PERSONNE ! COURAGE, FUYONS !
JE VAIS ME COUCHER.
QU'EST-CE QUI LUI PREND ?
HUM ! IL SE FAIT TARD. JE VAIS VOUS LAISSER.
AU FAIT, C'EN EST OÙ, VOTRE PROJET DE MARIAGE ?
BEN... NULLE PART ! EN CE MOMENT, J'AVAIS PAS MAL DE BOULOT ET...
POURQUOI ? TU CROIS QUE C'EST ÇA ?
19

JE SUIS DÉSOLÉE DE VOUS CAUSER AUTANT DE SOUCIS.
MAIS NON, VOYONS! VOUS AVEZ BIEN FAIT DE M'APPELER. MAIS JUREZ-MOI QUE VOUS NE LE FEREZ PLUS!
ET VOUS, DITES-MOI QUE VOUS ALLEZ LE RETROUVER.
DANS CE CAS, IL FAUT M'AIDER. IL NE VOUS REVIENDRAIT PAS À L'ESPRIT UN DÉTAIL, QUELQUE CHOSE QUI POURRAIT ME DONNER UNE PISTE? ESSAYEZ DE PUISER DANS VOS SOUVENIRS.
IL N'A LAISSÉ AUCUN OBJET PERSONNEL CHEZ VOUS?
SI! SA BROSSE À DENTS!
HUM! RIEN D'AUTRE?...
DU LINGE AVEC SON NOM BRODÉ DESSUS PAR EXEMPLE?
EUH... NON! CE SERAIT TROP SIMPLE!
UNE VOITURE! C'EST ÇA! PEUT-ÊTRE VENAIT-IL VOUS VOIR AU VOLANT D'UNE VOITURE?
OUII! UNE VOITURE ROUGE! MÊME QU'IL M'A EMMENÉE FAIRE UN TOUR DEDANS UNE FOIS.
QUELLE MARQUE? FRANÇAISE? RENAULT? CITROËN?... ÉTRANGÈRE? ALLEMANDE? JAPONAISE?...
UNE VOITURE ROUGE AVEC DES SIÈGES EN CUIR BLANC.
LA PLAQUE D'IMMATRICULATION! VOUS N'AURIEZ PAS RELEVÉ LE NUMÉRO PAR HASARD?...
?
NON! JE PLAISANTE.
UNE VOITURE ROUGE, AVEC UN CHEVAL NOIR DESSINÉ SUR LE VOLANT. UN CHEVAL DRESSÉ SUR SES PATTES DE DERRIÈRE, COMME ÇA.
20

UNE FERRARI ! VOTRE PETIT AMI ROULE EN FERRARI ?!
JE NE SAIS PAS. TOUT CE QUE JE PEUX VOUS DIRE, C'EST QU'ELLE ROULE TRÈS VITE, MÊME QUE J'AI EU TRÈS PEUR, MAIS JE N'AI PAS OSÉ LE MONTRER.
PAUVRE BENOÎT ! ÇA A DÛ LUI FAIRE MAL AU COEUR QU'ON LUI ABÎME SA BELLE VOITURE...
COMMENT ÇA ?
UN VÉLO A ÉRAFLÉ SA PORTIÈRE. EN DÉBOÎTANT, IL NE L'A PAS VU ARRIVER. LE CYCLISTE EST TOMBÉ, MAIS IL S'EST RELEVÉ. IL N'AVAIT RIEN. LE VÉLO NON PLUS. ALORS, BENOÎT EST REPARTI, SANS... SANS UN REGARD POUR MOI.
QUAND CELA S'EST-IL PRODUIT ?
C'ÉTAIT LORS DE SA DERNIÈRE VISITE. J'ÉTAIS À MA FENÊTRE. JE VOULAIS LUI DIRE DE REVENIR, DE NE PAS ÊTRE FÂCHÉ...
BON ! EH BIEN, JE VAIS ESSAYER DE ME DÉBROUILLER AVEC ÇA.
VOUS ALLEZ ME LE RAMENER, DITES ?
JE VOUS PROMETS DE TOUT FAIRE POUR LE RETROUVER. MAIS APRÈS, CE QU'IL DÉCIDERA...
BONJOUR, MESDAMES ! JE VOULAIS VOUS DEMANDER, AU SUJET DE LA JEUNE FEMME QUI OCCUPE LA CHAMBRE 14...
LE LAVAGE D'ESTOMAC ?
INFIRMIÈRE
C'EST ÇA ! J'AURAIS VOULU SAVOIR SI... ENFIN ! SI POUR L'ENFANT, IL N'Y AVAIT PAS EU DE SÉQUELLES ?...
L'ENFANT ? QUEL ENFANT ?!
BEN... LE BÉBÉ QUOI ! LE BÉBÉ QU'ELLE PORTE !
TU AS ENTENDU DIRE QU'ELLE ÉTAIT ENCEINTE, TOI, LA 14 ?
ÇA M'ÉTONNERAIT ! VOUS PARLEZ BIEN DE LA TENTATIVE DE SUICIDE QU'ON NOUS A RAMENÉE CETTE NUIT ?...
C'EST BIEN ÇA ! EXCUSEZ-MOI ! J'AI DÛ MAL COMPRENDRE. AU REVOIR !
FIRMIÈRES
AMBULANCE-ARC-EN-CIEL
02 37 91 80 80
21

Automobiles Ch. BUZZI
AU SUIVANT !
Ferrari
ÉVIDEMMENT, IL Y A TOUJOURS LA POSSIBILITÉ QU'IL AIT CONFIÉ SA BELLE VOITURE À UN PETIT CARROSSIER DE QUARTIER, ET DANS CE CAS, JE NE SUIS PAS PRÈS D'EN VOIR LE BOUT...
PET PET
MAIS PROCÉDONS PAR ORDRE ...
ARKING
Ferrari
MÉCANIQUE CARROSSERIE LAVAGE
D'ABORD LES CONCESSIONNAIRES.
ÇA DONNERAIT PRESQUE ENVIE DE PASSER SON PERMIS.
JE PEUX VOUS RENSEIGNER, MONSIEUR ?
BONJOUR ! J'AIMERAIS SAVOIR SI ON VOUS A AMENÉ DERNIÈREMENT UNE FERRARI AVEC LA PORTIÈRE CONDUCTEUR ABÎMÉE ?
JE... JE NE COMPRENDS PAS.
VOILÀ ! IL Y A UNE QUINZAINE DE JOURS, J'AI PERCUTÉ AVEC MON DEUX-ROUES CETTE VOITURE EN STATIONNEMENT, ET, À MA GRANDE HONTE, JE SUIS REPARTI SANS LAISSER D'ADRESSE. ALORS, EUH... J'AIMERAIS POUVOIR ME RACHETER.
CETTE ATTITUDE VOUS HONORE, MONSIEUR. PERSONNELLEMENT, JE NE SUIS PAS AU COURANT, MAIS PEUT-ÊTRE NOTRE CHEF-MÉCANO POURRA-T-IL VOUS RENSEIGNER.
QUINZE JOURS, DITES-VOUS ? NON ! JE N'AI RIEN EU DE CE GENRE. MAIS ALLEZ VOIR MON COLLÈGUE, RUE ÉMILE-ALLEZ. IL Y A PAS MAL DE PROPRIÉTAIRES DE NOS VOITURES QUI FONT TRAITER LEURS PETITS BOBOS DE CARROSSERIE PAR LUI.
22

ALORS COMME ÇA, C'EST VOUS LE VÉLO !
DATSUN
MOTUL
EH BEN DITES DONC ! C'EST PAS COURANT, DES SCRUPULES COMME LES VÔTRES ! SURTOUT CHEZ LES JEUNES. LA VOICI !
CE SERAIT BIEN SI VOUS POUVIEZ ME DONNER LES COORDONNÉES DE CE MONSIEUR... QUE JE PUISSE LE METTRE EN CONTACT AVEC MON ASSURANCE.
AH, ÇA ! CE NE SERA PAS POSSIBLE.
!
EN TOUT CAS, PAS DANS L'IMMÉDIAT. EN DÉPOSANT SA VOITURE, MON CLIENT M'A DIT QUE J'AVAIS TOUT MON TEMPS. IL PARTAIT EN VACANCES POUR TROIS SEMAINES DANS UNE DE CES ÎLES LOINTAINES PLEINES DE SOLEIL ET DE PALMIERS. AH ! IL Y EN A QUI ONT BIEN DE LA CHANCE.
ÉCOUTEZ ! CE QUE VOUS POUVEZ FAIRE, C'EST ME LAISSER LES VÔTRES, DE COORDONNÉES. JE LES LUI DONNERAI À SON RETOUR.
BONNE IDÉE ! VOICI MES NUMÉROS DE TÉLÉPHONE : MON FIXE ET MON PORTABLE.
AH ! QU'EST-CE QU'ON FERAIT SANS PORTABLE, DE NOS JOURS !
VOILÀ ! COMME ÇA, JE NE RISQUE PAS D'OUBLIER.
MERCI !
IL N'Y A PLUS QU'À ATTENDRE.
CLINIC AUTO
23

IL N'Y A PLUS QU'À ATTENDRE.
IL A PEUT-ÊTRE EU BESOIN DE FAIRE LE POINT.
DE FAIRE LE POINT ?...
OUI ! LES HOMMES SONT PARFOIS UN PEU HÉSITANTS QUAND IL FAUT FAIRE FACE À CERTAINES RESPONSABILITÉS.
ET LÀ, APPRENDRE COMME ÇA, D'UN SEUL COUP, QU'IL VA ÊTRE PAPA !... PEUT-ÊTRE QU'IL N'Y ÉTAIT PAS PRÉPARÉ ?... QU'IL LUI FAUT UN PEU DE TEMPS ?
HUM ! AU FAIT, C'EST POUR QUAND, L'HEUREUX ÉVÉNEMENT ?
JE NE SUIS PAS ENCEINTE.
AH !
J'AVAIS DU RETARD ET... J'AI CRU... J'ÉTAIS PERSUADÉE QUE... MAIS C'ÉTAIT UNE FAUSSE ALERTE.
ALLONS ! CE N'EST QUE PARTIE REMISE !
HU-HUM !
ENFIN ! JE VEUX DIRE, VOUS ÊTES JEUNE.
VOUS NE SAVEZ PAS DE QUOI VOUS PARLEZ ! VOUS NE SAVEZ PAS CE QUE C'EST QUE DE N'AVOIR NI PÈRE NI MÈRE, ET DE GRANDIR DANS UN FOYER. VOUS NE SAVEZ PAS CE QUE C'EST QUE DE SE SENTIR SEULE AU MONDE DEPUIS SA NAISSANCE.
JE VEUX FONDER UNE FAMILLE, VOUS COMPRENEZ ? UNE FAMILLE ! AVOIR DES ENFANTS QUI AURONT UN PÈRE ET UNE MÈRE, ET LES RENDRE HEUREUX. HEUREUX !
HUM !
ON... ON N'EST PLUS LOIN DE CHEZ VOUS.
24

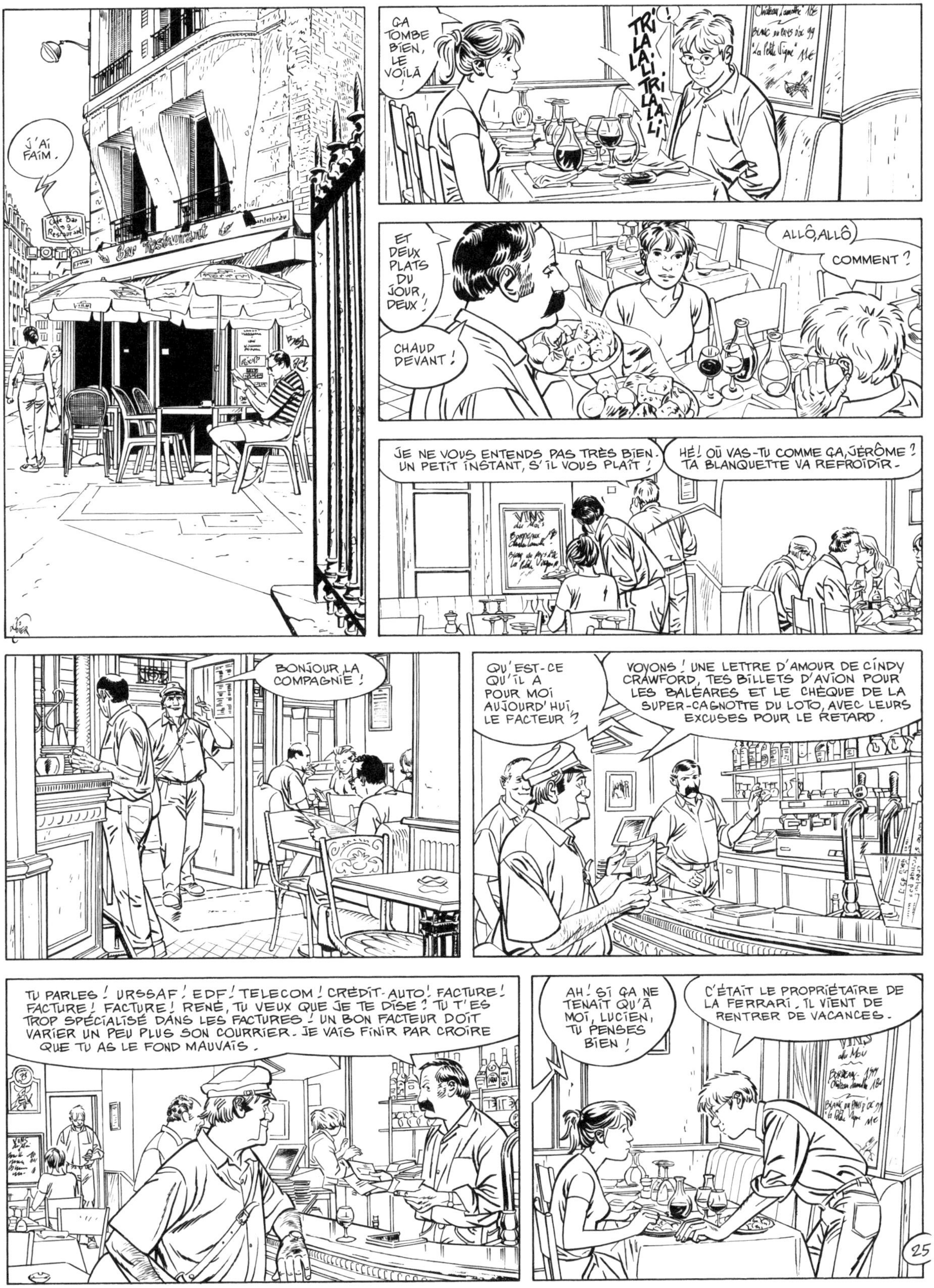
J'AI FAIM.
ÇA TOMBE BIEN, LE VOILÀ !
!
TRI LA LA LI TRI LA LA LI
ET DEUX PLATS DU JOUR, DEUX !
CHAUD DEVANT !
ALLÔ, ALLÔ
COMMENT ?
JE NE VOUS ENTENDS PAS TRÈS BIEN. UN PETIT INSTANT, S'IL VOUS PLAÎT !
HÉ ! OÙ VAS-TU COMME ÇA, JÉRÔME ? TA BLANQUETTE VA REFROIDIR.
BONJOUR LA COMPAGNIE !
QU'EST-CE QU'IL A POUR MOI AUJOURD'HUI, LE FACTEUR ?
VOYONS ! UNE LETTRE D'AMOUR DE CINDY CRAWFORD, TES BILLETS D'AVION POUR LES BALÉARES ET LE CHÈQUE DE LA SUPER-CAGNOTTE DU LOTO, AVEC LEURS EXCUSES POUR LE RETARD.
TU PARLES ! URSSAF ! EDF ! TELECOM ! CRÉDIT-AUTO ! FACTURE ! FACTURE ! FACTURE ! RENÉ, TU VEUX QUE JE TE DISE ? TU T'ES TROP SPÉCIALISÉ DANS LES FACTURES ! UN BON FACTEUR DOIT VARIER UN PEU PLUS SON COURRIER. JE VAIS FINIR PAR CROIRE QUE TU AS LE FOND MAUVAIS.
AH ! SI ÇA NE TENAIT QU'À MOI, LUCIEN, TU PENSES BIEN !
C'ÉTAIT LE PROPRIÉTAIRE DE LA FERRARI. IL VIENT DE RENTRER DE VACANCES.
VINS
25

QUELQUE CHOSE NE VA PAS ?
IL DIT NE PAS CONNAÎTRE DE ROSELINE.
AH !?
TU ES SÛR QUE C'EST LE BON ?
TOUT CONCORDE. LA DATE DE L'ACCIDENT, LA RUE, LE VÉLO ... IL ÉTAIT DANS SON TORT, MAIS COMME LA FEMME S'EST RELEVÉE SANS BOBOS ...
LA FEMME ?
OUI ! POURQUOI ?
POUR RIEN. CONTINUE !
AUTRE DÉTAIL QUI COLLE, IL SE PRÉNOMME BENOÎT. MAIS QUAND JE LUI AI PARLÉ DE ROSELINE, DE SA TENTATIVE DE SUICIDE, TOUT ÇA, IL A EU L'AIR DE TOMBER DES NUES.
INTÉRESSANT !
!
ALLEZ ! J'Y RETOURNE. SALUT, LA COMPAGNIE !
À DEMAIN, RENÉ !
LUCIEN ! S'IL TE PLAÎT !
MA BLANQUETTE EST FROIDE, LUCIEN.
AH ÇA ! MANGER OU TÉLÉPHONER, IL FAUT CHOISIR.
C'EST BON ! ON VA ARRANGER ÇA.
À QUOI PENSES-TU, BABETTE ?
TU M'AS BIEN DIT QU'ELLE AVAIT MENTI SUR SON ÉTAT ? JE VEUX DIRE ... QU'ELLE ÉTAIT ENCEINTE ?
MENTI, JE NE SAIS PAS. DISONS QU'ELLE A VOULU Y CROIRE.
VOILÀ LE MOT ! ELLE **VEUT** Y CROIRE.
QUE VEUX-TU DIRE ?
26

D'UN CÔTÉ, UN BEL HOMME RICHE ET MYSTÉRIEUX, AUX COMMANDES D'UN PUISSANT DESTRIER ; DE L'AUTRE, UNE FRÊLE JEUNE FILLE, PAUVRE ET PURE, ÇA NE T'ÉVOQUE RIEN ?
BEN SI ! CENDRILLON, BLANCHE-NEIGE, LE PRINCE ET LA BERGÈRE. UN CONTE DE FÉES, QUOI !
EXACTEMENT ! ET TRANSPOSÉ À NOTRE ÉPOQUE, QU'EST-CE QUE ÇA NOUS DONNE ? LE BEAU ET RICHE QUADRAGÉNAIRE À LA BELLE VOITURE DE SPORT QUI SÉDUIT UNE MODESTE CAISSIÈRE DE SUPERMARCHÉ. BREF, ON NAGE EN PLEIN ROMAN-PHOTO, LÀ !
TU VEUX DIRE QUE... ?
CE QUE JE VEUX DIRE, C'EST QU'IL EXISTE UNE MALADIE QUI S'APPELLE LA MYTHOMANIE, ET QUI EST UNE TENDANCE À FABULER, À MODIFIER LA RÉALITÉ. ET, DANS LE CAS PRÉSENT, ON EST EN DROIT DE SE POSER DES QUESTIONS.
MAINTENANT QUE TU ME PARLES DE ÇA, JE CROIS ME SOUVENIR QU'ELLE AVAIT DANS SA CHAMBRE TOUT UN TAS DE REVUES DU STYLE ROMANS D'AMOUR EN PHOTOS...
MAIS !... ET LA TENTATIVE DE SUICIDE ?
UN MYTHOMANE CROIT EN SES MENSONGES. JUSQU'À QUEL POINT ? SEUL UN SPÉCIALISTE POURRAIT NOUS LE DIRE.
ET UNE BLANQUETTE BIEN CHAUDE, UNE !
?! BEN ! MON PORTABLE ! QU'EST-CE QUE TU FAIS, LUCIEN ?
CONFISQUÉ ! LE TEMPS QUE TU TERMINES TA BLANQUETTE.
NON ! JE CROIS QUE TU AVAIS RAISON AU DÉBUT. JE NE DOIS PAS ÊTRE TOMBÉ SUR LE BON BENOÎT.
!
TU ES SÉRIEUX, JÉRÔME ? À TON AVIS, QUELLE EST LA PROBABILITÉ POUR QUE DEUX FERRARI, VOITURES RARES PAR EXCELLENCE, TOUTES DEUX AVEC, AU VOLANT, UN GARS SE PRÉNOMMANT BENOÎT, SE FASSENT ABÎMER LA MÊME PORTIÈRE, LE MÊME JOUR, DANS LA MÊME RUE, PAR UNE BICYCLETTE ?
C'EST PAS TROP FORT, CE QUE TU BOIS LÀ ? JE PEUX GOÛTER ?
27

MADEMOISELLE, VOUS AVEZ ABUSÉ DE MA CRÉDULITÉ. MAINTENANT, JE VOIS CLAIR DANS VOTRE JEU.
CENDRILLON ! VOUS AVEZ DÉJÀ ENTENDU PARLER ? UNE MYTHOMANE ! VOILÀ CE QUE VOUS ÊTES.
RESTONS-EN LÀ, VOULEZ-VOUS ?
INUTILE DE PLEURER ! VOS LARMES N'ONT PLUS DE PRISE SUR MOI. ADIEU !
TOC TOC
VOILÀ ! VOILÀ !
?
AH ! C'EST VOUS !
VOUS... VOUS ATTENDIEZ QUELQU'UN ?
IL DOIT REVENIR D'UN INSTANT À L'AUTRE. IL VA VENIR S'INSTALLER ICI.
QUI ?
BENOÎT ! VOUS AVIEZ RAISON. IL M'A DIT QU'IL AVAIT BESOIN DE RECUL, MAIS QUE, MAINTENANT, POUR LUI, C'ÉTAIT CLAIR. ET QU'IL VOULAIT FAIRE SA VIE AVEC MOI. ET QU'ON AURAIT DES ENFANTS. OH, MON DIEU ! QUE JE SUIS HEUREUSE !
OÙ EST-IL ?
IL EST PARTI RÉCUPÉRER SES AFFAIRES. IL M'A DIT QU'IL ÉTAIT MARIÉ MAIS QUE ÇA N'AVAIT PLUS D'IMPORTANCE. QUE ÇA N'ALLAIT PLUS AVEC SA FEMME DEPUIS LONGTEMPS. MAIS NE RESTEZ PAS LÀ ! IL EST TELLEMENT JALOUX !
BAH ! NE CHERCHONS PAS À COMPRENDRE. L'ESSENTIEL EST QUE JE SOIS DÉBARRASSÉ DE CETTE HISTOIRE.
28

TRILALALI TRI
LALALI
JÉRÔME ! PORTABLE !
JÉRÔME !
TRI LALALI TRI
LA
AÏE !
LI TRILALA
TRILALALI
MAIS ! TU M'AS PINCÉ !
PENSES-TU ! C'EST DANS TON RÊVE.
ET CETTE MARQUE SUR MON BRAS, ELLE S'EST FAITE TOUTE SEULE, PEUT-ÊTRE ?
ALLÔ !
ENCORE VOUS !?
VOUS AVEZ VU L'HEURE ?
QUATRE HEURES DU MATIN !
COMMENT ? BENOÎT N'EST PAS REVENU ! PAS POSSIBLE ! C'EST PAS UN HOMME, C'EST UN COURANT D'AIR !
AH NON ! VOUS N'ALLEZ PAS ME REFAIRE LE COUP DU SUICIDE !
C'EST PAS BIENTÔT FINI, TOUS LES DEUX, AVEC CETTE HISTOIRE ? IL Y EN A QUI AIMERAIENT BIEN PROFITER DU DIMANCHE POUR DORMIR.
IL FAUDRAIT ARRÊTER DE PRENDRE CETTE CHAMBRE POUR L'ANNEXE DE TON BUREAU.
C'EST BON, J'ARRIVE !
PET PET
PET PET
29

C'EST SA FEMME. JE SUIS SÛRE QUE C'EST À CAUSE D'ELLE S'IL N'EST PAS REVENU. À TOUS LES COUPS, ELLE N'A PAS VOULU LE LAISSER PARTIR.
LE LAISSER PARTIR ! ATTENDEZ ! C'EST BIEN D'UN HOMME DE QUARANTE ANS QUE VOUS PARLEZ ? CE N'EST QUAND MÊME PLUS UN ENFANT !
JE SAIS. ÇA PEUT PARAÎTRE BIZARRE, MAIS IL SEMBLE LA CRAINDRE. C'EST POUR ÇA QU'IL A PRÉFÉRÉ RÉCUPÉRER SES AFFAIRES PENDANT QU'ELLE ÉTAIT PARTIE.
VOUS N'EN AVEZ PAS ASSEZ DE RACONTER DES HISTOIRES ?
PARDON ?
JE L'AI EU AU TÉLÉPHONE AVANT-HIER.
QUI ÇA ?
BENOÎT ! OU PLUS EXACTEMENT LE PROPRIÉTAIRE DE LA FERRARI. IL AFFIRME NE PAS VOUS CONNAÎTRE.
MAIS !... MAIS C'EST IMPOSSIBLE ! IL... POURQUOI AURAIT-IL DIT UNE CHOSE PAREILLE ? ON A PASSÉ LA NUIT ENSEMBLE ET... ET...
VOICI COMMENT JE VOIS LES CHOSES, MADEMOISELLE ! C'EST VOUS QUI AVEZ PERCUTÉ LA FERRARI QUAND CELLE-CI A DÉBOÎTÉ IMPRUDEMMENT. VOUS ÊTES TOMBÉE DE VÉLO. LE CONDUCTEUR S'EST PRÉCIPITÉ POUR VOUS AIDER À VOUS RELEVER ET S'ASSURER QUE VOUS N'AVIEZ RIEN DE CASSÉ. RASSURÉ, IL EST REPARTI. FIN DE L'HISTOIRE.
TOUT LE RESTE, VOUS L'AVEZ INVENTÉ. PENSEZ ! UN HOMME BEAU, PRÉVENANT, DANS LA FORCE DE L'ÂGE, AU VOLANT D'UNE LUXUEUSE VOITURE : UN VRAI PERSONNAGE DE ROMAN-PHOTO POUR MIDINETTE EN QUÊTE D'UN PRINCE CHARMANT. ET VOILÀ COMMENT VOUS VOUS ÊTES FAIT TOUT UN FILM DANS VOTRE TÊTE À PARTIR D'UN PETIT ACCIDENT DE RIEN DU TOUT.
JE NE COMPRENDS RIEN À CE QUE VOUS ME DITES.
IL VA REVENIR. IL A DÛ AVOIR UN EMPÊCHEMENT. C'EST ÇA ! UN SIMPLE EMPÊCHEMENT. MAIS IL VA REVENIR.
30

LE CAFÉ EST ENCORE ASSEZ CHAUD ?
HEIN !? AH OUI ! MERCI, BABETTE. EUH... TU NE DORS PAS ?
JE T'ATTENDAIS. ALORS, COMMENT ÇA S'EST PASSÉ ?
JE NE SAIS PLUS QUOI PENSER. OU CETTE FILLE EST FOLLE À LIER, OU BIEN CE BENOÎT EST LE DERNIER DES SALAUDS.
DÉTENDS-TOI, JÉRÔME ! DIS-TOI QUE TU NE PEUX PAS PORTER TOUT LE MALHEUR DU MONDE SUR TES ÉPAULES !
TU AS RAISON.
VIENS !
HUM ! AVEC TOUT LE CAFÉ QUE J'AI AVALÉ, ÇA M'ÉTONNERAIT QUE JE PUISSE ME RENDORMIR.
QUI TE PARLE DE DORMIR ?
31

DRING
DRIING
HEIN ? QUE ...?
OUI ! J'ARRIVE !
MONSIEUR JÉRÔME K. JÉRÔME BLOCHE ?
C'EST BIEN MON NOM. ENTREZ, JE VOUS PRIE !
MERCI !
AINSI DONC, VOUS ÊTES DÉTECTIVE PRIVÉ !
INTÉRESSANT.
?
ET CECI EST VOTRE BUREAU ? HMM... JOLIE ÉCRITURE.
VOUS DÉSIREZ, MADAME ...?
CALVET ! MARGUERITE CALVET. MAIS VOUS CONNAISSEZ MON MARI, JE CROIS. BENOÎT CALVET. JE PEUX FUMER ?
BELLE VUE ! VOUS RECONNAISSEZ CE MORCEAU DE PAPIER ? C'EST BIEN VOTRE ÉCRITURE, JE NE ME TROMPE PAS ?
C'EST BIEN MON NOM ET MES NUMÉROS DE TÉLÉPHONE.
IL ÉTAIT DANS UNE DE SES POCHES. BENOÎT CALVET, CE NOM NE VOUS DIT TOUJOURS RIEN ?
DISONS QUE... JE N'AI JAMAIS RENCONTRÉ CE MONSIEUR.
JE VOIS. NOTRE PETIT DÉTECTIVE EST UN CORIACE, COMME DANS LES ROMANS. QU'EST-CE QUE VOUS BUVEZ LÀ ?
DU LAIT. VOUS EN VOULEZ ?
DU LAIT !? VOILÀ QUI EST ORIGINAL ! COMME QUOI, IL FAUT SE MÉFIER DES CLICHÉS ! VOUS... N'AVEZ RIEN DE PLUS FORT À M'OFFRIR ?
32

...NON ! JE N'AI PAS DE CHAGRIN À NOYER. S'IL TE PLAÎT, BURHAN, N'EN PROFITE PAS POUR ME RESSORTIR TON COUPLET SUR LES BIENFAITS DU PETIT COMMERCE. OUI ! C'EST ÇA. À TOUT DE SUITE !
SON ÉPICERIE EST À DEUX PAS D'ICI. IL SERA LÀ DANS UN INSTANT.
S'IL VOUS PLAÎT, EST-CE QUE VOUS POURRIEZ ARRÊTER DE FOUINER PARTOUT COMME ÇA ? C'EST AGAÇANT, À LA FIN !
JE VOUS DEMANDE PARDON. VOUS N'AURIEZ PAS UN CENDRIER ?
C'EST CURIEUX. VOUS NE CORRESPONDEZ PAS DU TOUT À L'IMAGE QUE JE ME FAISAIS D'UN DÉTECTIVE PRIVÉ.
JE SAIS. ON ME L'A SOUVENT DIT. ET MAINTENANT, SI ON EN VENAIT À LA RAISON DE VOTRE VISITE ?!
EH BIEN VOILÀ ! J'AIMERAIS QUE VOUS M'EXPLIQUIEZ CE QUE CE PAPIER FAISAIT DANS LA POCHE DE PANTALON DE MON MARI ?
POURQUOI NE PAS LUI DEMANDER ?
ÇA RISQUE D'ÊTRE DIFFICILE ! IL EST MORT LA SEMAINE DERNIÈRE.
MORT ! COMMENT ÇA, MORT ?!
DRIN DRIN
PARDON ! PARDON !
SERVICE DE LIVRAISONS À DOMICILE.
!
MONSIEUR JÉRÔME K. JÉRÔME BLOCHE, C'EST BIEN ICI ?
NOUS AVONS REÇU COMMANDE D'UNE BOUTEILLE DE WHISKY PUR MALT, DOUZE ANS D'ÂGE. LES GLAÇONS SONT OFFERTS PAR LA MAISON : LE PETIT PLUS QUI FAIT LA DIFFÉRENCE AVEC LES GRANDES SURFACES !
ARRÊTE TON BARATIN, BURHAN, ET DIS-MOI PLUTÔT COMBIEN JE TE DOIS.
LAISSEZ ! C'EST POUR MOI. UNE AVANCE SUR HONORAIRES EN QUELQUE SORTE.
GARDEZ LA MONNAIE.
MERCI, MADAME ! MAIS SACHEZ QUE VOTRE SATISFACTION EST NOTRE PLUS BELLE RÉCOMPENSE.
ET SURTOUT, N'HÉSITEZ PAS À FAIRE APPEL À NOS SERVICES. NOTRE MAISON EST OUVERTE TOUS LES JOURS, VINGT-QUATRE HEURES SUR VINGT-QUATRE, DIMANCHES COMPRIS.
C'EST BON, BURHAN. ON A COMPRIS.
PITTORESQUE, VOTRE ÉPICIER.
OUI. ON PEUT DIRE ÇA COMME ÇA !
33

JE VOUS SERS UN VERRE ?
NON, MERCI !
OÙ EN ÉTAIS-JE ?
À VOTRE MARI, MORT LA SEMAINE DERNIÈRE.
AH OUI !
IL S'EST JETÉ DU BALCON DE NOTRE APPARTEMENT. DU DIXIÈME ÉTAGE, ÇA NE PARDONNE PAS.
MAIS JE L'AI EU AU TÉLÉPHONE IL Y A À PEINE QUELQUES JOURS ! NOUS PARLONS BIEN DE LA MÊME PERSONNE ? L'HOMME À LA FERRARI ACCIDENTÉE ?
POUR QUELQU'UN QUI PRÉTEND NE PAS CONNAÎTRE MON MARI, VOUS SEMBLEZ BIEN RENSEIGNÉ.
ÉCOUTEZ ! JE SUIS TENU PAR LE SECRET PROFESSIONNEL. TOUT CE QUE JE PEUX DIRE, C'EST QUE LE PAPIER QUE VOTRE MARI AVAIT DANS SA POCHE EST BIEN ÉCRIT DE MA MAIN. JE L'AVAIS DÉPOSÉ CHEZ LE GARAGISTE POUR QUE LE PROPRIÉTAIRE DE LA FERRARI PUISSE PRENDRE CONTACT AVEC MOI, AU SUJET DE LA PORTIÈRE.
AINSI, C'ÉTAIT VOUS !
JE NE PEUX RIEN DIRE DE PLUS.
CESSONS CE PETIT JEU, VOULEZ-VOUS ? AVEZ-VOUS UNE IDÉE DU SENTIMENT DE CULPABILITÉ QU'ON ÉPROUVE QUAND L'ÊTRE QUI VOUS ÉTAIT LE PLUS PROCHE SE JETTE PAR LA FENÊTRE PENDANT VOTRE SOMMEIL ! ESSAYEZ D'IMAGINER CE QUE ÇA PEUT FAIRE D'ÊTRE RÉVEILLÉE PAR UN OFFICIER DE POLICE EN PLEINE NUIT POUR VOUS ENTENDRE ANNONCER ÇA ?!
JE NE PEUX PAS... JE NE **VEUX** PAS PORTER SEULE CE FARDEAU. J'AI BESOIN DE CROIRE QUE JE NE SUIS PAS SEULE RESPONSABLE DE SON GESTE. SINON, TOUTE MA VIE N'EST PLUS QU'UN LAMENTABLE ÉCHEC.
VOUS N'EN VOULEZ TOUJOURS PAS ?
MON MARI AVAIT UNE MAÎTRESSE. TROUVEZ-LA ! ET SI VOS SCRUPULES DE DÉTECTIVE PRIVÉ ATYPIQUE VOUS EMPÊCHENT DE ME COMMUNIQUER SON NOM, EH BIEN ... RELATEZ-LUI NOTRE CONVERSATION ...
VOICI POUR VOTRE PEINE, AINSI QUE MES COORDONNÉES. AH ! J'OUBLIAIS ! IL EST ENTERRÉ AU CIMETIÈRE DE PASSY. ALLÉE C, QUATRIÈME TOMBE SUR LA GAUCHE... AU CAS OÙ ELLE AURAIT ENVIE D'Y VERSER UNE PETITE LARME.
CLAC
ELLE A OUBLIÉ SA BOUTEILLE.
BAH ! POUR CE QU'IL EN RESTE.
34

HUM ! MADAME ROSE !
HU-HUM ! PARDON !
OH ! EXCUSEZ-MOI, M. BLOCHE ! J'ÉTAIS DANS LA LUNE.
DITES ! VOUS AVEZ VU QUI VIENT DE SORTIR D'ICI ?
?
OH ! MAIS SUIS-JE BÊTE ! C'EST SANS DOUTE VOUS QU'ELLE EST VENUE VOIR. EH BIEN ! SI LES CÉLÉBRITÉS COMMENCENT À DÉFILER DANS L'IMMEUBLE, IL FAUDRA QUE JE SONGE À ME REFAIRE UNE MISE EN PLIS, ET PEUT-ÊTRE MÊME À M'ACHETER UN TABLIER NEUF.
DE QUOI PARLEZ-VOUS, MADAME ROSE ?
MAIS DE MARGUERITE DUMAS ! NE ME DITES PAS QUE VOUS NE L'AVEZ PAS RECONNUE !
MARGUERITE DUMAS ! LA ROMANCIÈRE ?
J'AI LU TOUS SES LIVRES. "BONJOUR JEUNESSE !" "LE TRIPORTEUR BLEU !" "AUTANT QUE LE VENT L'EMPORTE." ET SON DERNIER, "ESCLAVE DE LA NUIT". ELLE A BIEN VOULU ME LE DÉDICACER, MALGRÉ SON CHAGRIN. REGARDEZ !
Pour Madame Rose
Une de ces concierges pittoresques que les digicodes ne réussissent qu'à nous faire regretter.
Marguerite Dumas
MON DIEU ! QUAND ON PENSE AU DRAME ÉPOUVANTABLE QU'ELLE VIENT DE VIVRE. SON MARI, SI JEUNE ! QU'EST-CE QUI A BIEN PU LUI PASSER PAR LA TÊTE ? ALORS QU'IL AVAIT TOUT CE QU'ON PEUT DÉSIRER DANS UNE VIE ! BON ! C'EST VRAI QU'IL Y AVAIT UNE GRANDE DIFFÉRENCE D'ÂGE ! MAIS BON, DANS CES MILIEUX-LÀ, HEIN, IL NE FAUT S'ÉTONNER DE RIEN. ÇA N'EMPÊCHE PAS LES SENTIMENTS. ALORS, ALLER SE JETER COMME ÇA, PAR LA FENÊTRE ! BRR !
MAIS COMMENT SAVEZ-VOUS TOUT ÇA, MADAME ROSE ?
C'EST DANS LE PARIS MATCH DE CETTE SEMAINE. J'ÉTAIS JUSTEMENT EN TRAIN DE LE LIRE EN PRENANT MON CAFÉ QUAND J'AI VU MADAME DUMAS PASSER DEVANT MA LOGE.
VOUS POUVEZ ME MONTRER L'ARTICLE ?
IL N'Y A PAS DE PHOTOS DU MARI.
TIENS, NON !
terrassée par le suicide de
REMARQUEZ, C'EST UN PEU NORMAL, C'EST ELLE, LA CÉLÉBRITÉ.
35

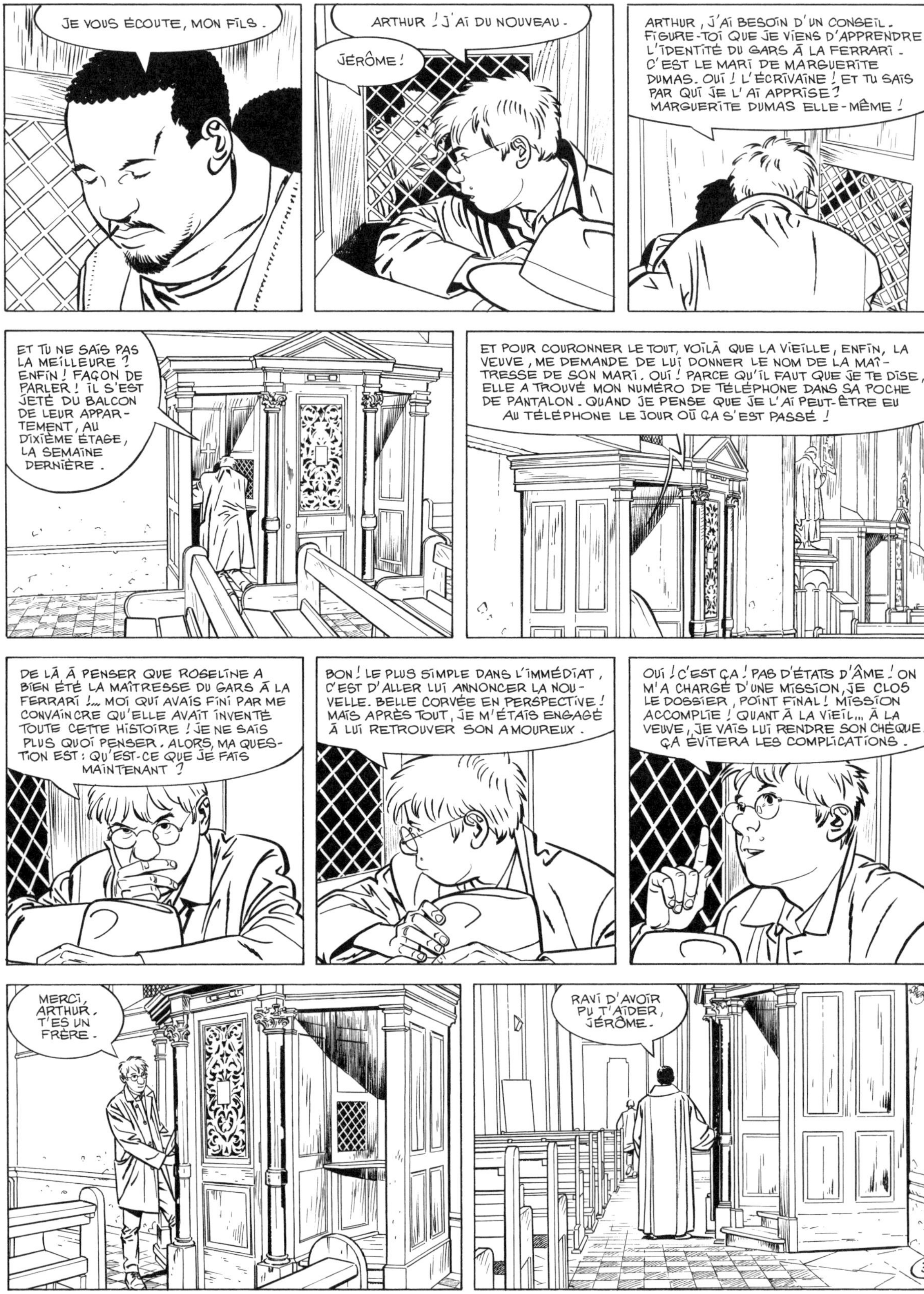
JE VOUS ÉCOUTE, MON FILS.
ARTHUR ! J'AI DU NOUVEAU.
JÉRÔME !
ARTHUR, J'AI BESOIN D'UN CONSEIL. FIGURE-TOI QUE JE VIENS D'APPRENDRE L'IDENTITÉ DU GARS À LA FERRARI. C'EST LE MARI DE MARGUERITE DUMAS. OUI ! L'ÉCRIVAINE ! ET TU SAIS PAR QUI JE L'AI APPRISE ? MARGUERITE DUMAS ELLE-MÊME !
ET TU NE SAIS PAS LA MEILLEURE ? ENFIN ! FAÇON DE PARLER ! IL S'EST JETÉ DU BALCON DE LEUR APPARTEMENT, AU DIXIÈME ÉTAGE, LA SEMAINE DERNIÈRE.
ET POUR COURONNER LE TOUT, VOILÀ QUE LA VIEILLE, ENFIN, LA VEUVE, ME DEMANDE DE LUI DONNER LE NOM DE LA MAÎTRESSE DE SON MARI. OUI ! PARCE QU'IL FAUT QUE JE TE DISE, ELLE A TROUVÉ MON NUMÉRO DE TÉLÉPHONE DANS SA POCHE DE PANTALON. QUAND JE PENSE QUE JE L'AI PEUT-ÊTRE EU AU TÉLÉPHONE LE JOUR OÙ ÇA S'EST PASSÉ !
DE LÀ À PENSER QUE ROSELINE A BIEN ÉTÉ LA MAÎTRESSE DU GARS À LA FERRARI !... MOI QUI AVAIS FINI PAR ME CONVAINCRE QU'ELLE AVAIT INVENTÉ TOUTE CETTE HISTOIRE ! JE NE SAIS PLUS QUOI PENSER. ALORS, MA QUESTION EST : QU'EST-CE QUE JE FAIS MAINTENANT ?
BON ! LE PLUS SIMPLE DANS L'IMMÉDIAT, C'EST D'ALLER LUI ANNONCER LA NOUVELLE. BELLE CORVÉE EN PERSPECTIVE ! MAIS APRÈS TOUT, JE M'ÉTAIS ENGAGÉ À LUI RETROUVER SON AMOUREUX.
OUI ! C'EST ÇA ! PAS D'ÉTATS D'ÂME ! ON M'A CHARGÉ D'UNE MISSION, JE CLOS LE DOSSIER, POINT FINAL ! MISSION ACCOMPLIE ! QUANT À LA VIEIL... À LA VEUVE, JE VAIS LUI RENDRE SON CHÈQUE. ÇA ÉVITERA LES COMPLICATIONS.
MERCI, ARTHUR, T'ES UN FRÈRE.
RAVI D'AVOIR PU T'AIDER, JÉRÔME.
36

le Marché FRANPRIX
le Marché FRANPRIX
le Marché FRANPRIX
le Marché FRANPRIX
le Marché FRANPRIX
le Marché FRANPRIX
METROPOLITAIN
Jules Joffrin

BENOÎT CALVET
1963 - 2003
MONTREZ-MOI OÙ IL HABITAIT !
PARDON ?
JE VOUDRAIS VOIR OÙ IL HABITAIT, S'IL VOUS PLAÎT !
BOULEVARD LANNES. ÇA DOIT ÊTRE CELUI-CI.
687 MIG 75
NUMÉRO VINGT ET UN. C'EST ICI.
21
CALVET... CALVET BENOÎT ET MARGUERITE...
TUÛÛT
EH ! QU'EST-CE QUE VOUS FAITES ?!
CRRR... OUI ?
JE M'APPELLE ROSELINE THOMAS. JE SUIS... J'ÉTAIS LA PETITE AMIE DE BENOÎT.
ET MERDE !
CRRR...
MONTEZ ! DIXIÈME ÉTAGE. PORTE DE GAUCHE ... CRRR...
38

BRAVO ! VOUS EN AVEZ FAIT DE BELLES ! MAIS QU'EST-CE QUE VOUS ESPÉREZ ?
IL N'A PAS PU SE SUICIDER.
AH, TIENS ? ET D'OÙ VOUS VIENT CETTE BELLE CONVICTION ?
JE LE SENS, C'EST TOUT.
MADAME CALVET !
MADAME CALVET !
PAR ICI !
FÉLICITATIONS, MONSIEUR BLOCHE ! VOILÀ CE QUE J'APPELLE UNE ENQUÊTE RONDEMENT MENÉE.
JE DOIS FAXER LES DERNIERS FEUILLETS DE MON PROCHAIN ROMAN. ÇA NE PRENDRA QUE QUELQUES MINUTES.
EN ATTENDANT, VOUS POUVEZ PASSER SUR LA TERRASSE ? VOUS Y TROUVEREZ DES BOISSONS FRAICHES.
39

HÉ !
ATTENTION ! PAS DE BÊTISES, HEIN !?
IL NE S'EST PAS SUICIDÉ. J'EN SUIS SÛRE.
BENOÎT NE SE SERAIT PAS JETÉ DANS LE VIDE, COMME ÇA, VOLONTAIREMENT.
ELLE A RAISON.
C'EST MOI QUI AI JETÉ SON CORPS DANS LE VIDE.
!
POURQUOI ?
MAIS POUR FAIRE CROIRE À UN SUICIDE, VOYONS !
NON ! MA QUESTION, C'EST : POURQUOI CE PISTOLET ?
OH ÇA ! C'EST POUR GARANTIR LE SECRET DE MA CONFESSION.
VOUS L'AVEZ TUÉ ! VOUS AVEZ TUÉ BENOÎT !
C'EST EXACT. D'UN COUP DE CLUB DE GOLF SUR L'OCCIPUT.
VOUS ÊTES UN MONSTRE !
N'EXAGÉRONS RIEN. CE N'ÉTAIT PAS PRÉMÉDITÉ. MAIS SI NOUS ALLIONS NOUS ASSEOIR ? NOUS SERONS PLUS À L'AISE POUR BAVARDER.
AINSI, C'EST POUR VOUS QUE BENOÎT VOULAIT ME QUITTER !
CURIEUX ! IL M'AVAIT HABITUÉE À MIEUX.
VOYEZ-VOUS, QUAND JE L'AI RENCONTRÉ, BENOÎT ÉTAIT UN TOUT JEUNE HOMME, ET MOI UNE FEMME D'UN ÂGE DÉJÀ... RESPECTABLE, ET MALHEUREUSEMENT, LA DIFFÉRENCE D'ÂGE NE S'ARRANGE PAS AVEC LE TEMPS. BENOÎT AVAIT BESOIN DE CHAIR FRAÎCHE. TRÈS VITE, J'AI APPRIS À M'ACCOMMODER DES INCARTADES DE MON JEUNE MARI.
ET VOILÀ QU'IL Y A UN MOIS...
40

VLAM
KLANG
BORDEL DE MERDE !
DÉJÀ RENTRÉ, MON CHÉRI ? MAIS IL EST À PEINE TROIS HEURES !
!
3749
BENOIT CALVET

OH, OH ! VOILÀ QUE CE GRAND GARÇON NOUS FAIT UNE NOUVELLE CRISE.
ADIEU !
TU N'OUBLIES RIEN ?
?
TON COSTUME CERRUTTI ! TON POLO LACOSTE, LES WINSTON QUE TU AS AUX PIEDS. TOUT EST À MOI, TOUT ! ALORS, PUISQUE TU ES SI BIEN PARTI ...
NE ME POUSSE PAS À BOUT, SINON...
SINON ?
!
CRAC
BRAVO ! TU AS PRESQUE RÉUSSI À ME FAIRE PEUR. JE VAIS FINIR PAR CROIRE QUE C'EST SÉRIEUX CETTE FOIS-CI.
QUI EST-CE ?
42

ALORS ? QUI EST-CE ?
PERSONNE !
VIENS !
ALLONS ! VIENS T'ASSEOIR À CÔTÉ DE MOI !
LAISSE-MOI PARTIR, JE T'EN PRIE !
VIENS T'ASSEOIR LÀ, S'IL TE PLAÎT, ET RACONTE-MOI CE QUI NE VA PAS.
IL ME RACONTAIT TOUT. C'ÉTAIT PLUS FORT QUE LUI. IL AVAIT TOUJOURS EU BESOIN DE SE CONFIER À MOI.
UN ENFANT !
VOYEZ-VOUS, BENOIT ÉTAIT UN FAIBLE. AVEC LUI, LA DERNIÈRE PERSONNE QUI PARLAIT AVAIT TOUJOURS RAISON. JE N'AI EU AUCUN MAL À LE CONVAINCRE QU'UN PETIT SÉJOUR SOUS LES TROPIQUES NOUS FERAIT LE PLUS GRAND BIEN À TOUS DEUX.
EN GÉNÉRAL, ÇA MARCHAIT. LA VIE FACILE, LES FILLES BRONZÉES SUR LA PLAGE, LES BOÎTES DE NUIT ... SON CÔTÉ FUTILE REPRENAIT RAPIDEMENT LE DESSUS. IL OUBLIAIT SA CONQUÊTE DU MOMENT.
MAIS LÀ, SANS QUE JE COMPRENNE POURQUOI, IL M'A FAIT UNE RECHUTE. J'AJOUTERAI, SANS VOULOIR VOUS OFFENSER, MADEMOISELLE, QUE JE COMPRENDS D'AUTANT MOINS AUJOURD'HUI QUE JE VOUS AI DEVANT MOI.
43

CE JEUDI-LÀ, UNE MIGRAINE ÉPOUVANTABLE M'AVAIT CLOUÉE AU LIT, M'INTERDISANT DE ME RENDRE À MA PARTIE DE BRIDGE HEBDOMADAIRE...
CLANG
TING
!
?
JE PEUX SAVOIR À QUOI TU JOUES ?
!
JE TE CROYAIS À TA PARTIE DE BRIDGE.
ET MOI À TON TOURNOI DE GOLF. QUE FAIS-TU ?
TU LE VOIS BIEN. JE M'EN VAIS.
ALORS, COMME ÇA, TU T'APPRÊTAIS À FUIR EN DOUCE, SANS UN MOT D'EXPLICATION, SANS RIEN !
PAS BESOIN D'EXPLICATIONS. QUANT AU MOT, TU LE TROUVERAS SUR MON LIT.
TIP TIP TIP TIP
Pardonne-moi mais c'est mieux comme ça. Adieu. Benoît
OUI. BONJOUR ! POUVEZ-VOUS M'ENVOYER UN TAXI ?... OUI. TOUT DE SUITE. ALORS, J'HABITE AU
NON !
TU NE PEUX PAS FAIRE ÇA ! PAS APRÈS LES TROIS SEMAINES QUE NOUS VENONS DE PASSER. PAS APRÈS TOUT CE QUE NOUS AVONS VÉCU !
?
44

IL ÉTAIT DÉTERMINÉ. POUR LA PREMIÈRE FOIS DEPUIS QUE JE LE CONNAISSAIS, IL PRENAIT UNE DÉCISION. ET LÀ, J'AI FAIT QUELQUE CHOSE QUE JE N'AURAIS JAMAIS IMAGINÉ FAIRE UN JOUR ...
JE ME SUIS JETÉE À SES PIEDS.
NE PARS PAS ! JE T'EN SUPPLIE ! NE ME LAISSE PAS !
!
JE CROIS BIEN QU'IL A ÉTÉ AUSSI SURPRIS QUE MOI.
ALLONS ! RELÈVE-TOI ! TU ES RIDICULE.
JE ME SUIS MISE À PARLER COMME DANS LE PIRE DE MES ROMANS À L'EAU DE ROSE.
QU'EST-CE QU'ELLE A DE PLUS QUE MOI QUE JE NE PEUX T'OFFRIR ?
LUI QUE J'AVAIS COUVÉ, CHOYÉ, MATERNÉ, LUI QUI ÉTAIT MA CHOSE, VOILÀ QU'IL DÉCOUVRAIT TOUT À COUP QU'IL AVAIT UN POUVOIR SUR MOI.
UN ENFANT ! ELLE M'OFFRE UN ENFANT.
ÇA, IL N'AURAIT PAS DÛ !
45

ADIEU !
ATTENDS !
TU OUBLIES CECI !
!
CHTOC
COMBIEN DE TEMPS SUIS-JE RESTÉE PROSTRÉE ? QUELQUES MINUTES ? DES HEURES ? SI SEULEMENT JE L'AVAIS ÉTÉ POUR L'ÉTERNITÉ ! MALHEUREUSEMENT, LA CONSCIENCE D'EXISTER EST REVENUE PEU À PEU ET, AVEC ELLE, LA SOUFFRANCE ET LE BESOIN D'AGIR.
COMME UNE SOMNAMBULE, JE L'AI ATTRAPÉ PAR LES PIEDS, ET J'AI TIRÉ, TIRÉ. DIEU QUE C'EST LOURD, UN CORPS INERTE !
46

IL FAISAIT NUIT. JE L'AI DÉPOSÉ ICI, PRÈS DU PARAPET, PUIS JE SUIS ALLÉE NETTOYER LE SANG. HEUREUSEMENT, LES SOLS SONT EN PARQUET CIRÉ. AVEC DE LA MOQUETTE, J'AURAIS EU PLUS DE MAL.
VOUS ÊTES IGNOBLE!
ET VOUS, MA PAUVRE FILLE, TELLEMENT PRÉVISIBLE! COMMENT MON MARI A-T-IL PU S'ENTICHER D'UNE PERSONNE AUSSI QUELCONQUE?
OÙ EN ÉTAIS-JE?
APRÈS AVOIR LAVÉ LE CLUB DE GOLF, DÉFAIT SES VALISES ET REMIS TOUTES SES AFFAIRES EN PLACE, JE ME SUIS ATTAQUÉE AUX TACHES DE SANG.
C'EST EN LESSIVANT LE SOL QUE J'AI TROUVÉ LE MORCEAU DE PAPIER AVEC VOS COORDONNÉES.
UNE FOIS L'APPARTEMENT REMIS EN ORDRE, IL RESTAIT LE PLUS PÉNIBLE.
CE N'ÉTAIT PAS LE MOMENT DE FLANCHER.
47

IL FALLAIT FAIRE VITE POUR ME DÉBARRASSER DES DERNIÈRES TRACES DE... DU DRAME.
JE N'EUS PAS LONGTEMPS À ATTENDRE POUR QU'UN COUP DE SONNETTE RETENTISSE.
UN LIEUTENANT DE POLICE VENAIT M'ANNONCER AVEC MÉNAGEMENT LA MORT DE MON MARI. ON L'AVAIT TROUVÉ EN BAS DE L'IMMEUBLE, GISANT SUR LE TROTTOIR.
JE N'EUS AUCUN MAL À SIMULER LA SURPRISE.
LES LARMES DE DOULEUR, ELLES, ÉTAIENT SINCÈRES.
LE SUICIDE NE FAISAIT AUCUN DOUTE.
SES ADIEUX, SIGNÉS DE SA MAIN, ÉTAIENT LÀ POUR LE CONFIRMER.
OUI, LIEUTENANT. J'AVAIS BIEN REMARQUÉ QUE, DEPUIS QUELQUE TEMPS, IL N'ALLAIT PAS BIEN. J'AVAIS ESPÉRÉ QUE CE PETIT SÉJOUR SOUS LES TROPIQUES L'AIDERAIT À SE REMETTRE.
48

BIEN JOUÉ !
MERCI ! J'AI ÉGALEMENT ÉCRIT QUELQUES ROMANS POLICIERS. ÇA AIDE.
VOUS L'AVEZ TUÉ ! VOUS ÊTES UN MONSTRE !
OH VOUS, ÇA SUFFIT !
?
?
VOS LARMES DE CROCODILE NE DUPENT PLUS PERSONNE !
QUE VOULEZ-VOUS DIRE ?
VOUS AVEZ SOUS LES YEUX UN PARFAIT SPÉCIMEN DE MYTHOMANIE.
?!
JE NE SUIS PAS SÛRE DE BIEN VOUS SUIVRE.
LE SEUL CONTACT QU'ELLE A EU AVEC VOTRE MARI, C'EST QUAND SON VÉLO EST RENTRÉ DANS LA PORTIÈRE DE SA... DE LA FERRARI. À PARTIR DE CET INCIDENT, ELLE A CONSTRUIT TOUTE UNE HISTOIRE D'AMOUR À LAQUELLE ELLE A FINI PAR CROIRE DUR COMME FER.
UNE MYTHOMANE ! VOUS ÊTES SÛR ?
MAIS C'EST FAUX !
ET SI JE VOUS DISAIS QUE, QUAND ELLE EST VENUE ME DEMANDER D'ENQUÊTER SUR LA SOI-DISANT DISPARITION DE SON SOI-DISANT PETIT AMI, ELLE N'EN CONNAISSAIT NI LE NOM NI L'ADRESSE ! ET SI JE VOUS DISAIS QU'ELLE N'A JAMAIS ÉTÉ ENCEINTE !
MAIS !? DANS CE CAS, QUE FAIT-ELLE ICI ? POURQUOI ME L'AVOIR AMENÉE ?
REGARDEZ-LA ! NE LUI DONNERIEZ-VOUS PAS LE BON DIEU SANS CONFESSION ? ELLE N'ARRÊTE PAS DE MANIPULER SON ENTOURAGE, ET MOI, COMME UN IMBÉCILE, JE ME SUIS LAISSÉ ATTENDRIR.
NON ! C'EST FAUX !
JOUEZ LE JEU ! LE PISTOLET !...
49

JE ME DISAIS AUSSI. ÇA M'ÉTONNAIT QUE MON BENOÎT AIT PU VOULOIR ME QUITTER POUR ... CETTE GAMINE !
NON MAIS ! REGARDEZ-VOUS ! VOUS ÊTES LAIDE, VOUS ÊTES MÉCHANTE ...
PAS ÉTONNANT QU'IL EN AIT EU MARRE DE COUCHER AVEC UNE VIEILLE QUI AVAIT L'ÂGE D'ÊTRE SA MÈRE !
VOUS ALLEZ VOUS TAIRE, BON SANG !?
NE L'ÉCOUTEZ PAS ! C'EST UNE FOLLE, JE VOUS DIS ! UNE MYTHOMANE !
ET LES DEUX GRAINS DE BEAUTÉ DANS LE CREUX DE SES REINS, JE LES AI INVENTÉS AUSSI PEUT-ÊTRE ?
SALOPE !
PETITE IDIOTE !
?
!
HUMPH !
!
ELLE A VERROUILLÉ LA PORTE-FENÊTRE. ÉCARTEZ-VOUS. JE VAIS TIRER DANS LA VITRE.
PAN PAN PAN PAN
50

HUM ! ESSAYONS AUTRE CHOSE...
ATTENTION DERRIÈRE !
SBONG
KLONG
!
RIEN À FAIRE ! C'EST DU SOLIDE.
VENEZ VOIR, VITE !... LA VOITURE ROUGE !
TÛÛT
VROOO
VROO
VROOooo
BON !
EH BEN, IL N'Y A PLUS QU'À APPELER LES SECOURS...
ALLÔ ! LE DIX-HUIT ?
51

CURIEUSE, CETTE PERTE DE CONTRÔLE SUR UNE ROUTE TOUTE DROITE.
SANS COMPTER QUE LA VISIBILITÉ ÉTAIT PARFAITE, D'APRÈS CE QUE DIT LE JOURNAL.
LES ENQUÊTEURS ONT TROUVÉ PRÈS D'ELLE UNE BOUTEILLE DE WHISKY AUX TROIS-QUARTS VIDE.
AH ! ÉVIDEMMENT, ÇA PEUT EXPLIQUER BIEN DES CHOSES.
DRAME de la route : Marguerite Dumas se tue au volant de sa Ferrari.
Quinze jours après le suicide de son mari, la
le rejoint dans la mort.
BONJOUR, TOUT LE MONDE !
BONJOUR, MADAME ROSE !
VOUS AVEZ APPRIS LA NOUVELLE ?
M'EN PARLEZ PAS, MONSIEUR BLOCHE ! J'EN SUIS TOUT ÉMOTIONNÉE. LUCIEN, TU PEUX ME METTRE UNE PETITE MOUSSE, S'IL TE PLAÎT ?
TENEZ ! JE VOUS AI AMENÉ LE DERNIER PARIS MATCH. IL VIENT JUSTE DE SORTIR.
PARIS MATCH
Marguerite DUMAS
52

IL PASSE DES EXTRAITS DU ROMAN QU'ELLE ÉTAIT EN TRAIN D'ÉCRIRE.
REGARDEZ ! ELLE PARLE DE VOUS...
DE MOI ?
C'EST CE PASSAGE-LÀ...
PARIS MATCH
Marguerite DUMAS
SON ROMAN TESTAMENT
Merveille de la technologie, ces pages que j'achève à peine de taper vont arriver chez l'éditeur dans la seconde, d'une simple pression du doigt. ENVOI. CLIC. Peut-être mon dernier geste d'être vivant. Non, l'avant-dernier.
Le dernier sera pour saisir le petit pistolet nickelé qui repose paisiblement près de mon clavier d'ordinateur. Une arme achetée frauduleusement dans un de ces milieux interlopes où j'allais me documenter pour nourrir mes romans policiers. Suffisance de l'écrivain qui parle de ce qu'il ne fait qu'entrevoir.
Longtemps, j'ai cru être le deus ex machina de mes romans et de ma vie. Longtemps, j'ai cru que Benoît était ma chose, ma marionnette. Et voilà que la marionnette s'est soudain rebellée. Elle a agrippé les ficelles et s'est mise à tirer si fort que le marionnettiste est passé au travers du décor et a atterri sur la scène. Dure est la chute.
Tout chavire autour de moi. Plus d'horizon. Une houle perpétuelle qui donne la nausée. La haine m'étouffe. La haine de la vie. La haine de cette femme. Je crois que c'est injuste mais il faudra qu'elle paie. J'ai conscience qu'au regard de la postérité, je serai la méchante de l'histoire. Au diable la postérité !
ELLE AVAIT DÉCIDÉ DE T'ÉPARGNER.
SYMPA !
LISEZ LA CONCLUSION !
MES VISITEURS M'ATTENDENT. J'ÉPARGNERAI LE DÉTECTIVE, MAIS ELLE NE REPARTIRA PAS D'ICI VIVANTE. PERSONNAGE FALOT D'UNE VIE ÉTRIQUÉE, ELLE SORTIRA POUR UN TEMPS DE SON ANONYMAT MÉDIOCRE POUR FAIRE LES GRANDS TITRES DES JOURNAUX. PAR MA SEULE VOLONTÉ, ELLE SERA MON DERNIER ACTE CRÉATEUR. MALGRÉ TOUT, JE L'ENVIE. ELLE AURA CONNU LE VÉRITABLE AMOUR, CELUI D'UN HOMME PRÊT À TOUT ABANDONNER. MOI, JE N'AURAI CONNU QUE CELUI D'UN ENFANT POUR SA MÈRE.
M'A-T-IL JAMAIS CONSIDÉRÉE COMME UNE FEMME ?
FIN.
ALORS, FINALEMENT, NOTRE PETITE BRUNE AUX YEUX DE BICHE, ELLE NE L'AVAIT PAS INVENTÉE, CETTE LIAISON !
EN TOUT CAS, LE COUP DES GRAINS DE BEAUTÉ, ÇA, JE NE VOIS PAS COMMENT ELLE AURAIT PU L'INVENTER.
SURTOUT À CET ENDROIT-LÀ !
LOTO
53

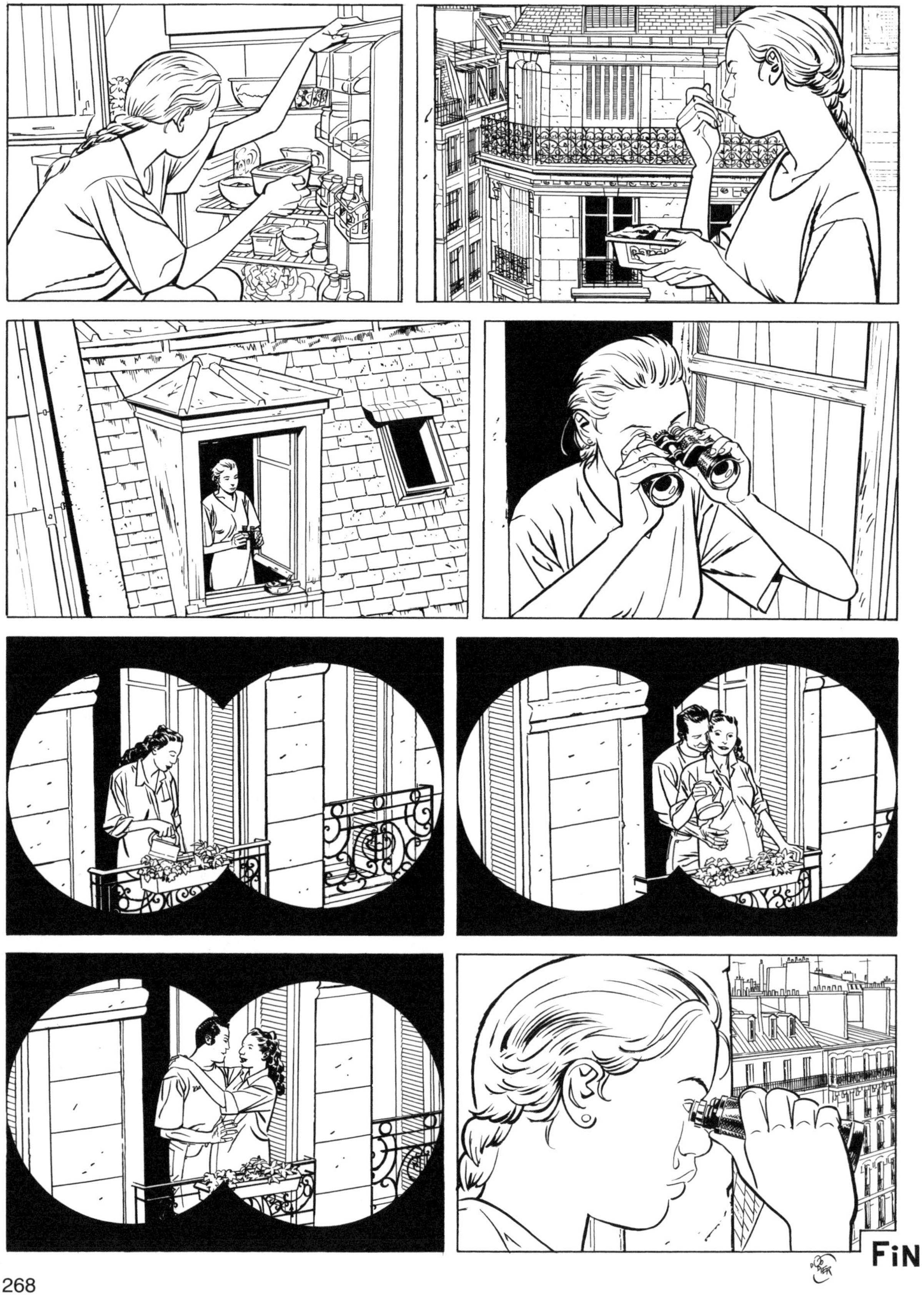
FIN

UN PETIT COIN
DE PARADIS

WOUF !
CHUT !
ON PEUT SAVOIR OÙ VOUS ALLEZ COMME ÇA ?
ET MERDE !

VOUS PARTEZ ! C'EST ÇA ? VOUS LE QUITTEZ !
VOUS PROFITEZ DE CE QU'IL EST AU MARCHÉ POUR VOUS ENFUIR EN DOUCE, COMME UNE VOLEUSE.
MAUVAISE FEMME ! VOUS VOULEZ DONC LUI BRISER LE COEUR ?
ET OÙ COMPTEZ-VOUS ALLER COMME ÇA ? VOUS N'AVEZ POUR AINSI DIRE PLUS DE FAMILLE ?
PETITE INSOLENTE ! REGARDEZ-MOI QUAND JE VOUS PARLE !
DE TOUTE FAÇON, VOUS N'IREZ NULLE PART ! DONNEZ-MOI LES CLÉS !
ÉCARTEZ-VOUS !
COMMENT ?
VOUS VOULIEZ QUE JE VOUS REGARDE, EH BIEN JE VOUS REGARDE, ET JE VOUS DIS: ÉCARTEZ-VOUS !
SI C'EST POUR VOTRE VOITURE QUE VOUS VOUS INQUIÉTEZ, NE VOUS EN FAITES PAS. JE LA LAISSERAI DEVANT LA GARE AVEC LES CLÉS DANS LA BOITE À GANTS. MAINTENANT, LAISSEZ-MOI PASSER !
NE ME TOUCHEZ PAS ! JE NE SUPPORTE PAS QU'ON ME TOUCHE !
VOUS ÊTES VRAIMENT UNE MALADE. FINALEMENT, VOTRE FILS EST PLUS À PLAINDRE QU'À BLÂMER. ALLONS BON ! VOILÀ QUE JE ME LAISSE ENCORE ATTENDRIR !
ADIEU !
2

NON ! PAS QUESTION !
!
DÉGAGEZ DE LÀ, VIEILLE SORCIÈRE !
TOU
DITES-VOUS BIEN QU'IL EST FINI, LE TEMPS DE LA BELLE-FILLE SOUMISE ET CRAINTIVE. JE NE VOUS CRAINS PLUS.
VOUS ALLEZ REGRETTER D'AVOIR LEVÉ LA MAIN SUR MOI. MON FILS VOUS LE FERA PAYER TRÈS CHER.
PAUVRE CHOU ! ET QUE CROYEZ-VOUS QU'IL FERA ? UNE GROSSE COLÈRE ! ET APRÈS ?... APRÈS, IL VIENDRA ME DEMANDER PARDON POUR SA VIEILLE MAMAN REVÊCHE-MAIS-DANS-LE-FOND-PAS-SI-MAUVAISE-QUE-ÇA !
CE EN QUOI IL A TORT. VOUS ÊTES UNE SALE TEIGNE ET JE VOUS MÉPRISE.
MAIS MAINTENANT, C'EST FINI. JE NE ME LAISSERAI PLUS APITOYER PAR SES YEUX DE BON GROS NOUNOURS. JE M'EN VAIS.
SI MON DÉPART POUVAIT SERVIR D'ÉLECTROCHOC ET L'AIDER ENFIN À PRENDRE CONSCIENCE QU'ARRIVÉ À UN CERTAIN ÂGE, IL FAUT SAVOIR CHOISIR ENTRE SA MÈRE ET SA FEMME ! MAIS J'EN DOUTE. ALORS FAITES-MOI UN PETIT PLAISIR, POUR SON BIEN...
AIDEZ-LE À COUPER LE CORDON OMBILICAL :
MOUREZ ! ET VITE !
3

OUAH OUAH
OUAH
COUCHÉS, LES CHIENS !

THONON
ON-LES-BAINS

TAXIS
7456 ZW 74
6

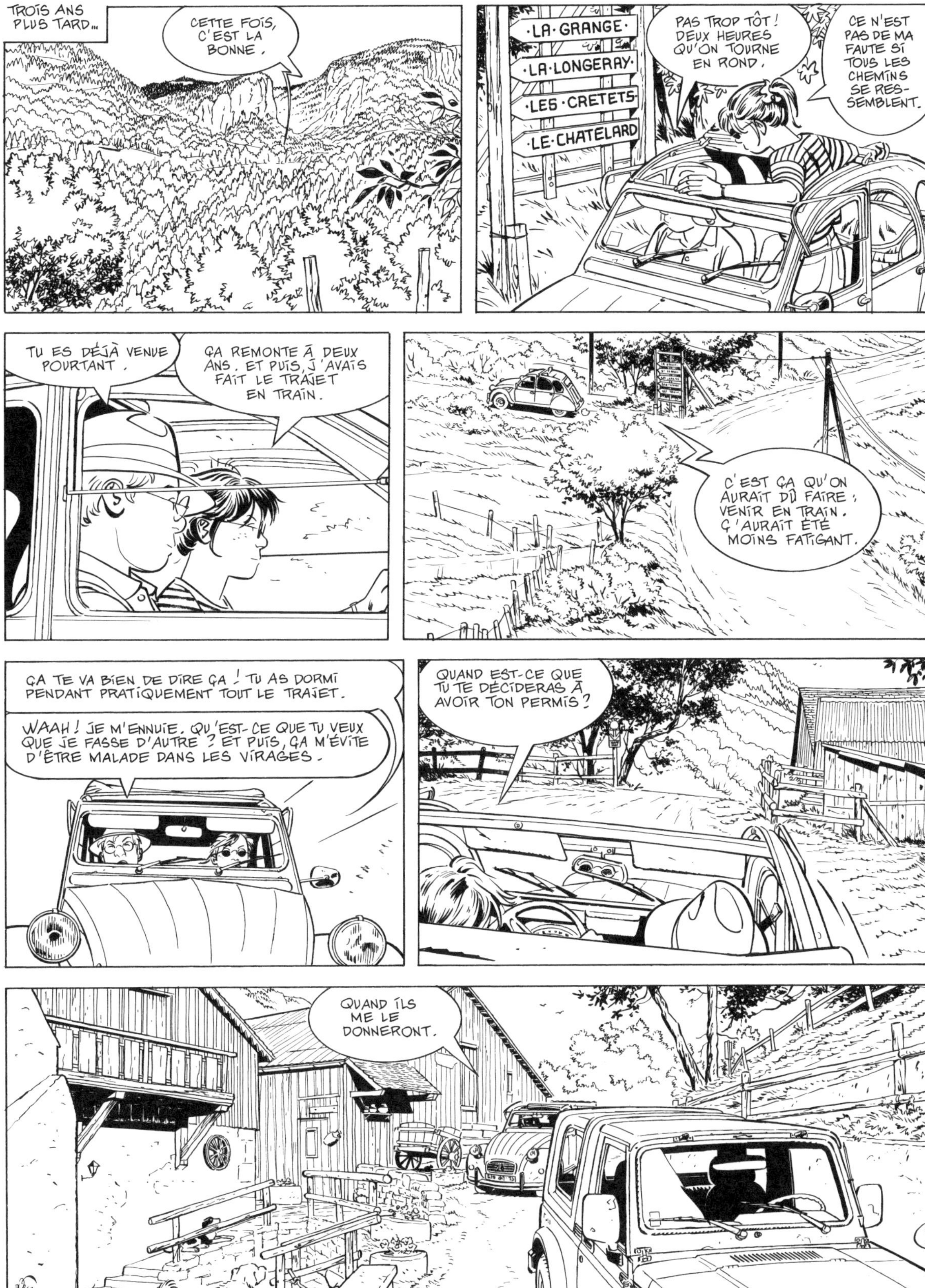
TROIS ANS PLUS TARD...
CETTE FOIS, C'EST LA BONNE.
·LA·GRANGE·
·LA·LONGERAY·
·LES·CRETETS·
·LE·CHATELARD
PAS TROP TÔT ! DEUX HEURES QU'ON TOURNE EN ROND.
CE N'EST PAS DE MA FAUTE SI TOUS LES CHEMINS SE RESSEMBLENT.
TU ES DÉJÀ VENUE POURTANT.
ÇA REMONTE À DEUX ANS. ET PUIS, J'AVAIS FAIT LE TRAJET EN TRAIN.
C'EST ÇA QU'ON AURAIT DÛ FAIRE ; VENIR EN TRAIN. Ç'AURAIT ÉTÉ MOINS FATIGANT.
ÇA TE VA BIEN DE DIRE ÇA ! TU AS DORMI PENDANT PRATIQUEMENT TOUT LE TRAJET.
WAAH ! JE M'ENNUIE. QU'EST-CE QUE TU VEUX QUE JE FASSE D'AUTRE ? ET PUIS, ÇA M'ÉVITE D'ÊTRE MALADE DANS LES VIRAGES.
QUAND EST-CE QUE TU TE DÉCIDERAS À AVOIR TON PERMIS ?
QUAND ILS ME LE DONNERONT.
7

C'EST ICI.
C'EST JOLI, NON ?
OUAH OUA ! OUAH
IL Y A QUELQU'UN ?
OUAH
JOLI MAIS BRUYANT !
OUAH
GENTIL, LE CHIEN, GENTIL ! NOS INTENTIONS SONT PACIFIQUES.
OUAH OUAH
BONJOUR, MADAME. JE NE SAIS PAS SI VOUS ME RECONNAISSEZ...
OUAH OUAH
JE SUIS BABETTE, L'AMIE D'INGRID.
MAIS OUI ! LES PARISIENS SONT ARRIVÉS ! FINETTE, ULYSSE ! AU PIED !
8
IL ME SEMBLAIT BIEN AVOIR RECONNU LE DÉLICIEUX BRUIT DE CASSEROLE D'UNE DEUX-CHEVAUX.
FÉLIX !
COMMENT VA LA MEILLEURE AMIE DE MA FEMME ?
739 ALD75

VOUS AVEZ FAIT BON VOYAGE ?
EXCELLENT !
DITES ! C'EST PAS QUE J'AIE PEUR DES CHIENS, MAIS ...
N'AYEZ CRAINTE ! ILS ABOIENT COMME ÇA PARCE QU'ILS SONT CONTENTS DE VOIR DU MONDE.
FÉLIX, JE TE PRÉSENTE JÉRÔME.
OUAH OUAH
AINSI, TU AS QUAND MÊME RÉUSSI À NOUS L'AMENER, CE FAMEUX FIANCÉ.
PAF
MAMAN ! NOS INVITÉS SONT ARRIVÉS.
VENEZ ! ON VA SE BOIRE QUELQUE CHOSE DE FRAIS. VOUS DEVEZ MOURIR DE SOIF AVEC CETTE CHALEUR.
J'EN CONNAIS UNE QUI VA ÊTRE HEUREUSE DE VOUS VOIR. AU FAIT, JE M'APPRÊTAIS À ALLER LUI RENDRE UNE PETITE VISITE, MAIS SI VOUS ÊTES TROP FATIGUÉS POUR M'ACCOMPAGNER ...
NON ! NON ! NOUS AVONS HÂTE DE VOIR LE BÉBÉ. N'EST-CE PAS, JÉRÔME ?
MMH MMH !
JE COMPRENDS VOTRE IMPATIENCE. CET ENFANT EST UNE PURE MERVEILLE ...
ET JE NE DIS PAS ÇA PARCE QUE JE SUIS LE PÈRE !
HAHAHA
ON VA PRENDRE MA VOITURE. ÇA VOUS REPOSERA. ON VA VOIR INGRID À LA MATERNITÉ, MAMAN !
9

J'ESPÈRE QUE L'ODEUR DE FROMAGE NE VOUS INCOMMODE PAS TROP ?
MOI ÇA VA !
ÇA IRA !
ET COMBIEN PÈSE LE PETIT VALENTIN ?
3 KILOS 700 !
OH LÀ LÀ ! C'EST UN GROS PÉPÈRE, ÇA, DIS DONC !
HÉ ! C'EST QU'IL A DE QUI TENIR,
HAHAHA
SUZUKI
8267 VR 74
ET INGRID VA BIEN ?
UN PEU FATIGUÉE, MAIS ÇA VA. ELLE DOIT ÉVITER DE SE LEVER PENDANT QUELQUES JOURS À CAUSE D'UN PETIT PROBLÈME D'HÉMORRAGIE, MAIS SINON L'ACCOUCHEMENT S'EST BIEN PASSÉ.
8267 VR 74
ELLE SERA SURPRISE DE VOUS VOIR. ELLE NE VOUS ATTENDAIT PAS SI TÔT.
JÉRÔME N'AVAIT PAS D'ENQUÊTE EN COURS, ET MOI, J'AI RÉUSSI À ME FAIRE REMPLACER.
TANT MIEUX ! SES AMIS LUI MANQUENT ET J'AI L'IMPRESSION QUE LA CAPITALE AUSSI, MÊME SI ELLE N'EN LAISSE RIEN PARAÎTRE.
J'IMAGINE QU'IL DOIT FALLOIR UN CERTAIN TEMPS D'ADAPTATION.
PASSER D'UNE VIE D'HÔTESSE DE L'AIR À L'ÉLEVAGE DE CHÈVRES, ÇA DEMANDE UN CERTAIN TEMPS D'ADAPTATION, C'EST SÛR.
CET ENFANT EST PEUT-ÊTRE CE QUI LUI MANQUAIT ?...
ET À MOI DONC ! C'EST FOU CE QU'UN PETIT ÊTRE COMME ÇA PEUT VOUS ÉCLAIRER UNE VIE ! C'EST UN VÉRITABLE DON DU CIEL QUI NOUS ARRIVE LÀ.
ET VOUS DEUX, QUAND EST-CE QUE VOUS VOUS Y METTEZ ? C'EST QUAND ON EST JEUNES QU'IL FAUT FAIRE DES ENFANTS.
EUH... ON N'EST PAS ENCORE TOUT À FAIT PRÊTS, MAIS ON Y SONGE, N'EST-CE PAS JÉRÔME ?...
ÇA NE VA PAS ?
TU POURRAS T'ARRÊTER CHEZ UN FLEURISTE, FÉLIX ?
D26
THONON
8267 VR 74
10

COUCOU, MA CHÉRIE !
HÔPITAL
REGARDE QUI J'AI AMENÉ AVEC MOI.
BABETTE ! JÉRÔME !
VOUS ÊTES ARRIVÉS QUAND ?
IL Y A UNE HEURE À PEINE.
C'EST GENTIL D'ÊTRE VENUS SI VITE.
NOUS ÉTIONS IMPATIENTS DE VOUS VOIR, TU PENSES.
BONJOUR, INGRID.
BONJOUR, VALENTIN ! OH ! IL BÂILLE, LE PETIT BONHOMME.
QUEL BEAU BÉBÉ ! JE PEUX ?
BIEN SÛR ! IL FAUT QU'IL FASSE LA CONNAISSANCE DE SA MARRAINE.
BONJOUR, VALENTIN. MOI, C'EST BABETTE. ET LE MONSIEUR QUE TU VOIS LÀ AVEC DES LUNETTES, C'EST JÉRÔME.
EUH... SALUT !
11

ALORS ! MON FILS N'EST-IL PAS MIGNON À CROQUER ?
UN VRAI PETIT ANGE.
OUIIINN
OH ! OH ! JE CROIS QUE CE PETIT ANGE A FAIM.
ET LÀ-BAS, COMMENT ÇA VA À LA COMPAGNIE ?
BAH ! RIEN DE CHANGÉ. TOUJOURS EN DÉCALAGE. PARFOIS, MOI AUSSI JE RÊVERAIS D'UNE VIE PLUS TRANQUILLE.
DIS DONC, JÉRÔME !...
TAP
OUF !
... ET SI ON LAISSAIT NOS FEMMES À LEURS RETROUVAILLES ET QU'ON ALLAIT S'EN JETER UN PETIT AU CAFÉ D'EN FACE ?
ET LES COPINES ?
TOURNÉE GÉNÉRALE !
BRASSERIE RESTAURANT GLACIER
Gares
12

FÉLIX N'EST PAS AVEC VOUS ?
IL EST À LA CAVE, AVEC MON AMI. IL NOUS A FAIT FAIRE UNE PETITE DÉGUSTATION. ILS NE DEVRAIENT PLUS TARDER.
JE... JE SUIS VENUE VOIR SI JE POUVAIS AIDER À... EUH... À PRÉPARER LE REPAS ?
ET CE 1959 !... COMMENT TU LE TROUVES ?
BIEN ! HUC !... BIEN CONSERVÉ POUR SON ÂGE. QUAND JE P... PENSE QU'IL EST PLUS VIEUX QUE MOI !
AH ! J'AI ENCORE DU 21 !
TIENS ! GOÛTE-MOI ÇA ! TU M...M'EN DIRAS DES NOUVELLES !
1921 ! JE LE CROIS PAS ! P... PLUS VIEUX QUE MA GRAND-MÈRE !
ALORS ?
MMH...
J... JE CROIS QUE J'AI UN BESOIN URGENT... EUH... D'ALLER FAIRE UN PETIT TOUR DEHORS.
ATTENTION À NE PAS TROP T'AP... PROCHER DE LA MARE. ON NE SAIT JAMAIS !
13

AÏE !
ÇA, C'EST LE VIN DE FÉLIX.
JE N'AURAIS PAS DÛ REPRENDRE DU 1911.
BONJOUR !
14

DRIING
HEIN !
DRII
DRIING
FLÛTE DE ZUT !
TÉLÉPHONE ! IL Y A QUELQU'UN ?
DRIING
ALLÔ !... QUI ?... OUI ! NE QUITTEZ PAS !
JE VAIS VOIR S'IL EST LÀ.
TÉLÉPHONE ! POUR FÉLIX. C'EST LA MATERNITÉ.
IL EST PARTI FAIRE LE MARCHÉ. JE VAIS LE PRENDRE.
ALLÔ ! OUI !... IL EST ABSENT POUR LA MATINÉE. JE PEUX PRENDRE UN MESSAGE ?
!
AH !
15

POURVU QUE CE NE SOIT RIEN DE GRAVE ! PAUVRE INGRID . ELLE A TELLEMENT DÉSIRÉ CET ENFANT .
N'EMPÊCHE ! JE N'AI RIEN VOULU DIRE HIER, MAIS JE LUI AI TROUVÉ LE TEINT BIEN JAUNE, MOI, À CE BÉBÉ. JE NE SAIS PAS SI ÇA A UN RAPPORT ...
DÉJÀ FINI LA TRAITE, BABETTE ? CHAPEAU !
LA MATERNITÉ A APPELÉ, FÉLIX .
LA MATERNITÉ ? TU VEUX DIRE INGRID ?
NON ! UN MÉDECIN. IL DEMANDE À TE VOIR ... AU SUJET DE VALENTIN .
!?
IL... IL EST ARRIVÉ QUELQUE CHOSE AU PETIT ?!
IL A PARLÉ D'UN PETIT PROBLÈME, EUH ... UNE HISTOIRE DE GROUPE SANGUIN. C'EST TOUT CE QU'IL A DIT !
J'Y VAIS !
ON S'OCCUPE DE TOUT REMBALLER ET ON TE REJOINT !
16

C'EST QUI ? SON NOM ! JE LE CONNAIS ?
? ?
FÉLIX ! JE T'EN PRIE. CE N'EST PAS LE MOMENT. NOTRE ENFANT EST TRÈS MALADE ET...
COMMENT ÇA, NOTRE ENFANT ? TON ENFANT ! TON ENFANT ! PAS LE MIEN !
VA-T'EN, FÉLIX ! VA-T'EN !
HÉ !
QU'EST-CE QUI LUI PREND ?
SA PRISE DE SANG VIENT DE CONFIRMER QU'IL EST DU GROUPE "RHÉSUS NÉGATIF" !
?! AH ! HUM ! VU COMME ÇA, ÉVIDEMMENT !
DÉSOLÉE POUR TOUT CE QUI ARRIVE ! ON ... ON NE POUVAIT PAS SAVOIR POUR ... EUH ... JE VAIS MAINTENANT VOUS FAIRE L'INJECTION DE SÉRUM.
17

COMMENT VA MON BÉBÉ ?
NE VOUS INQUIÉTEZ PAS. ON VOUS LE RAMÈNE SITÔT LA TRANSFUSION TERMINÉE.
JE VAIS VOUS DEMANDER DE VOUS RETOURNER, S'IL VOUS PLAÎT...
APRÈS, LE TRAITEMENT SE POURSUIVRA PAR PHOTOTHÉRAPIE, C'EST-À-DIRE QU'ON INSTALLERA UNE LUMIÈRE BLEUE AU-DESSUS DE SON BERCEAU.
VOILÀ !
JE REPASSE TOUT À L'HEURE AVEC L'APPAREIL.
BABETTE !
OH ! BABETTE, SI TU SAVAIS !
HUM ! BIEN ! JE... JE DOIS ALLER... JE VAIS FAIRE UN TOUR. À TOUT À L'HEURE.
MADEMOISELLE ! MADEMOISELLE !
VOUS POUVEZ ME DIRE CE QU'IL A, CE BÉBÉ ?
INCOMPATIBILITÉ RHÉSUS FOETO-MATERNELLE.
AH ! ET C'EST GRAVE ?
ÇA SE SOIGNE BIEN.
MAIS C'EST DÛ À QUOI ? UN VIRUS ?
VOUS ÊTES DE LA FAMILLE ?
JE SUIS LE... FIANCÉ DE LA MARRAINE.
ALORS, DISONS POUR FAIRE SIMPLE QUE, DANS LE CAS D'UNE MÈRE "RHÉSUS NÉGATIF", UN PÈRE "RHÉSUS POSITIF", EST UN GRAND FACTEUR DE RISQUES.
MAIS COMME JE L'AI DIT À LA MAMAN, DANS QUELQUES JOURS, TOUT SERA RENTRÉ DANS L'ORDRE ET ELLE POURRA SORTIR AVEC SON BÉBÉ.
18

AVEC TOUT ÇA, JE N'AI PAS TERMINÉ MON PETIT-DÉJEUNER.
BONJOUR ! VOUS N'AURIEZ PAS VU LE GRAND GAILLARD BARBU AVEC QUI JE SUIS VENU HIER SOIR ?
LE COSTAUD À QUEUE DE CHEVAL QUI FÊTAIT LA NAISSANCE DE SA PETITE ?
C'EST ÇA !
NON ! PAS VU ! QU'EST-CE QUE JE PEUX VOUS SERVIR ?
ALORS : UN DOUBLE DÉCA AVEC UN POT DE LAIT À PART, DEUX PAINS-BEURRE-CONFITURE, FRAISE DE PRÉFÉRENCE, ET UN GRAND VERRE DE JUS D'ORANGE, TRÈS SUCRÉ, S'IL VOUS PLAÎT.
DÉSOLÉ ! ON NE SERT PLUS DE PETIT-DÉJEUNER À CETTE HEURE. VOUS AVEZ LE TABLEAU DES SUGGESTIONS, JUSTE DERRIÈRE VOUS.
JE VAIS ME LAISSER TENTER PAR UNE SALADE COMPOSÉE, MAIS SANS LES GÉSIERS SI C'EST POSSIBLE. AVEC DES LARDONS, CE SERAIT PARFAIT. POUR LA VINAIGRETTE, JE LA PRÉFÉRERAIS À L'HUILE D'OLIVE ET À PART, COMME POUR LES NOIX : JE NE SUIS PAS SÛR D'AIMER ÇA. ET EN DESSERT, JE PRENDRAIS...
COMBIEN DE TARTINES AVEC LE DOUBLE-DÉCA VOUS M'AVEZ DIT DÉJÀ ?
mère rhésus -
père rhésus +
risque d'incompatibilité rhésus-machin
Ingrid rhésus -
Félix rhésus -
Qui est rhésus + ???
19

IL S'ENDORT.
BéBé Jou
PETIT POUSSIN !
ON PEUT DIRE QU'IL M'EN AURA DONNÉ DES ÉMOTIONS, CE PETIT POUSSIN-LÀ.
BON ! ON VA TE LAISSER. TU N'AS BESOIN DE RIEN ?
MERCI, BABETTE ! ÇA VA ALLER.
ALORS, SI J'AI BIEN COMPRIS, FÉLIX N'EST PAS LE PÈRE DU PETIT !
MMH ! MMH !
DONC, LA QUESTION EST : QUI EST LE "RHÉSUS PLUS" ?
20

PARDON ?
RHÉSUS PLUS ! LE GROUPE SANGUIN DU PÈRE ! INGRID T'A DIT QUI C'ÉTAIT ?
UN BERGER .
UN BERGER ?
TU SAIS, CE GENRE DE TYPE QUI PASSE LA BELLE SAISON LÀ-HAUT, À GARDER DES BREBIS !
JE SAIS CE QU'EST UN BERGER, MERCI .
LE GARS ÉTAIT DE PASSAGE. IL ÉTAIT BEAU COMME UN PÂTRE GREC ET INGRID TRAVERSAIT UNE GRAVE PÉRIODE DE DOUTE . CE QUI DEVAIT ARRIVER ARRIVA !
DE DOUTE !? TU NE M'AVAIS PAS DIT QUE TA COPINE AVAIT TROUVÉ LE BONHEUR ICI ?
C'EST CE QU'ELLE AVAIT CRU AU DÉBUT, MAIS LE PETIT COIN DE PARADIS S'EST RÉVÉLÉ À L'USAGE UN TROU PERDU POUR LA CITADINE QU'ELLE ÉTAIT; ET PUIS, ENTRE UN MARI À LA PERSONNALITÉ UN PEU TROP EXUBÉRANTE POUR NE PAS DIRE ÉTOUFFANTE, ET UNE BELLE-MÈRE ACARIÂTRE, ELLE A VITE FINI PAR DÉCHANTER .
MAIS POURQUOI RESTE-T-ELLE DANS CE CAS ?
FIGURE-TOI QU'ELLE COMMENÇAIT SÉRIEUSEMENT À SE POSER LA QUESTION QUAND ELLE S'EST RETROUVÉE ENCEINTE . ET ÇA, À SON ÂGE, C'ÉTAIT UN VÉRITABLE CADEAU DU CIEL .
C'EST POSSIBLE ÇA, D'ATTENDRE UN ENFANT EN IGNORANT QUI EST LE VRAI PÈRE ?
BIEN SÛR ! ET LÀ, DEPUIS QUE INGRID ET FÉLIX CHERCHAIENT À EN AVOIR UN, ELLE N'A PAS IMAGINÉ UN SEUL INSTANT QUE CETTE BRÈVE ÉTREINTE AVEC LE BERGER AIT PU ÊTRE ... DÉTERMINANTE .
739 ALD 75
!?
OUAH OUAH
BÉÉ

QU'EST-CE QUI SE PASSE ICI ?
TU NE SENS RIEN ?
SI ! ÇA VIENT DE LA BERGERIE.
LE FEU !
DE L'EAU ! UN EXTINCTEUR ! VITE !
INUTILE !...
?
... JE M'EN SUIS OCCUPÉE. CE N'ÉTAIT QU'UN PETIT FEU DE PAILLE.
22

SI VOUS CHERCHEZ MON FILS, IL EST DESCENDU À LA CAVE.
POURVU QU'IL N'AIT PAS FAIT D'AUTRES BÊTISES.
FÉLIX!
IL S'EST ENFERMÉ.
TU DISTINGUES QUELQUE CHOSE ?
JE LE VOIS !
IL EST ALLONGÉ PAR TERRE ET... MON DIEU ! IL Y A UN FUSIL À CÔTÉ DE LUI !
QU'EST-CE QUE TU FAIS ?
CRAC
JE VAIS TENTER DE RÉCUPÉRER LA CLÉ QU'IL A LAISSÉE SUR LE TONNEAU.
23

DOUCEMENT !
JE L'AÏ ! JE L'AÏ !
ZUT DE FLÛTE !
AT-TEN-TION...
POURVU QUE...
LE COEUR BAT.
CE N'EST PAS DU SANG ! C'EST DU VIN ... ET DU BON !
NE CHERCHEZ PAS ! IL EST IVRE MORT !
24

UN ... DEUX ... TROIS ...!
HAN
UN ... DEUX ... TROIS ...!
HAN
UN ... DEUX ... TROIS ...
HAN
GNN
IL DOIT BIEN FAIRE DANS LES... GNN... CENT KILOS...
CENT VINGT !
MONTEZ ! ON Y VA .
JÉRÔME ! LE FUSIL !
TU AS RAISON . ATTENDEZ-MOI ! J'EN AI POUR UNE SECONDE .
C'EST BON. ON PEUT Y ALLER.
ATTENTION DE NE PAS TE BLESSER AVEC ÇA !
NE T'INQUIÈTE PAS ! ALLEZ ! HOP!
?
!
COMME ÇA , PLUS DE DANGER POUR PERSONNE !
SPLASH
ESPÈCE DE...! QUI VOUS A AUTORISÉ À JETER CETTE CARABINE DANS L'ÉTANG ?!
25

MOI QUI CROYAIS BIEN FAIRE !...
EN TOUT CAS, CETTE NUIT, JE DORMIRAI PLUS TRANQUILLE.
ET ALLEZ ! C'EST REPARTI ! A-T-ON IDÉE DE SE METTRE DANS DES ÉTATS PAREILS !?
HUMPF !
OÙ EST-CE QU'ON LE MET ?
DANS MA CHAMBRE. ÇA ÉVITERA D'AVOIR À LE MONTER.
BONNE IDÉE !
HUUU !
ON N'Y ARRIVERA PAS COMME ÇA. PRENDS-LUI PLUTÔT LES JAMBES, BABETTE !
ATTENTION !
À LA UNE !
À LA DEUX !
ET À LA TROIS ! HAN !
OUF ! VOUS ÊTES SÛRE QUE CE N'EST PAS PLUTÔT CENT CINQUANTE ?
BON ! C'EST PAS LE TOUT ! FAUT S'OCCUPER DE RÉCUPÉRER LES BÊTES, MAINTENANT.
ON VA VOUS AIDER. TU VIENS, JÉRÔME ?!!
26

BOM
CRAC
! ?
VOUS VOUS ÊTES BIEN FOUTUS DE MA GUEULE, TOUS !
VOUS ALLEZ PAYER !
FÉLIX, NON !
BLAM
BA-BETTE !
AAK
AAHH !
!!!?

JE DOIS ALLER AU PETIT COIN.
J'AI L'IMPRESSION D'AVOIR UN ESSAIM D'ABEILLES DANS LE CRÂNE.
TIENS! BOIS ÇA!
QU'EST-CE QUE C'EST?
C'EST BON POUR CE QUE TU AS.
BEUH! C'EST AMER. ÇA ME RAPPELLE QUAND J'ÉTAIS GOSSE.
POUR MOI, TU SERAS TOUJOURS MON PETIT GARÇON.
BON! JE VAIS TE RENDRE TON LIT.
RESTE! TU SAIS BIEN QUE JE NE DORS JAMAIS.
BON SANG! LA QUESTION N'ARRÊTE PAS DE TOURNER DANS MA TÊTE. QUI? QUI? QUI?
QUELLE IMPORTANCE?
COMMENT ÇA, QUELLE IMPORTANCE? SI JE TENAIS L'ENFANT DE SALAUD QUI...!
QUI QUOI?
QUE JE SACHE, TA FEMME N'A PAS ÉTÉ VIOLÉE.
28

ALORS, QUE CE SOIT PIERRE, PAUL OU JACQUES, IL RESTE QUE C'EST INGRID QUI T'A FAIT UN ENFANT DANS LE DOS.
DONC, LA VRAIE QUESTION EST : QUE VAS-TU FAIRE D'ELLE ?
CE QUE JE VAIS FAIRE ?... COMMENT ÇA ?
JE VEUX DIRE, TU NE PEUX PAS REPRENDRE LA VIE COMMUNE COMME SI DE RIEN N'ÉTAIT, ET AVEC UN BÂTARD EN PRIME, QUI PLUS EST !
AH !...
ET MERDE ! JE N'AI JAMAIS EU DE CHANCE AVEC LES FEMMES.
AH NON !
ARRÊTE DE TE LAMENTER SUR TON SORT ET AGIS EN HOMME !
!
QU'EST-CE QUI SE PASSE ?
RIEN, RIEN ! J'AVAIS CRU...
CLAC
C'EST PEUT-ÊTRE RIDICULE MAIS SI ÇA PEUT M'ÉVITER UN AUTRE CAUCHEMAR ...
29

IL DORT.
PETIT ANGE.
C'EST UN GRAND SOULAGEMENT.
OUI. UN GRAND SOULAGEMENT.
JE SUIS SI... SI HEUREUSE D'AVOIR EU CE BÉBÉ. SI HEUR...
COMMENT SE FAIT-IL QUE LES CHOSES NE SE PASSENT JAMAIS TOUT À FAIT COMME ON LE VOUDRAIT, BABETTE ? POURQUOI LE BONHEUR N'EST-IL JAMAIS TOUT À FAIT COMPLET ?
ALLONS, INGRID ! ALLONS !
CE NE SERA JAMAIS PLUS COMME AVANT. NOTRE COUPLE EST FOUTU.
LAISSE-LUI LE TEMPS DE DIGÉRER CETTE ÉPREUVE.
LA VIEILLE NE PARDONNERA JAMAIS, ELLE ! JAMAIS !
ET PUIS... JE NE SUIS PAS SÛRE D'AVOIR LA FORCE DE REPRENDRE LA VIE COMMUNE... NON ! JE NE SUIS PAS SÛRE DE L'AIMER ENCORE SUFFISAMMENT.
HÔPITAL
30

JE VAIS VOIR SI JE PEUX AIDER À LA CUISINE.
ET MOI, JE VAIS VOIR COMMENT VA FÉLIX.
FÉLIX ! JE PEUX FAIRE QUELQUE CHOSE ?
HEIN ? AH, C'EST TOI, JÉRÔME !
!
ÇA... ÇA VA, FÉLIX ?
CETTE PAUVRE BÊTE S'EST FAIT SURPRENDRE PAR L'INCENDIE DE LA BERGERIE, ELLE SOUFFRAIT ATROCEMENT. J'AI DÛ L'ÉGORGER. TOUT ÇA À CAUSE DE MES CONNERIES D'HIER !
MON DIEU !
JE DÉTESTE ÇA, ÉGORGER LES BÊTES. JE PRÉFÈRE LEUR TIRER UNE BALLE DANS LE CRÂNE, JUSTE ENTRE LES DEUX CORNES. ELLES N'ONT PAS LE TEMPS DE SOUFFRIR. MAIS JE NE RETROUVE PAS MA CARABINE.
LA CARABINE !
ET J'EN AI UNE AUTRE, LÀ-BAS, QUI SOUFFRE DE LA PATTE.
JE... JE SUIS DÉSOLÉ. JE REVIENS TOUT DE SUITE.
31

ÇA VA. IL NE SEMBLE PAS Y AVOIR TROP DE FOND.
POURVU QUE JE NE POSE PAS LE PIED SUR UN TRUC COUPANT, DU GENRE QUI DONNE LE TÉTANOS!
AÏE!
QU'EST-CE QUE...?
NON! CE N'EST PAS CE QUE JE CHERCHE.
ET ÇA! QU'EST-CE QUE C'EST?
JE L'AI!
INUTILE DE TRAÎNER PLUS LONGTEMPS DANS CETTE EAU CROUPIE... ÉÉH!
SPLASH
POUAH! AVEC CE QUE JE VIENS D'AVALER, JE SUIS BON POUR LA FIÈVRE DES MARAIS.
DANS QUOI J'AI BUTÉ COMME ÇA? ON DIRAIT...
QU'EST-CE QUE VOUS FAITES?
32

QU'EST-CE QUE VOUS CHERCHEZ COMME ÇA ?
HEIN ? AH ! EUH... JE SUIS VENU RÉCUPÉRER LA CARABINE.
ET LÀ, SOUS MES PIEDS, JE SENS QUELQUE CHOSE QUI RESSEMBLE À UNE VALISE. JE VAIS ESSAYER DE LA SORTIR... HU ! PAS FACILE, AVEC LE POIDS DE L'EAU.
NE VOUS DONNEZ PAS CETTE PEINE. ELLE EST BIEN OÙ ELLE EST.
MAIS ÇA NE ME DÉRANGE PAS. IL FAUDRAIT QUE J'ARRIVE À ...
LÂCHEZ ÇA, JE VOUS DIS !
SI VOUS DÉCIDEZ DE NETTOYER LE FOND DE L'ÉTANG, VOUS RISQUEZ D'EN AVOIR POUR UN MOMENT. DES GÉNÉRATIONS DE GAMINS ONT JETÉ TOUTES SORTES DE COCHONNERIES LÀ-DEDANS, ET J'AIME AUTANT QU'ELLES Y RESTENT.
DONNEZ-MOI CETTE CARABINE ET ALLEZ PLUTÔT AIDER MON FILS À RETAPER LA BERGERIE.
33

COMMENT VA-T-ELLE ?
HAN !
STOMP
ÇA VA ! ELLE SE FAIT DU SOUCI POUR VOUS DEUX ... POUR L'AVENIR.
IL Y A DE QUOI !
STOMP
TIENS ! C'EST LE DERNIER.
HAN! STOMP
HAN! STOMP
VALENTIN VA BIEN LUI AUSSI.
MMF
IL A REPRIS DES COULEURS.
ILS POURRONT QUITTER LA MATERNITÉ D'ICI DEUX OU TROIS JOURS.
JE VAIS NOUS CHERCHER À BOIRE.
EUH ... DE L'EAU POUR MOI.
34

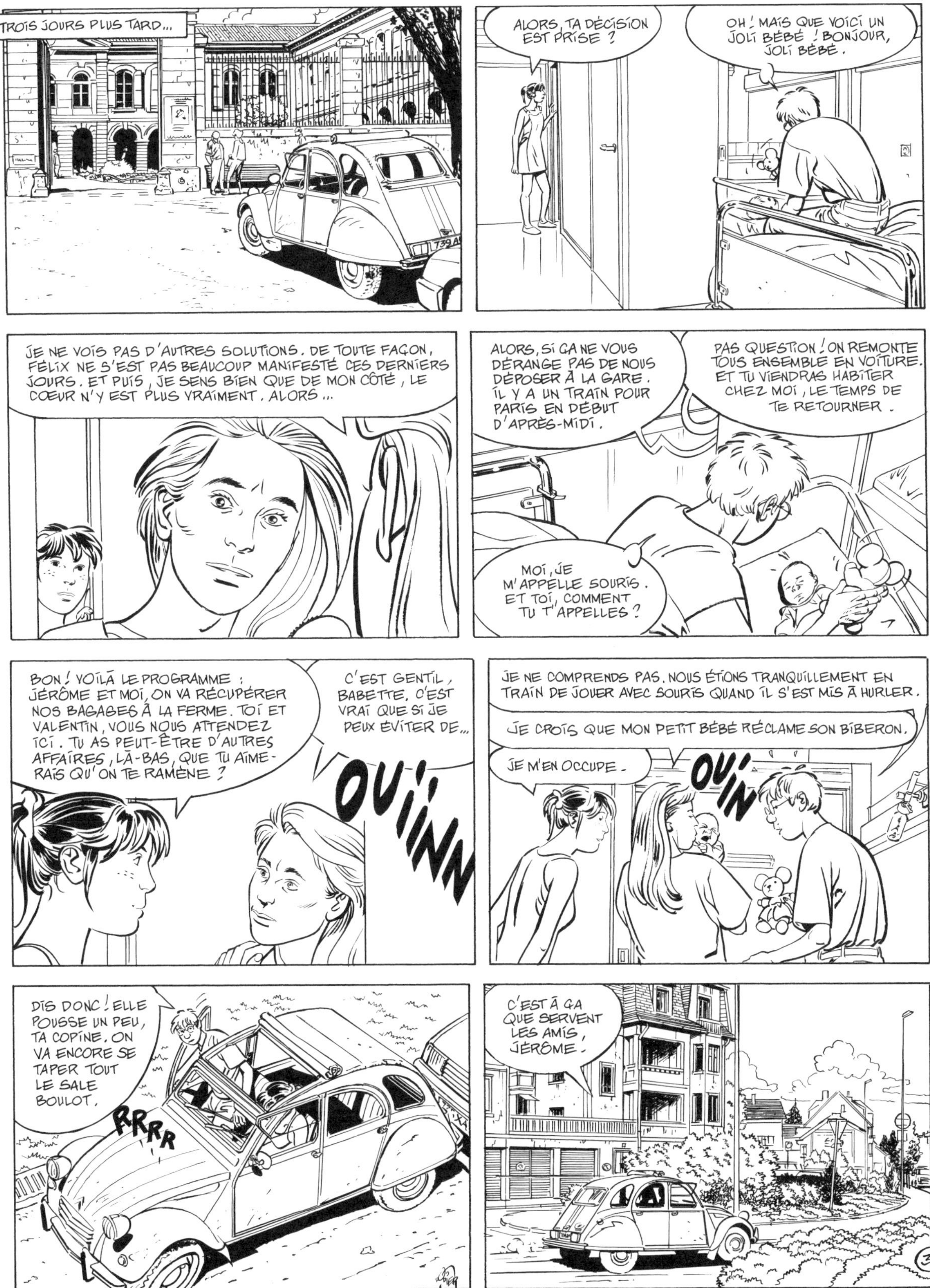
TROIS JOURS PLUS TARD...
ALORS, TA DÉCISION EST PRISE ?
OH ! MAIS QUE VOICI UN JOLI BÉBÉ ! BONJOUR, JOLI BÉBÉ.
JE NE VOIS PAS D'AUTRES SOLUTIONS. DE TOUTE FAÇON, FÉLIX NE S'EST PAS BEAUCOUP MANIFESTÉ CES DERNIERS JOURS. ET PUIS, JE SENS BIEN QUE DE MON CÔTÉ, LE CŒUR N'Y EST PLUS VRAIMENT. ALORS...
ALORS, SI ÇA NE VOUS DÉRANGE PAS DE NOUS DÉPOSER À LA GARE. IL Y A UN TRAIN POUR PARIS EN DÉBUT D'APRÈS-MIDI.
PAS QUESTION ! ON REMONTE TOUS ENSEMBLE EN VOITURE. ET TU VIENDRAS HABITER CHEZ MOI, LE TEMPS DE TE RETOURNER.
MOI, JE M'APPELLE SOURIS. ET TOI, COMMENT TU T'APPELLES ?
BON ! VOILÀ LE PROGRAMME : JÉRÔME ET MOI, ON VA RÉCUPÉRER NOS BAGAGES À LA FERME. TOI ET VALENTIN, VOUS NOUS ATTENDEZ ICI. TU AS PEUT-ÊTRE D'AUTRES AFFAIRES, LÀ-BAS, QUE TU AIMERAIS QU'ON TE RAMÈNE ?
C'EST GENTIL, BABETTE. C'EST VRAI QUE SI JE PEUX ÉVITER DE...
OUIIINN
JE NE COMPRENDS PAS, NOUS ÉTIONS TRANQUILLEMENT EN TRAIN DE JOUER AVEC SOURIS QUAND IL S'EST MIS À HURLER.
JE CROIS QUE MON PETIT BÉBÉ RÉCLAME SON BIBERON.
JE M'EN OCCUPE.
OUIN
DIS DONC ! ELLE POUSSE UN PEU, TA COPINE. ON VA ENCORE SE TAPER TOUT LE SALE BOULOT.
RRRR
C'EST À ÇA QUE SERVENT LES AMIS, JÉRÔME.
35

DZiii
KRÄK
ATTENTION!
DZiiit
DÉJÀ DE RETOUR ?...
INGRID N'EST PAS AVEC VOUS ?
BON ! JE TE LAISSE. JE VAIS M'OCCUPER DES BAGAGES.
COMMENT, COMMENT ! ET POURQUOI C'EST MOI QUI DEVRAIS LUI APPRENDRE LA NOUVELLE ? C'EST TON AMIE APRÈS TOUT !
LÂCHE ! C'EST BON. JE M'OCCUPE DE FÉLIX.
INGRID A DÉCIDÉ DE RENTRER AVEC NOUS À PARIS, DE... DE PRENDRE UN PEU DE DISTANCE POUR... RÉFLÉCHIR
RÉFLÉCHIR ?
LE TEMPS QUE LES CHOSES SE TASSENT UN PEU, QUOI !
ET ELLE NE PEUT PAS VENIR ANNONCER ÇA ELLE-MÊME ?
ELLE AURAIT AIMÉ EN PARLER AVEC TOI, MAIS POUR ÇA, ENCORE AURAIT-IL FALLU QUE TU PASSES LA VOIR.
QUOI !?
ON GARDE SON CALME.
QU'EST-CE QUI SE PASSE ?
INGRID NE VEUT PAS REVENIR.
BON DÉBARRAS !
APRÈS TOUT, C'EST VRAI ÇA. BON DÉBARRAS !
36

QU'EST-CE QUE JE FAIS DE CECI ? TU CROIS QU'IL FAUT L'EMPORTER ?
MOI, JE N'AI PLUS DE PLACE. TU PEUX VENIR M'AIDER ?
AVEC NOS BAGAGES EN PLUS, ON RISQUE D'ÊTRE UN PEU À L'ÉTROIT.
?
JE NE LA LAISSERAI PAS FAIRE.
TU CROIS QUE C'EST AVEC CE FUSIL QUE TU VAS RÉGLER TES PROBLÈMES ?
JE NE VEUX PAS QU'ELLE PARTE.
JE NE VOUS LAISSERAI PAS FAIRE !
BON ! ÇA SUFFIT, FÉLIX, LAISSE-NOUS PASSER !
NON !
FÉLIX !
BLAM
BLAMBLA
BLA
PSCHH
MA TITINE !

JE SUIS DÉSOLÉ.
COMPRENEZ-MOI : JE NE PEUX PAS LA LAISSER PARTIR. J'AI BESOIN D'ELLE.
TU AS PERDU LA RAISON ?
?
TU NE VAS PAS NOUS RAMENER CETTE FEMME ?
TU NE VAS PAS T'HUMILIER DEVANT CETTE TRAÎNÉE ?
SBAF
NE PARLE PLUS JAMAIS AINSI DE MA FEMME !
FÉLIX, ATTENDS !
JE VIENS AVEC TOI.
?
ÇA SE PASSERA MIEUX SI JE VIENS AVEC TOI.
D'ACCORD ! MONTE !
SOIS PRUDENTE !
VRRR
38

DÉPANNAGE
AUTO EXPO
8925 TS 74
3267 VR 74
!
MAIS C'EST TITINE, LÀ, SUR LE CAMION !
J'AI VU LE DÉPANNEUR EMMENER TITINE. IL NE POUVAIT PAS RÉPARER SUR PLACE ?
IL SEMBLERAIT QU'UN DES PROJECTILES A ABÎMÉ QUELQUE CHOSE DANS LE MOTEUR. FAUT RAPPELER DEMAIN POUR EN SAVOIR PLUS.
LES DÉGÂTS SONT À MA CHARGE, ÉVIDEMMENT. TOUT EST DE MA FAUTE.
ALORS ! COMMENT ÇA S'EST PASSÉ ?
ILS SE SONT RABIBOCHÉS.
IL A SU SE MONTRER PERSUASIF.
39

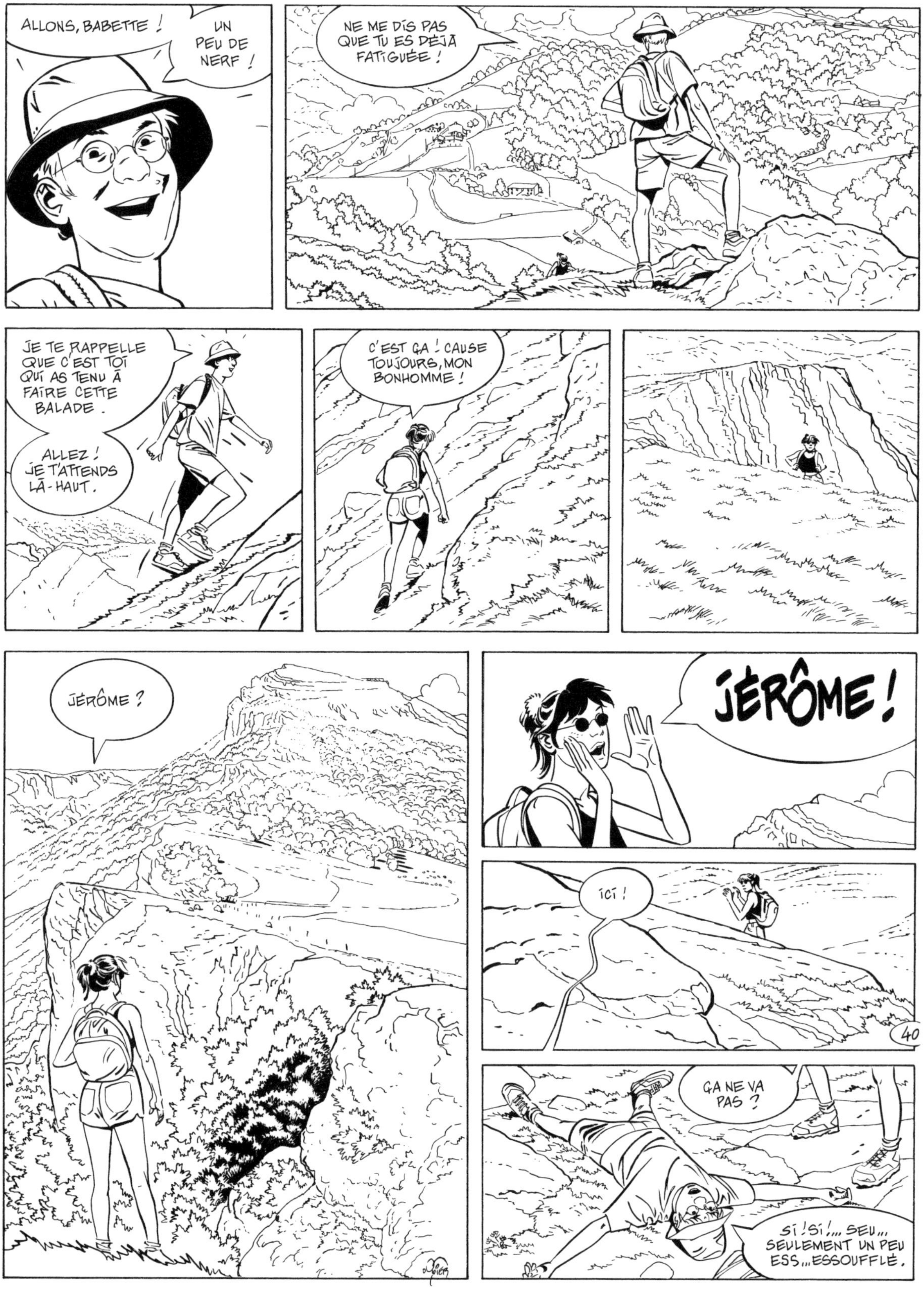
ALLONS, BABETTE !
UN PEU DE NERF !
NE ME DIS PAS QUE TU ES DÉJÀ FATIGUÉE !
JE TE RAPPELLE QUE C'EST TOI QUI AS TENU À FAIRE CETTE BALADE.
ALLEZ ! JE T'ATTENDS LÀ-HAUT.
C'EST ÇA ! CAUSE TOUJOURS, MON BONHOMME !
JÉRÔME ?
JÉRÔME !
ICI !
40
ÇA NE VA PAS ?
SI ! SI !... SEU... SEULEMENT UN PEU ESS... ESSOUFFLÉ.

TU AS ÉTÉ TROP PRÉSOMPTUEUX, JÉRÔME. IMAGINE UNE VOITURE GRAVIR UNE TELLE PENTE : EN QUATRIÈME, ELLE CALE. ALORS, IL NE FAUT PAS HÉSITER À PASSER LA PREMIÈRE: UN PIED DEVANT L'AUTRE.
TU AS RAISON... LÀ... J'AI... J'AI COULÉ UNE BIELLE.
SI ÇA SE TROUVE... LE TROUPEAU QU'ON VOIT LÀ-BAS... C'EST CELUI DU BERGER D'INGRID.
PAS DE DANGER.
C'ÉTAIT SA DERNIÈRE SAISON, L'AN PASSÉ. DEPUIS, IL EST RENTRÉ CHEZ LUI, EN ITALIE. IL S'EST MARIÉ ET IL S'OCCUPE D'UNE FERME.
ALORS, IL N'EST PEUT-ÊTRE MÊME PAS AU COURANT, POUR LE BÉBÉ.
C'EST PROBABLE.
ET INGRID ET FÉLIX ? TOI QUI ES DANS LES CONFIDENCES, COMMENT ÇA SE PASSE ?
ÇA A L'AIR D'ALLER. EN TOUT CAS, ILS ONT DÉCIDÉ D'ESSAYER.
DANS CE CAS, ON N'A PEUT-ÊTRE PLUS BESOIN DE NOUS ICI ?
J'AI COMPRIS. TOI, TU VEUX RENTRER À PARIS.
À PROPOS, TU AS DES NOUVELLES DE TA VOITURE ?
ELLE EST RÉPARÉE. ON PEUT LA RÉCUPÉRER DEMAIN.
TANT MIEUX ! L'AIR DE LA VILLE ME MANQUE.
41

ÇA IRA ?
JE CROIS. EN TOUT CAS, MERCI POUR... POUR TOUT.
AU REVOIR, TOI.
DÉSOLÉE POUR LE DÉTOUR.
C'EST BIEN LE MOINS QUE JE PUISSE FAIRE, BABETTE.
JE NE VOUS REMERCIERAI JAMAIS ASSEZ POUR CE QUE VOUS AVEZ FAIT TOUS LES DEUX.
42

VIENS, MON TRÉSOR ! ON VA VITE RENTRER LE LINGE AVANT LA PLUIE.
ON NE VA PAS FAIRE DANS L'ANGÉLISME. ON A PASSÉ L'ÂGE. C'EST SÛR QUE CE NE SERA PAS FACILE.
CLIC CLAC
ON NE POURRA PAS FAIRE COMME SI DE RIEN N'ÉTAIT, MAIS INGRID ET MOI, ON A DÉCIDÉ D'ESSAYER DE RECONSTRUIRE QUELQUE CHOSE ENSEMBLE ... À TROIS ! ET J'Y CROIS !
OUI, MON TRÉSOR, MAMAN VA S'OCCUPER DE TON BIBERON TOUT DE SUITE.
AGUEUH HEU
QUELS QUE SOIENT LES GRIEFS QUE JE PEUX AVOIR CONTRE INGRID, JE NE DOIS PAS OUBLIER QUE C'EST ELLE QUI M'A SORTI DE MA DÉPRESSION, IL Y A TROIS ANS.
BLAM
AH !
43

J'ÉTAIS DEVENU UNE ÉPAVE APRÈS LE DÉPART DE MON EX-ÉPOUSE.
TU N'ES PAS OBLIGÉ DE NOUS RACONTER TOUT ÇA, FÉLIX.
?
MAIS QU'EST-CE QUE VOUS FAITES ?
CLAC
ARRÊTEZ! VOUS ÊTES DEVENUE FOLLE ?
OUIN
PAN
ÇA ME FAIT DU BIEN, BABETTE. ÇA M'OBLIGE À RAMENER LES CHOSES À LEUR JUSTE VALEUR.
FÉLIX! ON NE... URK! POURRAIT PAS S'ARRÊTER... VITE!
CLIC
DOUZE ANS DE VIE COMMUNE! VOUS ÊTES PEUT-ÊTRE TROP JEUNES POUR IMAGINER ÇA, MAIS DOUZE ANS DE VIE COMMUNE POUR DÉCOUVRIR UN JOUR, EN RENTRANT DU MARCHÉ, QUE VOTRE FEMME VOUS A QUITTÉ, COMME ÇA, BRUTALEMENT, SANS EXPLICATIONS, SANS MÊME UN MOT D'ADIEU, EH BIEN, ÇA VOUS SECOUE UN HOMME!
EURK!
PAN
OUIN
44

ÇA VA MIEUX ?
ÇA IRA !...
ELLE A DONNÉ DE SES NOUVELLES, DEPUIS ? QU'EST-CE QU'ELLE EST DEVENUE ?
AUCUNE IDÉE ! C'EST COMME SI ELLE S'ÉTAIT VOLATILISÉE DANS LA NATURE. QUAND ON PENSE QU'ELLE N'EST MÊME PAS VENUE ASSISTER À L'ENTERREMENT DE SON PÈRE, ALORS QU'IL ÉTAIT TOUT CE QUI LUI RESTAIT DE SA FAMILLE !
AU SECOURS !
OUIN
ÇA VOUS DONNE UNE IDÉE DU PERSONNAGE. QUAND JE PENSE QUE J'AI PU SOUFFRIR POUR... POUR UNE FEMME PAREILLE !
ATTENDEZ ! ON NE DISPARAÎT PAS COMME ÇA. IL N'Y A PAS EU D'ENQUÊTE ?
AU S... AU SECOURS !
HEU OUIN
VRRROOO !
UNE ENQUÊTE ! C'EST ÇA ! TU IMAGINES LE MARI ABANDONNÉ ALLER DEMANDER AUX GENDARMES DE LUI RETROUVER SA BONNE FEMME. JE VOIS D'ICI LA SCÈNE !
LA VALISE !
FORD
45

QUOI, LA VALISE ?
IL Y A BEAUCOUP D'ENFANTS QUI JOUENT AUTOUR DE VOTRE ÉTANG, CELUI QUI SE TROUVE DEVANT LA CAVE ?
?
DES ENFANTS ! QUELS ENFANTS ? LE DERNIER À AVOIR PÊCHÉ DANS CET ÉTANG, C'EST MOI, QUAND J'ÉTAIS GOSSE.
MAIS OÙ VEUX-TU EN VENIR, JÉRÔME ?
MON RASOIR !
BABETTE ! J'AI OUBLIÉ MON RASOIR SUR LE LAVABO. TU SAIS, LE SUPERBE RASOIR ÉLECTRIQUE QUE TU M'AS OFFERT POUR MON ANNIVERSAIRE !...
FORD
TON RA... AH OUI ! LE RASOIR QUE JE T'AI OFFERT, EUH... L'ANNÉE DERNIÈRE.
46

C'EST ÇA ! VITE ! IL FAUT FAIRE DEMI-TOUR !
PLUS VITE, FÉLIX ! PRENDS PAR LE RACCOURCI !
QU'EST-CE QUI SE PASSE, JÉRÔME ? C'EST TOUT DE MÊME PAS TON RASOIR QUI TE MET DANS UN ÉTAT PAREIL ?
?!?
!
8263 VR 74
47

SCRACH
FORD
FORD 4000
SUZUKI
INGRID !
ÇA VA, JÉRÔME ?
ÇA VA ! MAIS JE CROIS QU'ON EST ARRIVÉS À TEMPS !
48

INGRID ! QU'EST-CE QUI SE PASSE ?
OUINN
FÉLIX ! TA... TA MÈRE...
TA MÈRE EST DEVENUE FOLLE ! ELLE A VOULU NOUS TUER.
QUOI !?
MON FILS, TU NE SERAS TOUJOURS QU'UN NIGAUD AVEC LES FEMMES,
MAMAN !?
VOUS, UN BON CONSEIL, VOUS NE BOUGEZ PAS !
TU NE SAIS PAS TE FAIRE RESPECTER. HEUREUSEMENT QUE TA MÈRE EST LÀ POUR Y VEILLER.
!
MAMAN ! QU'EST-CE QUE TU... ?
NON
BLAM
49

JE... JE... J'ESPÈRE QUE JE NE L'AI PAS...
NON ! NON ! T'INQUIÈTE PAS. ÇA A L'AIR D'ALLER.
FÉLIX !
FÉLIX ! RÉPONDS-MOI !
50

DEUX MOIS PLUS TARD ...
ALORS, TIROIR DE DROITE ...
RIEN ! ÇA M'AURAIT ÉTONNÉE AUSSI DE JÉRÔME. LUI ET SON SENS DE L'ORDRE !
À MOINS QUE...
ELLES SONT LÀ !
JÉRÔME A TOUJOURS CONFONDU SA DROITE AVEC SA GAUCHE.
ALORS ?!
GEFIDIS
JE LES AI !
SACRÉ JÉRÔME ! IL N'Y A QU'À LUI QUE ÇA ARRIVE, DES CHOSES PAREILLES.
KIKI ! VIENS ICI !
TRILILI... TRILILI...
POURVU QU'ELLE ARRIVE À TEMPS !
C'EST BON, JÉRÔME. JE LES AI. LE TEMPS D'ARRIVER.
51

ALLÔ !
BABETTE ?
INGRID ? C'EST TOI, INGRID ! EXCUSE-MOI. JE T'AVAIS PRISE POUR JÉRÔME.
JE TE DÉRANGE ? TU VEUX QUE JE RAPPELLE PLUS TARD ?
NON ! ENFIN, SI ! ATTENDS ! JE T'EXPLIQUE EN DEUX MOTS : JÉRÔME PASSE SON PERMIS CE MATIN, ET EN SE RENDANT SUR LES LIEUX DE L'EXAMEN, IL A FAIT UNE CHUTE DE SOLEX. UNE FLAQUE D'EAU DANS UN VIRAGE. ET EN TOMBANT, IL A CASSÉ SES LUNETTES. DU GRAND JÉRÔME, QUOI !
739 ALD 75
ALORS LÀ, JE LUI RAMÈNE SA VIEILLE PAIRE DE RECHANGE, EN ESPÉRANT QUE L'INSPECTEUR NE L'A PAS DÉJÀ APPELÉ. BON ! IL FAUT QUE JE TE QUITTE. JE NE SUIS PLUS TRÈS LOIN DE...
?!
CRASH
BABETTE !
?
UN PROBLÈME, MA PUCE ?
C'EST BABETTE ! JE L'AVAIS AU TÉLÉPHONE QUAND... CHUT !
JE VOUS AVAIS DIT DE TOURNER À DROITE...
QUOI ! JE N'AI PAS TOURNÉ À DROITE, PEUT-ÊTRE ?!
NON ! NE ME DITES PAS QUE VOUS CONFONDEZ VOTRE DROITE AVEC VOTRE GAUCHE ?!
MAIS PAS DU TOUT ! LA DROITE, C'EST BIEN LE CÔTÉ DE LA MAIN AVEC LAQUELLE ON ÉCRIT ?
HUM ! JÉRÔME, JE TE RAPPELLE QUE TU ÉCRIS DES DEUX MAINS.
BABETTE ! QU'EST-CE QUI SE PASSE ?
OH ! RIEN DE GRAVE INGRID. JUSTE UN PEU DE TÔLE FROISSÉE.
75
739 ALD 7
AUTO-ÉCOLE
EN REVANCHE, POUR CE QUI EST DU PERMIS DE JÉRÔME, JE CRAINS QUE CE NE SOIT PAS ENCORE POUR CETTE FOIS-CI.
DÉSOLÉ !
FIN